GRIFFONNAGES

QUOTIDIENS

D'UN BOURGEOIS DU QUARTIER LATIN

DU 14 MAI 1869 AU 2 DÉCEMBRE 1871

Par Henri DABOT

> Dans les grands événements qui bouleversent
> un peuple, il n'est si petit citoyen qui ne
> doive à la vérité son témoignage
>
> Edmond ROUSSE
>
> (Souvenirs du Siège de Paris).

PÉRONNE

Imprimerie E. QUENTIN, Grande Place, 33

1895

GRIFFONNAGES QUOTIDIENS

D'UN BOURGEOIS DU QUARTIER LATIN

GRIFFONNAGES

QUOTIDIENS

D'UN BOURGEOIS DU QUARTIER LATIN

DU 14 MAI 1869 AU 2 DÉCEMBRE 1871

Par Henri DABOT

> *Dans les grands événements qui bouleversent un peuple, il n'est si petit citoyen qui ne doive à la vérité son témoignage*
>
> Edmond ROUSSE
>
> (Souvenirs du Siège de Paris).

PÉRONNE

Imprimerie E. QUENTIN, Grande Place, 33.

1895

AVANT-PROPOS

Mes confrères de la Société des études historiques de Paris ont accueilli avec faveur d'abord : les Registres d'une Famille Péronnaise puis les Lettres d'un lycéen et d'un étudiant de 1848 à 1852. Ce bienveillant accueil m'encourage à faire imprimer, pour cette Société et un cercle restreint d'amis, de vieilles notes griffonnées en 1869, 1870 et 1871 ; j'ai complété par mes souvenirs celles peu fournies de mai 1869 à mai 1870, et j'ai augmenté les autres, quoique déjà très nombreuses, au moyen d'extraits de lettres, presque quotidiennes, envoyées par moi en province pendant le siège de Paris et la Commune.

J'ai fait suivre d'annotations beaucoup de ces notes afin de les éclairer et les mettre plus en relief.

Enfin, j'ai donné à ma modeste gazette le titre de : Griffonnages quotidiens d'un bourgeois du quartier Latin *parce que la plupart du temps ces griffonnages parlent de ce qui s'est passé dans ce quartier ; mais je n'ai pas voulu pour cela écarter d'autres notes relatives à quelques faits privés ou généraux, à mes* voyages en Picardie et en Flandre, après la guerre, à ma profession d'avocat, etc.

J'espère que ce travail ne sera pas considéré comme trop indigne de figurer à côté des remarquables travaux envoyés annuellement à la Société des études historiques.

Je ne suis pas cependant exempt d'une certaine appréhension, car mes confrères peuvent trouver fort étrange une étude historique qui ne relate bien souvent que de minces détails, de très menus faits sans importance. Pour combattre cette impression fâcheuse je me permets d'invoquer l'autorité de mon confrère Edmond Rousse, ancien bâtonnier du barreau de Paris et membre de l'Académie française.

Voici, en effet, ce qu'il a écrit dans le préambule de ses charmants et émouvants Souvenirs de 1870 et 1871 : « pour moi, je pense que dans les grands événements qui bouleversent tout un peuple, il n'est si petit citoyen qui ne doive à la vérité son témoignage. Le fait qu'on vient de voir, le discours qu'on vient d'entendre, l'émotion dont on est encore agité, les propos du quartier et la rumeur du carrefour, tout peut avoir après nous sa place et son prix ; on ne sait pas dans quelles mains ces simples récits tomberont un jour et ce qu'un historien en saura faire. »

— VII —

Ainsi encouragé j'ose, petit citoyen, apporter mon témoignage dans ce modeste livre ; je prie mes confrères de l'accueillir encore favorablement, quoique rédigé souvent en un style trop familier et trop cru ; mais c'est l'écho fidèle des propos de la rue, des rumeurs de carrefour.

Henri DABOT.

Paris, 1ᵉʳ Janvier 1895.

PREMIÈRE SÉRIE

DU 14 MAI 1869 AU 16 JUILLET 1870

DÉCLIN DE L'EMPIRE

Vendredi 14 Mai 1869.

De grands bruits se faisant entendre au dehors, j'ouvre ma fenêtre (1) ; j'aperçois sur la place de la Sorbonne, non loin du gymnase, où se tient la réunion de l'élection Rochefort, une immense foule, composée en partie d'étudiants. Je les entends bientôt entonner la *Marseillaise* et le *Chant du Départ,* sans partir, sans bouger d'une semelle : tout à coup une nuée de sergents de ville s'abat sur cette foule hurlante et la disperse en un clin d'œil ; la vieille Sorbonne est dégagée :

---

(1) Rue de la Sorbonne ; je demeurais alors rue de la Sorbonne, au coin de la rue des Ecoles, en face la librairie Delalain.

certains étudiants s'enfuient dans les cafés, les autres courent en masse vers le boulevard Saint-Michel en criant : vive Rochefort ! vive la *Lanterne !*

C'est au bruit de ces vivats, résonnant comme un glas funèbre, que commencèrent les funérailles de l'Empire ! En ce même soir du 14 mai 1869, les rues de Paris ne furent pas seules à être troublées. Le ciel se mit de la partie. La nuit, tombant tout à coup, enveloppa la cité d'un crêpe funèbre et épaissit d'horribles ténèbres à l'Est, au Sud, à l'Ouest ; mais au Nord, au dessus de Montmartre, on voyait une étrange clarté verdâtre, traversée de rayons rouge sang. Quelque temps auparavant s'était produit phénomène tout à fait semblable. La Rome antique y eût vu un présage funeste. Elle n'eût pas manqué de penser que ses Dieux, toujours fidèles à sa fortune, mais impuissants contre le Destin, l'avertissaient deux fois de quelque catastrophe, ménagée par l'implacable Divinité.

Samedi 15 Mai.

Les étudiants, chassés des abords de la Sorbonne, ont parcouru hier soir les boulevards Saint-Michel et Saint-Germain, en criant « vive la *Lanterne !* » et en cassant les *lanternes* à gaz.

Lundi 31 Mai.

Séance solennelle de la Société d'encouragement au bien. M. de Ladoucette m'a remis une belle médaille de bronze pour mon *Dictionnaire de droit pratique à l'usage des ouvriers* (1). En allant recevoir cette médaille, je suivais un superbe lancier, gratifié de la même récompense pour un acte de dévouement ; ledit lancier marchait lui-même derrière l'ami Lapommeraye, à qui était accordée une grande médaille d'or pour ses charmantes conférences de l'asile de Vincennes : on n'a guère fait attention à nous, le lancier a complétement absorbé les regards du beau sexe.

De Lapommeraye, qui fut quelque temps mon confrère au barreau de Paris, est mort en 1891 ; ses obsèques eurent lieu à Saint-Sulpice au milieu d'un énorme concours d'amis et d'admirateurs de son talent oratoire ; il était de plus si bon ! Nommé professeur de littérature dramatique au Conservatoire, il occupait brillamment la chaire, illustrée par Samson.

Mercredi 9 Juin 1869.

Encore du bruit dans la rue des Ecoles, à sept heures du soir ; à l'entrée de la rue Champollion (sur laquelle donne la fenêtre de mon cabinet), plusieurs centaines de personnes stationnent. C'est dans cette rue que se trouve le comité de l'élection Rochefort. Un officier de paix arrive et fait reculer avec énergie tous les étudiants qui crient : *à mort !*

(1) On voudra bien me pardonner, d'avoir laissé quelques notes intimes, prises pour être conservées dans la mémoire de mes enfants.

à mort ! mais reculent. Ils vont se réfugier sur le boulevard Saint-Michel ; quelques bocks sont offerts aux sergents de ville... mais sur leurs dos. Pauvres hirondelles de potence !

Jeudi 10 Juin.

Il y a eu du bruit, non seulement au quartier Latin, mais partout ; principalement sur le boulevard Montmartre. Ça va mal.

Vendredi 11 Juin.

Hier soir, nouvelles manifestations, nouveaux troubles ; les réverbères du boulevard Ménilmontant ont été brisés par une bande d'émeutiers. Des manifestants s'étant emparés d'un grand marteau doré, suspendu comme enseigne à la porte d'un quincaillier, sont allés tout saccager, sous prétexte de morale, dans certaines maisons du boulevard de la Villette : *vive la morale en action !* ils avaient mis au bout d'une perche, en guise de drapeau, une longue bande rouge, enlevée à la boutique d'un teinturier.

Stupéfaction dans tout Paris, déshabitué des émeutes.

Dimanche 13 Juin.

Promenade, avec les enfants, à l'esplanade des Invalides ; la flèche et la lanterne du dôme resplendissent de dorure ; le dôme tout entier sera redoré plus tard ; ce sera magnifique dans le panorama de Paris.

Ces dorures, hélas ! servirent, un an après, à faciliter le pointage des Krupp sur la sépulture du grand capitaine, entré vainqueur à Berlin.

Jeudi 22 Juillet 1869.

Naissance de Louis Auguste, mon second fils, après accouchement terrible de la maman ; l'enfant est presqu'asphyxié ; je le baptise ; quelques heures après, le bonhomme revient tout à fait à lui. Mon beau-père me dit alors : « j'ai eu peur ; ma foi je l'ai baptisé, » et « moi aussi » dit la vieille garde. Je leur apprends que j'en ai fait autant et nous partons tous trois d'un grand éclat de rire.

Jeudi 29 Juillet.

Je suis allé voir, devant la façade de l'Opéra, le groupe de la danse par Carpeaux, un Valenciennois ; groupe dont tout le monde parle, que les uns trouvent grossièrement indécent et les autres voluptueusement adorable. Diable ! c'est rudement empoignant ; sans doute ce n'est pas le groupe de la danse, c'est plutôt celui du chahut ; mais après tout, le chahut se danse à l'Opéra, les nuits de bals. Un Apollon, merveilleux de formes, sans caleçon, agite un tambour de basque, avec lequel il conduit ou plutôt déchaine une ronde échevelée de femmes nues ; elles tournent autour du dieu, en faisant valoir leurs croupes opulentes.

Paris alors absorbait la volupté, par les oreilles au son de l'archet d'Offenbach, par les yeux à l'aspect de créations si suggestives de la peinture et de la sculpture, par le cœur à la lecture des romans si troublants de Flaubert, de Feydeau ; Cora Pearl régnait sur les sens.
Tout était à la joie, au bonheur de vivre, de bien vivre, de vivre voluptueusement, et pendant ce temps les chaînes de Paris se forgeaient à Essen.

Mercredi 11 Août 1869.

Mon ami M. L....... me prie d'aller voir à Mazas un pauvre diable, arrêté lors des troubles de juin dernier. Cet individu passe pour un honnête homme, vivant d'une industrie assez curieuse ; il gagne sa vie en faisant les petits carrés de craie blanche, qui servent à blanchir les queues de billard.
J'ai trouvé un vieil ouvrier avec une barbe magnifique ; « j'étais au milieu des manifestants comme tout le monde, dit-il, mais les sergents m'ont attrapé à cause de ma barbe et de mon chapeau pointu ; on me traite comme le chef de la bande. » Il est de fait qu'il a l'air d'un vieux républicain, à tous crins.

Vendredi 13 Août.

Mort du maréchal Niel. Grande perte pour la France.

Quelque temps auparavant j'avais écrit pour une encyclopédie ouvrière un traité ayant ce titre : *l'Ouvrier devant la loi militaire*. J'en avais envoyé un exemplaire au maréchal Niel, qui, presqu'immédiatement m'en remercia par la lettre suivante :

MINISTÈRE DE LA GUERRE   Paris, 18 février 1869.
—
CABINET DU MINISTRE

Monsieur,

J'ai reçu l'exemplaire, que vous avez bien voulu m'adresser, de votre brochure intitulée : « l'Ouvrier devant la loi militaire » ; je ne puis qu'applaudir à cette utile publication et je vous remercie de la bonne pensée, que vous avez eue, de contribuer à répandre de justes notions sur des dispositions qui, bien comprises de vos lecteurs, ne peuvent être accueillies qu'avec confiance par leur patriotisme.

Recevez, Monsieur, l'assurance de ma considération distinguée.

Le maréchal, ministre de la guerre,

NIEL.

On sait que le maréchal Niel est le créateur de la garde mobile ; malheureusement la mort ne lui permit point d'en être l'organisateur ; presqu'abandonnée après lui et n'existant que sur le papier, elle ne fut guère organisée que sous les yeux de l'ennemi ; mais le principe, sur lequel elle reposait, était si fécond, qu'avec des soldats improvisés, elle fit néanmoins des prodiges.

Dimanche 15 Août.

Amnistie accordée par l'empereur pour tous les crimes et délits politiques.

Napoléon III accordait cette amnistie à l'occasion du centenaire de la naissance de Napoléon 1ᵉʳ à Ajaccio, le 15 août 1769.

Cette fête du centenaire fut la dernière fête des Napoléon; le 15 août 1870 devait se passer dans la tristesse et dans le deuil.

Vendredi 27 août.

Forfait nocturne, commis par quelque vieille Anglaise pudibonde! On a lancé un encrier sur la croupe affriolante de l'une des danseuses de Carpeaux. Une grosse tache noire se prélasse sur le marbre éblouissant de blancheur.

Tout le monde courait voir la tache. Pendant plusieurs jours des farceurs vous abordaient en vous disant : « croyez-vous qu'elle partira ? » — « Qui ? quoi ? » — « La tache, parbleu ! »

Ce n'étaient point cependant les demoiselles Carpeaux de l'Opéra (selon le mot de Louis Veuillot) qui offusquaient le plus la pudeur de certaines gens, mais la demoiselle Carpeaux, riant et folâtrant sur le fronton du Pavillon de Flore, celle-là un peu trop haut juchée pour craindre les encriers. Au point de vue plastique et artistique c'est le chef-d'œuvre de Carpeaux; on voulait, paraît-il, la faire disparaître, mais l'empereur, un *vieil amateur*, s'y refusa énergiquement.

8 Septembre 1869.

Le bruit a couru que l'empereur était fort malade; le gouvernement prétend que l'empereur souffre seulement de douleurs rhumatismales.

C'était évidemment le commencement de la cruelle maladie de vessie, dont mourut Napoléon III. L'empereur était à son déclin, comme l'Empire lui-même.

Le bruit de cette maladie fut pour ainsi dire accueilli avec terreur. Aucun gouvernement ne fut plus le gouvernement d'un seul que celui du second Empire ; tout reposait sur l'empereur, tout dérivait de l'empereur ; il semblait que, l'empereur mort, l'état dût crouler.

21 Septembre.

On a découvert, hier, à Pantin, près des fortifications, les cadavres de six personnes, la mère et cinq enfants, enterrés dans un champ.

C'était une famille Kinck, de Roubaix.

29 Septembre.

On découvre un septième cadavre à Pantin : celui de Gustave Kinck, pauvre jeune homme ! que tout d'abord on a pensé être l'assassin.

14 Octobre 1869.

La Cour d'assises, après trois jours de débats, a frappé de peines, variant de trois ans à deux mois de prison, le plus grand nombre des émeutiers, coupables d'avoir en juin dernier, sur le boulevard de la Villette, dévasté des maisons numérotées *grosso modo*, brisé des lanternes à gaz, renversé des kiosques et malmené les agents : mon client a été condamné. Beaucoup de monde à la Cour d'assises ; car on n'est pas encore revenu de l'étonnement produit par les troubles de juin.

Un souvenir à propos de cette vieille affaire.

A l'ouverture de la première audience, mon confrère Gallard avait pris des conclusions pour demander à la Cour de renvoyer des fins de l'accusation, sans passer aux débats, tous les accusés, parce qu'ils devaient profiter de l'amnistie accordée par l'Empereur, au mois d'août 1869. La Cour répondit : « les faits reprochés sont des crimes de droit commun ; ils ne présentent en l'état aucun caractère politique ; il y a lieu en conséquence d'ouvrir les débats. »

Après le verdict, les défenseurs furent d'avis que l'on pouvait très utilement plaider l'amnistie, les débats semblant avoir démontré le caractère politique des manifestations de juin 1869. Mes confrères me chargèrent de parler en faveur de tous les accusés, déclarés coupables. Je m'en défendis comme un beau diable, car je n'avais pas préparé cette question d'amnistie. Gallard devait la traiter ; seul il l'avait étudiée, mais son client ayant été acquitté, il ne pouvait vraiment pas replaider. Me tirant par la robe il me dit : « acceptez donc ; voici mes notes. » J'acceptai. M. le président La Faulotte m'accorda une heure pour me préparer ; c'était peu, j'en pris une de 90 minutes.

Il était près de huit heures du soir quand je commençai, et, grâce à la bonne confraternité de Gallard, je ne fus pas trop inférieur à ma tâche. Mais, malgré mon argumentation, la Cour persista, quand même, à ne voir rien de politique dans les faits reprochés.

Mon confrère Beurdeley présenta une observation pleine de justesse en faveur de son client, reconnu seulement coupable du délit de rebellion aux agents ; il ne réussit pas plus que moi.

26 Octobre.

Place Clichy, a été inauguré le groupe de la Défense de Paris en 1814. Le général Moncey protège la Ville de son épée; par terre est étendu mort un brave polytechnicien. Ce groupe de bronze a vraiment grand air; le Panthéon, qu'on aperçoit radieux au bout de la rue de Clichy, lui forme un admirable décor.

Dix mois après, Paris, attaqué de nouveau, ressaisissait son épée.

Le monument de la Défense de 1814 n'était même pas terminé. Doublemard achevait les admirables sculptures du soubassement, quand un bruit étrange se fit entendre; levant les yeux, il aperçut, débouchant de l'avenue, devant laquelle est élevée la statue, une impétueuse masse de moutons, qui remplit l'énorme place, pour s'engouffrer ensuite dans la rue de Clichy.

Au milieu de cet océan de troupeaux, passant tumultueusement pendant plus d'une heure à ses pieds, Doublemard, tout ému de douleur patriotique, vit se dresser à ses yeux l'image vivante de la nouvelle invasion.

28 Novembre 1869.

Un huitième cadavre, celui de Kinck père, a été retrouvé en Alsace, enfoui au pied d'un arbre; la malheureuse famille est réunie tout entière autour du Dieu vengeur.

Les funérailles des huit victimes furent véritablement

lugubres. Suivant la coutume de Roubaix, les huit cercueils étaient suivis de huit grandes croix noires.

27 Décembre 1869.

Banquet de cinquantaine de notre cher et bien aimé confrère Marie, ancien membre du gouvernement provisoire en 1848.

29 Décembre.

Troppmann passe en Cour d'assises, défendu d'office par Lachaud, qui n'en est pas plus fier pour cela. L'accusé est un petit maigriot, pâlot. Comment a-t-il pu tuer huit personnes ?

Lundi 3 Janvier 1870.

Le ministère libéral, dont on parle tant depuis quelques jours, est enfin constitué. Mon confrère, Emile Ollivier, devient garde des sceaux ; il a choisi, comme secrétaire, mon autre confrère Philis, fils d'un ancien sous-préfet de Péronne ; Philis fut mon camarade de collège à Péronne, c'est un garçon des plus intelligents, très piocheur.

A l'occasion de ce ministère libéral, Jules Claretie, dans son *Histoire de la Révolution de 1870-71*, p. 12, dit ceci : « la France eut un moment quelque chose comme un éblouissement de liberté.... »

Il ajoute, il est vrai : « mais ce ne dut être qu'un éclair car (la nation le vit bientôt) c'est l'éternelle loi et la nature même des despotismes, qu'ils ne peuvent engendrer que le despotisme. »

Cette théorie du despotisme, voué à l'impénitence, ne fut pas admise à ce moment par beaucoup d'hommes supérieurs et *l'éblouissement de liberté* porta la joie dans bien des cœurs.

7 Janvier.

Il y a quelque temps, un jeune apprenti mécanicien, fils de mon client M. X..., se trouvait sur le trottoir du boulevard Saint-Michel. Le cheval d'un garde municipal, en passant près de ce trottoir, atteignit d'une ruade la mâchoire de l'enfant et lui cassa sept dents. Le père me confia son action en dommages-intérêts contre l'Etat.

Je présentai requête au ministre de la guerre. On m'avait conseillé d'assigner devant le tribunal civil; mais, comme je ne cherchais pas à faire de tapage, j'aimai mieux m'adresser à l'autorité militaire; c'était du reste la véritable manière de procéder. Bien m'en a pris. J'ai trouvé les bureaux du ministère très favorables à la demande du pauvre garçonnet qui, somme toute, vient d'obtenir sept mille francs, mille francs par dent.

11 Janvier.

Hier, meurtre du journaliste Victor Noir par le prince Pierre Bonaparte, fils de Lucien, et par conséquent cousin de l'empereur.

A propos de ce meurtre les uns disaient : le prince est une bête fauve ; les autres : c'est un homme énergique qui n'a pas voulu se laisser violenter chez lui. Mais si les uns et les autres parlaient différemment, tous pensaient de même : l'aigle a du plomb dans l'aile.

13 Janvier.

Hier, terrible préoccupation, à propos des funérailles de Victor Noir ; heureusement, il n'y a pas eu de troubles, car il a été enterré à Neuilly, grâce à l'énergique volonté de son frère. Quelles sanglantes funérailles, si le cortège avait traversé Paris, pour se rendre au Père Lachaise !

20 Janvier.

Exécution de Troppmann.

Depuis une semaine la place de la Roquette était envahie chaque nuit par d'ignobles voyous, accourant pour voir exécuter le monstre.

Les anciens mettaient les crimes horribles parmi les mille signes précurseurs de la chute des Empires. A ce compte, l'exécrable forfait de Troppmann présagea la chute de Napoléon III, comme celui du duc de Praslin avait présagé celle de Louis-Philippe.

22 Janvier.

Le président Cressent a salé Rochefort, pour avoir outragé la famille Bonaparte.

« J'ai eu, avait-il dit dans son journal la *Marseillaise*,

la faiblesse de croire qu'un Bonaparte pouvait être autre chose qu'un assassin. »

Six mois de prison, 3,000 francs d'amende.

Et si le fameux président Delesvaux avait présidé ?

Mercredi 2 Février 1870.

Hier soir, réception par le garde des sceaux, chez qui s'est précipité tout un monde de gens à opinions bigarrées. Partisan d'Emile Ollivier, ami d'enfance de son secrétaire Philis, j'avais promis à des camarades d'aller les rejoindre au ministère de la justice, quoiqu'il m'en eût toujours coûté de faire ma cour à n'importe qui. J'hésitai ; je me tâtai ; j'endossai mon habit ; je l'enlevai ; je le remis. Pour rattraper le temps perdu, j'accourus en voiture à fond de train ; le garde des sceaux ne recevait plus ; j'avais rencontré sur l'escalier le dernier courtisan.

10 Février.

A propos de l'arrestation de Rochefort, fourré à Sainte-Pélagie pour y purger sa condamnation, grande émotion au quartier Latin. Les étudiants sont agités, comme aux jours de grande tempête.

14 Février.

Récamier a gentiment défendu un gamin, qui avait occasionné un rassemblement en portant une lanterne au bout d'un bâton.

Le Rochefort au petit pied n'a été condamné qu'à une légère amende.

Mon confrère Récamier était le fils du fameux docteur Récamier. Il vient de mourir récemment, au cours d'un voyage à Jérusalem, après avoir vécu en faisant le bien.

Le nom de Récamier ne s'éteint pas avec lui ; car il est dignement porté aujourd'hui par le docteur Joseph Récamier.

Le grand docteur revit en son petit-fils : *in nepote redivivus*.

18 Février.

Un homme est mort de froid sur l'impériale de l'omnibus. Les deux dragons de la fontaine Saint-Michel ont une barbe de glace, longue d'un mètre ; mais l'horrible froid n'empêche pas les têtes de s'échauffer au quartier Latin.

21 Février.

Anniversaire du décès de ma sœur Céline, morte à dix-sept ans.

Mes idées noires me reprenant, je vais à Sainte-Marguerite, méditer dans la *Chapelle des âmes*, où tout rappelle la brièveté de la vie.

Dans l'intervalle des colonnes peintes, qui s'étendent de chaque côté de cette admirable chapelle, surgissent, pour ainsi dire, plusieurs personnages, avec des attitudes variées de douleur.

Tout d'abord se présente un enfant avec son bâton de voyage : *peregrini sumus super terram*.

Près de lui, une jeune fille s'écrie : *spoliabit me Deus gloriâ meâ* ; je serai dépouillée de ce qui faisait ma gloire. Elle contemple avec effroi sa couronne fanée et ses vêtements de fête, s'échappant de ses mains.

Vita nostra vapor est, s'écrie à son tour une autre jeune femme dans toute la maturité de la beauté, en élevant le vase antique, d'où s'enfuit un tourbillon de fumée, *et quasi aquæ dilabimur in terram*, lui répond sa vieille compagne attristée, qui tient une urne d'où l'eau s'échappe en flots rapides.

Ces figures, pleines d'angoisse, savent trouver le chemin de mon cœur et me consolent en me présentant successivement les symboles de l'inévitable trépas.

Bien souvent, dans les deux années funèbres qui suivirent, mon esprit se reporta vers la *Chapelle des âmes* et se rappela une autre figure, d'homme celle-là, sur laquelle mes yeux, lors de ma visite, s'étaient à peine arrêtés, parce qu'elle ne me rappelait point, comme les figures de femme, les grâces de la sœur regrettée. C'était celle d'un homme dans la force de l'âge, tombant frappé en sa puissante poitrine par le coup invisible de la mort, et balbutiant, les yeux terrifiés : « je meurs et je ne suis qu'à la moitié de mes jours. » *In dimidio dierum meorum*.

Combien de fois, durant la sanglante moisson, cette figure ne m'est-elle pas réapparue, en empruntant à chaque vision des traits différents.

Je la revis sous les traits du commandant de Dampierre, d'Ernest Baroche, de Franchetti, d'Henri Regnault, sous les traits du colonel de La Monneraye, auquel j'eus le bonheur de rendre service dans les derniers jours de sa vie.

Eux aussi, ils sont tombés, frappés par un coup invisible; *in dimidio dierum suorum mortui sunt*, mais suprême consolation : « *mortui sunt pro patriâ !* »

Dimanche 20 Mars 1870.

Je vais avec les bébés aux Tuileries contempler le marronnier du 20 mars. Des vieux l'entourent et cherchent à voir si, malgré les grands froids, les bourgeons de l'arbre sont épanouis, comme d'habitude. On les aperçoit en y mettant beaucoup de bonne volonté et extrêmement de dévouement impérial.

Pas de bourgeons au marronnier du 20 mars, quel effrayant pronostic ! !

24 Mars.

Récemment, tentative de meurtre au Palais de justice; M. X... a fracassé le poignet de sa femme, contre laquelle il plaide en séparation de corps. Aujourd'hui suicide : un malheureux s'est jeté du haut des échafaudages qui soutiennent la voûte vermoulue de la salle des Pas-Perdus. Est-il un théâtre de drames plus effrayant que ce Palais, témoin journalier d'horribles et poignantes douleurs, de passions furieusement déchaînées !

26 Mars.

Hier, la Haute Cour de justice, siégeant à Tours, a

prononcé l'acquittement du prince Pierre, meurtrier de Victor Noir.

Mon confrère Emile Leroux, ami du prince, a plaidé pour lui.

Après Emile Leroux, son jeune secrétaire Demange parla si bien que les applaudissements éclatèrent dans toute la salle. M° Leroux, excellent homme et au-dessus de toute jalousie, a pu grandement se féliciter d'avoir donné l'essor à un beau talent.

31 Mars.

Le quartier Latin est en émoi ; on n'a pas laissé faire son cours à Tardieu qui, dans le procès du prince Pierre, a fait une déposition *scientifique* favorable à ce dernier.

Voilà en quoi consistait la déposition *scientifique* de Tardieu :

Après le meurtre funeste, le jour même, le prince avait fait constater une ecchymose sur sa figure ; il prétendait qu'elle était due à un soufflet, donné par Victor Noir; aux débats, Tardieu dit, qu'à son avis, un coup direct avait pu produire cette ecchymose. Les étudiants en médecine furent indignés de cette déposition et M. Tardieu, que tous les jours, au Palais, je voyais, comme expert en Cour d'assises, honoré de la plus grande considération, fut traité de la façon la plus outrageante ; on lui criait: *à bas le Corse*. Le vieux doyen, M. Wurtz, sermonna en vain les étudiants ; il ne réussit qu'à s'érailler la voix. Lors d'une seconde leçon on lança de gros sous à ce malheureux Tardieu. Il lui fallut se retirer.

2 Avril 1870.

L'école de médecine est fermée.

Même jour, 2 Avril.

Onze heures du soir. — Mort de Mme veuve Turin, grand'mère maternelle de ma femme. Mes deux aînés doivent fidèlement en conserver le souvenir, car elle les a beaucoup aimés. Elle est morte à quatre-vingt-seize ans, avec toute sa lucidité d'esprit.

Ayant eu, dans sa jeunesse, une petite fonction auprès de la reine Marie-Antoinette, elle aurait pu nous faire bien des récits intéressants, mais ayant conservé de tout un souvenir très douloureux, elle ne voulait parler de rien. Elle eut la bonne fortune de mourir à temps, pour ne point voir une troisième invasion et une seconde Commune. Ses obsèques furent tranquilles ; mais il semble que son souvenir ne pouvait être séparé du souvenir des malheurs publics ; car son service du bout de l'an fut salué des cris : à bas la calotte.

10 Avril.

Tous les archéologues sont en liesse et courent vers la rue Monge, nouvellement ouverte. Presqu'en face de la rue Rollin, entre la rue des Boulangers et la rue de Navarre, on vient de découvrir les substructions, parfaitement conservées, d'un cirque romain. J'y cours comme tout le monde. C'est en creusant les fondations des bâtiments de la Compagnie des omnibus qu'on aperçut de magnifiques blocs de pierre. On ne voit que la moitié de ce cirque; le reste est enfoui sous les constructions d'un couvent voisin, situé rue de Navarre.

20 Avril.

On a pu déblayer, aux arènes de la rue Monge, une magnifique salle ; je l'ai visitée hier soir. Sur le sol se contournent horriblement deux gigantesques squelettes, horribles à voir à la lueur des feux de bengale ; j'en ai eu l cauchemar toute la nuit.

La compagnie des omnibus proposa de revendre le terrain au prix coûtant ; mais déjà à ce moment l'empereur avait d'autres préoccupations que celles de l'archéologie gallo-romaine, tant aimée autrefois. L'horizon politique commençait à s'assombrir. On se contenta de faire transporter au Musée Carnavalet, alors en formation, plusieurs blocs de pierre, arrachés à l'enceinte du cirque.

29 Avril.

Mort de notre confrère Marie, ancien membre du gouvernement provisoire en 1848. Depuis longtemps souffrant, il parvenait difficilement à plaider ses affaires. Il était d'une bonté très grande, exagérée même. Plutôt que de déranger ses domestiques. il allait lui-même chercher du bois dans la réserve. Mon ami François Beslay, son secrétaire, me raconta ce détail. Du reste la bonté se reflétait sur sa figure. Il était très désintéressé, comme beaucoup des hommes de 1848.

Encore quelques mois de vie et M⁰ Marie aurait vu renaître sa chère République. Seulement son âme de patriote aurait bien souffert ; il ne se serait pas, comme certains exaltés, facilement consolé des malheurs de la France en voyant l'Empire à bas.

Dimanche 8 Mai 1870.

Plébiscite, pour approuver ou non une nouvelle constitution, en réalité pour savoir si on veut du Prince impérial (1).

A cinq heures du matin, en grand uniforme de garde national devant le musée de Cluny ; froid de chien.

Monté immédiatement ma garde à la mairie du Panthéon.

Cinq heures du soir : un caporal demande des hommes de bonne volonté pour aller chercher le scrutin rue des Fossés Saint-Marcel, au milieu de la tribu des Beni-mouff-mouff. Personne ne dit mot. Je me propose, poussé par la curiosité ; des camarades se joignent à moi.

---

(1) Dans une proclamation l'empereur avait dit : « des changements successifs ont altéré les bases plébiscitaires... il devient donc indispensable que le nouveau parti constitutionnel soit approuvé par le peuple, comme l'ont été jadis les constitutions de la République et de l'Empire....

En votant *oui*, vous conjurerez les menaces de la révolution et vous rendrez plus facile dans l'avenir *la transmission de la couronne à mon fils.* »

Marche triomphale vers la rue des Fossés. Dans la rue Mouffetard, des gamins et des voyous nous emboîtent le pas en chantant :

Zim boum la la,	Zim boum la la,
Zim boum la la,	Zim boum la la,
Les beaux militaires !	Que ces gardes-là !

Enfin nous voilà arrivés, sans encombre, rue des Fossés Saint-Marcel ; la réunion, pour le dépouillement des votes, se tient dans l'amphithéâtre de l'Ecole de médecine, construit sur l'ancien cimetière de Clamart. Je mets le nez à la porte. J'entends un monsieur qui propose différents noms de scrutateurs, pour les opposer à ceux indiqués par le bureau : « nous ne voulons pas, dit-il, que tous les noms sortent de votre boîte. » Ça chauffe. J'avance une épaule, puis le côté ; mon malheureux coupe-choux apparaît. Le même monsieur me lance un regard foudroyant et s'écrie : « Je vois un homme en armes dans la salle du vote. » Je sors épouvanté de la voix et de l'œil du farouche électeur. J'ôte mon coupe-choux, que je n'avais jamais pris sérieusement pour une arme, et je rentre.

Les bougies sont allumées. MM. les électeurs ont l'air de vrais diables, tant ils se démènent ; j'en ai assez ; je me sauve.

« — On est capable de nous tomber dessus ! » chuchote mon caporal. Un employé de la mairie qui nous avait accompagnés, me dit: « les Tuileries sont garnies de troupes, il va peut-être y avoir du grabuge. »

Un malencontreux colleur vient, de la part de Pietri, coller une affiche tendant à dire à peu près ceci : *si on bouge, nous cognons.*

Mes camarades et moi ne rions pas du tout, car si l'on voit l'affiche, au sortir de la salle du scrutin, nous serons, en qualité de bourgeois, mis en marmelade. On voit bien que Pietri est, à la préfecture, parfaitement entouré de ses gardes du corps.

Le dépouillement est fini. Les *non* dominent ; feu de joie avec des papiers. Le peuple souverain sort. Un gros sergent de ville se plaque sur l'affiche et personne ne la voit ; nous respirons. Une heure après, nous reportons le scrutin à la mairie, où tout le monde nous attendait avec anxiété.

Nous avons une certaine crainte de passer la nuit ; mais on nous lâche enfin.

Diner à dix heures un quart du soir.

9 Mai.

Les nounous sont inconsolables. Le Luxembourg leur est fermé et... il est plein de militaires !

Dans le cinquième arrondissement : 6,000 oui et 9,000 non.

10 Mai.

Visité le Luxembourg. Plus de soldats, mais partout de la paille, des foyers formés de pierres et des... épluchures de pommes de terre. Pauvres garçons ! ils n'ont pas dû avoir chaud pendant la nuit.

Nous n'avons pas eu de troubles, Dieu merci ! dans notre cinhème, mais c'est peut-être à cause des soldats, parqués dans le jardin.

11 Mai.

Bruits sinistres tout le long de la journée. Allons-nous revenir aux beaux jours de 1848 ?

12 Mai.

Près de la petite église Saint-Joseph, des barricades ont été élevées hier soir ; les troupes les ont, en un instant, emportées d'assaut, avec l'aide des sergents de ville.

16 Mai.

De mes fenêtres de la rue des Ecoles, ma femme et moi voyons passer sur le boulevard Saint-Michel un enterrement, dont nous sommes très impressionnés. Voici d'abord un sergent de ville, en tête, puis cinq sur un même rang, puis un corbillard dans lequel se trouve un cercueil, recouvert d'une immense couronne d'immortelles. A la suite, deux petits enfants, accompagnés par des officiers de paix et des commissaires de police. Ce sont les fils d'un sergent de ville, éventré pendant les troubles du plébiscite. La pauvre veuve, qui habite rue de la Harpe, voulait venir au cimetière ; mais à Saint-Séverin elle s'est trouvée mal et on a dû l'emporter.

17 Mai.

On m'apprend que ce n'est pas l'enterrement du sergent éventré, mais celui de cet autre dont la tête a été brisée par un pavé, jeté de l'impériale d'un omnibus.

22 Mai.

Orage épouvantable. Au milieu d'un affreux fracas, le tonnerre est tombé en serpentant, juste devant mes fenêtres de la rue des Ecoles. J'ai été presqu'aveuglé.

23 Mai.

La foudre est tombée, hier dimanche, à l'Imprimerie Nationale, sur la statue de Guttenberg. Ce pauvre Guttenberg a eu tellement peur, que de vert bronze, il est devenu tout blanc.

C'était du moins la version des journaux ; je ne pouvais les soupçonner d'irrévérence envers l'inventeur de l'imprimerie.

23 Juin 1870.

Courbet a exposé au Salon deux superbes marines. Le ministre des beaux-arts l'a fait décorer. Courbet a refusé la croix.

Courbet ne prétendit pas, comme on l'a dit à tort, donner un camouflet à l'empereur. Il remercia même le ministre des sentiments qui l'avaient guidé, mais il ajoutait ceci : « l'Etat est incompétent en matière d'art ; quand il entreprend de récompenser, il usurpe sur le goût public. » Il s'insurgeait, ce jour-là, seulement contre le système des récompenses.

S'il s'était contenté de déboulonner les vieux systèmes !

27 Juin.

Au Palais gros procès, celui de l'*Internationale*. Beaucoup de prévenus, cités pour avoir fait partie d'une société secrète. Laurier plaide pour plusieurs; il ne comprend pas, dit-il, une société secrète qui compte ses adhérents par centaines de mille. Avec sa parole fine et habile, il est presqu'aussi spirituel que son patron Crémieux et, avec sa mine de chafouin, il est presqu'aussi laid que lui. Il est toujours sur la brèche dans les procès politiques ; il embête le gouvernement.

Samedi 9 Juillet 1870.

Laurier a gagné son procès, du moins en théorie. Le tribunal ne voit pas en effet de société secrète dans l'*Internationale des travailleurs*. Il repince les prévenus, en les déclarant convaincus d'avoir fait partie d'une association, composée de plus de vingt membres et non autorisée ; généreuse distribution de mois de prison.

La fortune a d'étranges retours. Les condamnés devaient sortir de leur prison, avant que l'empereur ne sortît de la sienne.

DEUXIÈME SÉRIE

DU 16 JUILLET AU 18 SEPTEMBRE 1870

LA GUERRE

Samedi 16 Juillet 1870.

* Définitivement nous avons la guerre avec la Prusse.

Le Palais est en ébullition.

Ce matin, à la bibliothèque des avocats, quelques confrères, en présence de Liouville, beau-frère d'Ernest Picard, tapaient ferme sur ce dernier et le blâmaient vertement d'avoir, avec l'opposition, pris parti la veille contre le gouvernement ; je le défendis en faisant remarquer que Picard avait cru devoir, suivant son droit et sa conscience, s'opposer au parti de la guerre, mais qu'une fois le principe de la guerre admis, il avait, avec patriotisme, voté les fonds pour la soutenir. Liouville me parut très satisfait de mon observation (1).

---

(1) J'ai fait précéder cette note d'une astérique, parce qu'elle a été mise après coup, ce n'est qu'un souvenir ; j'en agirai toujours de même pour les notes-souvenirs.

« Bien que nous soyons, avait dit E. Picard à la Chambre, engagés, mes amis et moi, dans cette guerre, malgré nous, nous voterons les subsides... Quand la guerre est déclarée, nous ne voyons que le drapeau de la patrie. »

La conduite d'Ernest Picard avait été des plus correctes, et je fus heureux de le défendre contre quelques confrères un peu exaltés qui, je n'ai pas besoin de le dire, formaient une infime minorité au Palais, de tout temps hostile à la politique impériale.

Même date, 16 Juillet.

On dit que le chemin de fer de l'Est est fermé aux voyageurs. On entend partout la *Marseillaise*.

L'empereur avait permis que l'on chantât la *Marseillaise* même dans les rues. Ce chant m'inspirait alors autant d'enthousiasme que d'effroi.

19 Juillet.

Hier, dans la soirée, une immense foule se dirigeait vers le boulevard de Strasbourg, pour assister au départ des troupes. Amélie, quoique pas trop rassurée, mais voyant que je ne pouvais tenir en place, me permit d'aller voir ; ce ne fut pas sans maugréer contre ma curiosité, sans cesse renaissante, et sans me faire toutes les recommandations d'usage. Les abords de la gare de Strasbourg étaient noirs de monde. Les soldats, en arrivant, étaient accueillis par des cris de joie et par des exclamations de commisération. Je redescendis le boulevard et me jetai dans l'omnibus de la Villette. Des pioupious remontaient, en même temps que l'omnibus, le faubourg Saint-Denis. La voiture, arrêtée par la cohue des militaires et des civils, devant l'entrée de la rue de Château Landon, se trouvait comme enlisée au milieu d'une foule énorme, criant et hurlant.

Une femme superbe, placée à côté de moi, se mit tout à coup à pousser des gémissements plaintifs et à s'écrier douloureusement avec un accent étranger : « *les malheureux, les malheureux, ils vont à la boucherie ; il n'en reviendra pas un.* » Tous les voyageurs furent glacés par ces cris de désespoir ; navré et comme saisi d'effroi, je quittai la voiture et regagnai tristement à pied la rue de la Sorbonne.

20 Juillet.

Onze heures du soir. — La garde part ; en arrivant devant le Louvre, où elle est casernée, je vois mille menus objets tomber par les fenêtres ; ce sont les hommes qui, avant de quitter leurs chambres, jettent à la foule tout ce qu'ils ne peuvent emporter avec eux. La foule, se courbant et s'abaissant dans un curieux mouvement, ramasse avec enthousiasme ces petits souvenirs.

Enfin la garde sort de sa caserne et se met en marche aux accents de la *Marseillaise*. Je la suis, en entraînant ma pauvre femme et en mêlant ma voix à vingt mille autres voix, c'est sublime ! Combien reviendra-t-il de ces beaux grenadiers ? Du moins leur sang versé empêchera la conquête de l'Alsace, que ces messieurs les Prussiens voudraient nous prendre sur notre assiette ! Oh ! la la la la ! Quelle affreuse bousculade ! Je me trouve un grenadier sur les épaules ; oh ! le coude, le coude ; j'ai reçu un coup terrible sur le coude.

21 Juillet.

Les études d'avoués sont dépeuplées. Leurs clercs partent pour la mobile. Quelques-uns traversent la salle des Pas-Perdus en uniforme ; Riklin, clerc d'Aymé, me serre la main comme s'il ne devait plus me voir : « adieu, adieu. » — « Non, non, au revoir. »

22 Juillet.

Hier, Chauvelot a prêté serment comme avoué à la Cour ; en rentrant chez lui il a trouvé un billet de convocation pour la garde mobile.

23 Juillet.

Voyage pour visiter à Vitry-sur-Seine une maison de campagne. En wagon, je tombe au milieu de lignards, qui me font chanter la *Marseillaise*, et boire à leur succès un verre de vin, baptisé vin du Rhin pour la circonstance.

Le soir, je vais avec Amélie aux Champs-Elysées, à un concert, où je suis désolé d'entendre chanter le Rhin allemand. Nous ne faisons pas la guerre à l'Allemagne.

Oui, mais l'Allemagne nous la faisait !

28 Juillet.

* M⁰ Rousse a été nommé bâtonnier ; petite allocution après la proclamation du vote. « Pour me guider, a-t-il dit, je m'efforcerai de conserver la vieille tradition de l'Ordre : or, la première c'est l'amour de la patrie. »

On sait que la promesse a été bien tenue.

Lundi 1ᵉʳ Août 1870.

Nous partons pour Vitry, où nous avons loué un pavillon.

7 Août.

Terrible et stupéfiante affiche ! Mac-Mahon vaincu ; les Prussiens en Alsace.

12 Août.

Tout est en émoi à Ivry et Vitry (1). Reuter, le brasseur, dont la brasserie se voit sur la hauteur d'Ivry, au-dessus de l'église, a, dit-on, voulu faire sauter le fort d'Ivry. C'est un Prussien, dont la femme serait, assure-t-on, la maîtresse de Guillaume. Il aurait envoyé plusieurs millions à ce même Guillaume ! Ça me semble drôle qu'on fasse des

---

(1) Vitry est tout près d'Ivry.

gratifications à un monsieur pour le remércier de....
Après tout Guillaume est roi !

> Quel honneur, quel honneur !
> Ah ! Monsieur le sénateur....

Ce Reuter a dû néanmoins déguerpir au grand galop de ses chevaux, pour ne pas être écharpé par les Ivriens. Je crois que son grand tort a été de n'occuper guère que des Allemands dans sa brasserie.

Les journaux ont publié l'entrefilet, qui suit, pour réconforter les naturels d'Ivry et de Vitry :

La brasserie Reuter, au sujet de laquelle des bruits alarmants ont été mis en circulation, est située sur le point culminant du plateau d'Ivry, à mille cinq cent mètres des fortifications.

Les caves ont été visitées par les soins du commandant du fort d'Ivry et reconnues sans danger pour le fort.

14 Août.

* Extrait de mon livre de dépenses : provisions de bouche : 76 fr. 20.

Peu rassuré sur l'avenir, j'opérai dans mon quartier une rafle de comestibles. Quelques jours auparavant, j'avais acheté deux pains de sucre ; j'achetai ce jour-là du chocolat, du riz, du pain d'épice pour 76 fr. 20 ! ! sans consulter ma femme, bien tranquille à Vitry, afin de ne pas lui mettre l'esprit à la torture. Ces provisions m'étaient indispensables, puisque j'avais femme, trois enfants et deux domestiques ; comme je me déterminai plus tard à exiler tout mon monde, ces provisions ne me servirent pas, mais obligèrent grandement des imprudents, qui, comme mon beau-père, n'avaient pris aucune précaution, sous prétexte que Paris ne pourrait résister plus de huit jours.

Même jour 14 Août.

* Aujourd'hui dans mon quartier, au square Monge, inauguration sans tambours ni trompettes de la statue de Voltaire, le grand ami du roi prussien Frédéric II.

La statue était prête depuis longtemps. Elle avait été fondue, sur l'initiative du *Siècle* et par souscription. Les circonstances étant délicates, on s'empressa d'installer Voltaire, sans grandes cérémonies.

15 Août.

Nous allons à la grand'messe à Vitry. Le bon curé monte en chaire et nous fait un discours patriotique. Il nous dit d'élever nos âmes vers Dieu et de le prier, afin qu'il secoure nos armes. Pas de *Te Deum.* Quinze août glacial.

20 Août.

A la suite d'un article du *Siècle*, une hausse est à prévoir dans le prix de la nourriture ; il a fort engagé chaque ménage à acheter des provisions. Ma domestique de Paris, chargée de faire l'emplette d'une morue, n'a pu en trouver une seule ! Chacun se dit : « nous verrons peut-être les Prussiens à

Paris. » Les Prussiens à Paris ! qui aurait songé à cela, il y a un mois!

26 Août.

Mon père, épouvanté par les débats de la Chambre, me supplie de venir à Péronne. Je lui réponds : « j'y enverrai peut-être ma famille, mais moi je ne puis quitter mon fusil de garde national, quelque mauvais qu'il soit. »

Depuis six ans, j'étais incorporé dans la 5e compagnie du 21e bataillon de la garde nationale et possédais un horrible piston.

29 Août.

Panique à Vitry. Le prince royal de Prusse est, dit-on, en marche sur Paris. Tout le monde s'enfuit; Nous faisons de même, afin de ne pas mourir de faim à la campagne, où nous ne trouverions ni boulanger ni boucher. Notre véhicule se met à la file des voitures de déménagement, qui couvrent la route de Vitry à la porte de Choisy. Quel spectacle lamentable ! femmes et enfants sont perchés sur des matelas, couronnant les carrioles. Dans celle qui précède la nôtre deux fillettes, les larmes aux yeux, consolent leurs poupées.

Il me semblait fuir une inondation : l'inondation prussienne; c'en était bien une ! et bientôt Paris, avec le circuit de ses forts, fut véritablement l'*Ile de France*, suivant la belle expression d'Alphonse Daudet, dans ses *Lettres d'un absent*.

1er Septembre 1870.

* La petite bonne d'enfants, après avoir touché son mois d'août, nous quitte précipitamment et va rejoindre ses parents dans le Nivernais.

4 Septembre.

Ma femme et moi allons rechercher à Vitry le reste de notre mobilier. Mon beau-père nous avait engagé à en laisser, pour le cas où les Prussiens ne viendraient pas assiéger Paris.

Nous passons, dans notre jardin, la plus douce et la plus charmante des journées, dévalisant les arbres de leurs plus beaux fruits, respirant l'air à pleins poumons.

Dans l'après-midi promenade du côté de Villejuif; rencontre de braves paysans qui nous regardent et chuchottent. Ils nous prennent évidemment pour des espions. Cependant, après nous avoir consciencieusement reluqués, ils nous laissent tranquilles, non sans nous avoir bien tourmentés.

5 Septembre.

Ma femme et moi faisons notre rentrée solennelle et définitive à Paris sur une voiture de plâtrier, changée en voiture de déménagement, au milieu d'une cohue effrayante de véhicules qui s'empressent de quitter la campagne. De nombreuses affiches, que nous ne pouvons lire du haut de la carriole où nous sommes nichés, nous intriguent énormément.

En descendant devant notre porte, nous pouvons lire une de ces affiches. Ah! par exemple, la République est proclamée ! Va pour la République si elle nous sauve ! En même temps nous apprenons avec stupeur la défaite de Sedan et la déchéance de l'empereur, à la suite de l'envahissement du Corps législatif par la garde nationale. Le bataillon de notre quartier, le 21ᵉ ne faisait pas partie des bataillons envahisseurs.

Je constate avec satisfaction que mon 21ᵉ n'a pas envahi l'Assemblée ; instinctivement je trouvais que la garde nationale aurait mieux fait de rester dans ses boutiques et j'avais raison de penser ainsi ; sans l'envahissement opéré, *malgré les supplications de Gambetta*, la Chambre, épouvantée de ses fautes et rendue à la raison, allait créer un gouvernement provisoire auquel, certes, des hommes habiles et prudents tels que Thiers et Grévy n'auraient pas refusé leurs concours, comme ils crurent devoir le faire au gouvernement de l'émeute ; la défense n'aurait pas été désorganisée. Nous aurions pu conserver Palikao, dont l'esprit organisateur avait déjà rendu moins redoutable le péril du moment (1).

---

(1) « *L'infâme* Palikao a bien plus fait que Trochu pour la défense de Paris ; en effet, les deux seules mesures bonnes et utiles qui ont permis de faire quelque résistance ont été prises par Palikao : d'une part le transport des canons de marine dans les forts, d'autre part l'emmagasinement dans Paris des blés et farines des départements voisins. » Flourens, *Paris livré*, p. 42. 1871. Lacroix et Verbœckhoven, éditeurs.

6 Septembre.

* Paris offre un curieux spectacle ; il semble que la déchéance de l'empereur va faire fuir les Prussiens. On ne pense plus à eux.

« Le grand bruit de l'empire écroulé remplissait les oreilles et empêchait d'entendre les bottes de l'armée prussienne qui s'avançait.
A. DAUDET. »

7 Septembre.

* Par précaution, les cultivateurs des environs font entrer leurs troupeaux dans Paris ; le Luxembourg est plein de moutons.

Dans une promenade au quartier Latin, Edmond de Goncourt s'amuse à regarder ces moutons ; « au Luxembourg des milliers de moutons, serrés et remuants, ont, dans leur étroit grillage, quelque chose du grouillement des asticots dans une boîte. »
Journal des Goncourt, t. 4, p. 56.

8 Septembre.

J'ai vu passer, devant l'Institut, un fort contingent de vigoureux mobiles bretons, accompagnés de leur recteur et marchant au son aigu des binious ; mon cœur saute de joie en voyant venir à notre secours ces braves enfants.

Je vois dans l'après-midi un spectacle bien différent devant le chemin de fer d'Orléans, qui ne veut plus prendre de voyageurs. La grille est complètement fermée ; des Limousins, des ouvriers de la Creuse, voulant partir quand même pour rejoindre au pays leurs femmes et leurs enfants, grimpent après les barreaux de cette grille, l'on-jambent et se laissent tomber de l'autre côté, dans la grande cour d'entrée. On leur jette de petites malles par dessus la grille.

9 Septembre.

Terrifié, je décide le voyage de ma famille, qui doit aller à Armentières, puis en Belgique avec mon beau-père.

Ce jour-là il y eut chez moi une petite scène qui se passa également chez plusieurs de mes amis : « chère femme, tu vas partir avec les enfants ! » « — Non, je ne te laisserai pas seul. » « — Seul, je me tirerai toujours d'affaire ; il ne s'agit pas de moi, mais des bébés, il faut partir. » — « Non, je t'en supplie. »

« — Eh bien, soit ! seulement, je ne te pardonnerai jamais, si les enfants souffrent, soit des privations, soit du bruit de l'artillerie » et alors la pauvre femme, en pleurant, baissa la tête et commença ses malles.

Combien de femmes, quittant Paris, ont montré plus de courage qu'elles n'en auraient eu en y restant. Bien peu auraient pu faire ce que fit la vaillante Mme E. Adam. Celle-ci, prise soudain du violent désir d'embrasser sa fille, réfugiée en province, se jette dans un train rapide, arrive, couvre de baisers l'enfant, reprend immédiatement le chemin de fer, revient aussi rapidement à Paris avec sa fidèle femme de chambre, et s'entend à l'arrivée saluer par les employés de la gare de ces paroles flatteuses : « ah ! ah ! deux femmes qui rentrent. »

10 Septembre.

J'arrive à la gare du Nord avec ma femme, les trois bébés et la cuisinière. Mon beau-père arrive à son tour et me dit : « j'ai réfléchi et j'ai changé d'avis ; je ne puis quitter Paris et abandonner ainsi ma maison ! » Tout déconfit, je veux remettre le départ au lendemain ; car ne comptant point partir, j'étais venu à la gare avec un très mince habit d'été; sur ce, les employés me disent : « c'est peut-être le dernier train. » Je m'emballe alors avec ma caravane et le soir nous voilà à Armentières, où mon cousin B... et son associée de commerce, Mme R..., qui n'est point cependant notre parente, nous reçoivent avec la plus grande bonté.

Dans la ville, toutes les figures sont anxieuses, les cœurs sont à l'unisson. Des négociants, craignant le siège probable de Lille, ont déjà fait transporter leurs marchandises dans la Belgique. La frontière est fort près, à deux kilomètres.

Chacun se récrie sur mon intention de repartir immédiatement pour Paris, sauf le cousin qui me dit : « tu fais partie de la garde nationale, pars. »

Je l'embrasse bien fort en laissant ma famille sous sa protection et reprends le train immédiatement.

La nuit est très froide ; avec mon veston pelure d'oignon, je suis gelé : nous arrivons à la station de Clermont (Oise). Le train s'arrête (1)... indéfiniment. Les Prussiens ne seraient pas bien loin, paraît-il; il n'est pas prudent d'avancer; rien de plus lugubre que ce train s'immobilisant tout à coup au milieu de la nuit; deux heures, deux heures mortelles dans cette inquiétude!

Enfin, nous repartons et arrivons à Paris.

11 Septembre.

J'arpente le boulevard Saint-Michel, encombré de promeneurs.

D'ignobles caricatures s'étalent partout, outrageant les personnages de l'Empire tombé, mais surtout l'ex-impératrice; on la représente notamment couchée toute nue sur un billard, à titre d'enjeu. Les familiers de l'Empire se disposent à jouer, pour savoir qui l'aura!!

Des voyous vous crient dans les oreilles: achetez les orgies de la femme Bonaparte.

---

(1) Le train s'arrêta parce que le conducteur apprit sans doute à Clermont que les Prussiens s'étaient déjà montrés à Crespy-en-Valois et à Senlis.

Malgré la présence de détachements ennemis, la compagnie du Nord persista à faire rouler ses trains jusqu'au 15 septembre au matin, mais à ce moment un train fut enlevé à Senlis et un autre criblé de balles; la compagnie, n'ayant plus devant elle de simples détachements, dût absolument cesser.

Adossés aux ruines des Thermes de Julien, de jeunes Italiens chantent, avec accompagnement de harpes, une chanson contre Badinguet :

> C'est le sire de Fich'-ton-Khan
> Qui s'en va t-en guerre ;
> En deux temps et trois mouvements
> Le voilà par terre...

Feu Albert de Lasalle, dans son gracieux opuscule : *La musique pendant le siège de Paris* (1872, Lachaud, éditeur), nous apprend que les paroles de cette scie patriotique sont de Paul Burani, la musique d'Antonin Louis, et qu'elle a été chantée pour la première fois à l'Ambigu.

Le malicieux auteur fait observer que la première République a produit la *Marseillaise* ; la seconde les *Girondins* et la troisième le *Sire de Fich'-ton-Kan !*

Même jour onze septembre.

Je pars pour le rempart où le bataillon est convoqué ; j'ai remplacé mon schako de garde national par un képi ; c'est bien plus commode et plus à la mode.

Mon schako était du reste affreux sans l'aigle qui l'ornait autrefois. Le 4 septembre, beaucoup de gardes nationaux massés sur la place de la Concorde avaient enlevé l'aigle de leurs schakos et l'avaient jetée à terre, au milieu des huées du populaire.

12 Septembre.

J'avais passé la nuit du 9 au 10 à faire mes malles,

celle du 10 au 11 à geler dans le train, celle du 11 au 12 à trimer sur les remparts.

Le lendemain de cette troisième nuit blanche j'étais à moitié hébété, j'usai mon temps à regarder les camarades jouer aux bouchons, ce qui acheva l'hébêtement.

Pendant la nuit j'ai pu me chauffer à un feu de bivouac ; mon capitaine m'a dit : « ne vous y habituez pas ; les feux de bivouac ne seront plus permis quand les Prussiens seront plus rapprochés. »

Ce fut, en effet, la seule nuit où nous eûmes du feu. On n'était pas heureux aux fortifications ou plutôt aux *mortifications*, suivant l'expression du maëstro Vincent d'Indy, dans son *Histoire du 105e bataillon*. On peut bien, disait-on, de temps en temps se piquer le nez, quand le froid est si piquant.

12 Septembre après-midi.

Au moment où je rentre de garde, il m'arrive un bon gros mobile, *sans femme*, comme le dit le billet de logement.

Ville de Paris. — Billet de logement rue de la Sorbonne, numéro 2.

M. Dabot... logera ou fera loger un militaire pour huit jours, sans femme....

Fait et délivré à la mairie du 5e arrondissement.

Le Maire,

MARTINET.

Cinq autres mobiles arrivent ensuite chez d'autres locataires de ma maison, sans femmes également.

Malheureusement elles ne se feront pas attendre !

Il y en a dans les rues des centaines à l'affût de tous ces garçons, frais, lestés de santé et d'argent.

13 Septembre.

Extrait de ma lettre de ce jour à ma femme :

Chère Amélie,

Nous avons eu une grande revue de la garde nationale, et fait une longue station sur la place de la Concorde.

Derrière moi, dans la seconde compagnie de mon bataillon, se trouvait l'ancien ministre Duruy, en simple garde national. Le général qui nous passait en revue le reconnut ; à notre grande surprise il s'arrêta devant lui en disant : « je vous félicite du bon exemple que vous donnez, et vous fais compliment de votre fils, glorieusement blessé à Wissembourg. »

. . . .

M. Duruy avait alors trois fils sous les armes ; *Albert*, engagé dans les tirailleurs algériens ; il se comporta héroïquement à Wissembourg, à Reichshoffen et fut fait prisonnier à Sedan ; *Anatole*, chef d'escadron dans la garde nationale ; fut blessé dans un combat sous les murs de Paris ; *Georges*, alors élève de rhétorique à Henri IV ; il s'engagea dans la compagnie de marche de mon 21ᵉ bataillon.

Le quatrième fils, *Louis*, fut le seul à ne pas s'engager, parce qu'il venait de naître ; peut-être même n'était-il pas né ! Il répara sa faute, de ne pas être né plus tôt pour défendre sa patrie, en se faisant soldat de France. Il est entré l'année dernière à Saint-Cyr avec le n° 1.

14 Septembre.

Extrait de mon livre de recettes :

Reçu pour deux jours de solde de la garde nationale : trois francs.

Afin de démocratiser la garde nationale, où, pendant l'Empire, ne se trouvaient que des gens aisés, le gouvernement républicain décida que chaque garde national recevrait 1 fr. 50 par jour.

Je reçus donc 3 fr. pour deux jours de garde. Je n'osai pas les refuser dans la crainte d'humilier mes camarades nécessiteux.

Dépenses de ce jour 14 septembre :

Gamelle, goblet, bidon	3,35
Bouchon de fusil et buffleteries	12,10
Boucle de ceinturon	0,15
Couverture de campement	8,90
Aiguille et ressort de fusil	0,55
Jugulaire	0,20
	25,25

Les achats d'effets, d'objets militaires par les gardes nationaux *calés*, faisaient un peu marcher le commerce parisien et vivre beaucoup de petites industries.

Même jour 14 Septembre.

Mot de ma femme :

« ... Le pont de Creil vient d'être coupé ; qu'il était

temps de fair avec les enfants ! Ce qui m'inquiète c'est de savoir si je pourrai continuer de correspondre avec toi. La pensée du contraire me rend malheureuse. Lorsque j'entre dans une église pour la première fois, je ne manque jamais, suivant une pieuse coutume, de demander trois grâces : une pour la France, une pour ma petite famille et une troisième pour toi... » (1).

Réponse même jour :

« ... Je vois maintenant que tu es consolée d'être loin de Paris avec les enfants ; à la dernière garde tout le monde m'a dit que j'avais très bien fait de les faire partir, que le bruit de l'artillerie aurait pu les faire tomber du haut mal.

« J'ai toujours chez moi mon moblot. Né natif de Rouvres, près Dammartin, je l'ai fait coucher dans la chambre du cinquième, où il se trouve très content ; ses parents se sont enfuis de Rouvres, c'est un gros chagrin pour lui de ne savoir où ils sont. Nous faisons bon ménage ; il vient de me monter un seau d'eau. Il est tout à fait, tout à fait rustique et me décoche des *j'ons* et des *j'avions* comme un paysan de comédie.

« Au bouillon Duval, où j'ai dîné hier soir, des mobiles sur leur départ pour les forts buvaient du champagne en

---

(1). Après avis demandé à des personnes sages et prudentes, j'ai osé donner dans ce recueil quelques lettres de ma femme, parce qu'elles contiennent très souvent des détails intéressants sur l'état d'âme des parisiennes exilées et que, du reste, elles se rattachent intimement à mes notes journalières. — Sa chère mémoire, m'ont-elles dit, ne pourra en souffrir.

criant, les uns joyeux : « au revoir, cher Paris ! » les autres tristes : « adieu, beau Paris... »

« A toi. »

15 Septembre.

Mon beau-père a eu l'un de ses appartements réquisitionné par la mairie du sixième arrondissement, pour loger trois familles campagnardes, réfugiées à Paris.

Pauvre appartement ! dans quel état sera-t-il rendu !

Les braves campagnards étaient la terreur des propriétaires, parce qu'ils arrivaient dans les plus beaux, les plus somptueux appartements avec leurs canards, leurs enfants, leurs lapins, leurs chèvres, leurs chiens, etc.

Certains d'entre eux, on l'a prétendu, vinrent avec des amours de petits cochons, qui, bien choyés et ne souffrant pas des privations du siège, se transformèrent, sauf votre respect, en gros.....

Malheur alors aux parquets artistement agencés, aux délicates boiseries dorées, car ce n'étaient pour ces intéressants locataires que *margaritæ ante porcos*.

Vers cette époque le *Figaro* publia une désopilante fantaisie sur les *Fermiers en chambre*. Cet attrapage des *Bons villageois* eut le mérite d'épanouir la rate des *bons bourgeois* de Paris et de leur faciliter la digestion d'un mauvais repas.

16 Septembre.

Hier, j'ai, moyennant 15 centimes, acheté une nouvelle plaque de ceinturon, et ce pour ne pas exhiber l'aigle de l'Empire. Quand j'arrive sur le boulevard Saint-Germain, lieu de réunion de la garde nationale, deux camarades, marchands de vin, me cherchent noise à propos de ce nouveau ceinturon, où la grenade remplace l'oiseau. Je regrimpe chez moi pour remettre mon aigle. Voilà les camarades contents !

Quels affreux Ratapoils, mais aussi quel lâche républicain !

Il y avait, dans notre 5ᵉ compagnie du 21ᵉ, tous les marchands de vin de la rue du Petit-Pont et de la rue Saint-Jacques; mais il y avait aussi beaucoup de professeurs : Boutmy, Beausire, Marcou, Chassan, Caro, membre de l'Académie française, les deux Delalain, imprimeurs, deux avocats, que c'en était comme.. une constellation. Les gavroches du quartier Maubert, voisin du quartier Latin, en admiration devant tant de gens lisant et écrivant couramment, avaient surnommé notre belle 5ᵉ du beau 21ᵉ, la compagnie des *Chiens savants*.

17 Septembre.

Reçu ce matin mot de ma femme :

« Mon ami, tes enfants te réclament continuellement. Quand papa viendra-t-il ? demandent-ils sans cesse.

« Hélas ! nous ne le savons ni l'un ni l'autre. Quelle épreuve Dieu nous envoie ! Espérons qu'il nous regardera en pitié et qu'il rendra à la France un peu de tranquillité.

« Les journaux prétendent que le gaz va être supprimé à Paris. Quel coupe-gorge cela va être ! je t'en supplie, mon cher mari, ne t'attarde pas dans les rues... »

Réponse même jour.

« Ne te fais donc pas tant de bile ; si nous n'avons plus de gaz, nous aurons du pétrole ; je reviens de l'exercice où nous avons appris les batteries du tambour et les sonneries du clairon, oui, nous nous sommes payé un clairon dans notre 5ᵉ ; franchement, il ne fait pas trop souvent de couacs. Nous étions au Luxembourg à nous occuper de ces exercices, quand nous avons vu s'élever un magnifique aérostat d'où l'on surveillait les mouvements de Messieurs les Prussiens ; car, malheureusement, ils s'approchent de Paris (1).

« Il y a dix mois à peine que l'on a inauguré, tu te le rappelles, à la barrière de Clichy, le monument de la Défense de Paris en 1814, et Paris se retrouve, encore aujourd'hui, astreint de se défendre.

« Nous voilà dans la même position qu'en 1814.

« Quelle fatalité !....

« A toi. »

« (1) On soupirait après la province, comme la sœur de Mᵐᵉ *Barbe-Bleue*. Toute la journée, un ballon retenu par des cordes, planait au-dessus de Paris pour observer les armées d'investissement, découvrir l'armée de délivrance et en signaler aussitôt l'approche. »

(Docteur Hermann Robolsky : *Siège de Paris, raconté par un Prussien*, traduction de W. Philippi. Paris, 1871, Lachaud, éditeur).

Ce livre, parfois très juste dans ses appréciations générales, souvent très injuste dans ses appréciations de détails, est fort intéressant, quoique fort douloureux à lire par un lecteur français. Il est rempli de menus faits ; lui seul, je crois, parmi les annalistes, a signalé ce ballon dont parle ma lettre.

TROISIÈME SÉRIE

DU 19 SEPTEMBRE AU 31 OCTOBRE 1870

SIÈGE DE PARIS

JUSQU'A L'ENVAHISSEMENT DE L'HOTEL DE VILLE

19 Septembre 1870.

Hier, Paris a, paraît-il, été complètement investi. J'ai reçu une lettre de ma femme ; le facteur m'a dit : « pauvre Monsieur, c'est sans doute la dernière. »

A trois heures, vu le feu pour la première fois, du haut des remparts où j'étais de garde, porte d'Italie, au bastion n° 89. Les lueurs venaient du côté de Montrouge et de Châtillon. Hélas ! nos soldats furent vaincus ; les fuyards descendirent jusqu'au boulevard Saint-Michel, près de la rue des Ecoles. On crut à la prise de Paris, et au massacre de notre bataillon sur les remparts. A cette nouvelle, toutes les femmes des gardes nationaux de ma compagnie accoururent s'assurer de la vérité. Un loustic faillit se faire arracher les yeux pour avoir dit : « eh ! eh ! les petites mères, on venait voir si on n'avait pas l'agrément d'être veuves ! »

C'était une mauvaise plaisanterie, d'autant plus mauvaise que le danger avait été très grand, et l'était même encore en ce moment. Si, en effet, les Prussiens avaient eu plus de décision, ils auraient pu, grâce à leur première victoire, entrer à Paris par l'avenue d'Orléans et la coulée de la Bièvre, là où les fortifications subissent une singulière dépression.
Cette petite rivière de Bièvre servait de limite entre le huitième secteur, devant lequel le combat avait lieu, et le neuvième, où notre bataillon se tenait anxieux, mais très calme. Les gardes nationaux de ces deux secteurs pouvaient être écrasés inopinément par une division prussienne. Trochu vit le danger ; il commanda à Vinoy de se porter avec la division Blanchard de ce côté des fortifications. Vinoy exécuta l'ordre avec une rare célérité ; le huitième secteur fut occupé par la ligne ; les soldats durent presque se battre avec les gardes nationaux, furieux d'être chassés de leur poste. (Général Vinoy. — *Siège de Paris*. Opérations du 3ᵉ corps).

23 Septembre.

Le soir, couru à la mairie de la rue Drouot ; car c'est là que les nouvelles s'apprennent le plus vite. Devant la grande porte cochère on s'écrase, on s'y étouffe ; j'apprends que nos soldats ont voulu faire oublier Châtillon. Ils se sont emparés de Villejuif et de la redoute des Hautes-Bruyères.

24 Septembre.

En faisant une corvée, je m'étale par terre avec mon fusil et dégringole en bas d'un talus. Je n'ai pas grand mal ; mes camarades m'abreuvent d'arnica, et me massent le genou avec du baume de Commandeur. Mon capitaine ne veut pas que je monte de faction ; c'est à se jeter par terre tous les jours.

Revenu chez moi en voiture, passé devant la mobile ; crié : *vive la mobile !* et la mobile de vociférer : *vive la garde nationale !*

25 Septembre.

Un ballon est, dit-on, descendu au Luxembourg. Comme il ne venait pas du Nord, je n'ai pas eu de nouvelles de ma nichée.

Jamais un ballon, venant de province, n'est descendu à Paris ; c'était une bourde que m'avait probablement fait avaler quelque camarade facétieux.

Ma compagnie possédait quelques farceurs qui, de temps en temps, nous donnaient un peu de gaîté. Un jour Paul D..., notre aimable sergent-major, avait fait afficher sur sa porte de la rue des Ecoles l'avis suivant :

Le sergent-major est visible en général de neuf heures à dix heures du matin.

L'un des farceurs mit une grande lettre au mot général. Quand on lut l'avis transformé ainsi : *le sergent major est visible en Général de neuf heures à dix heures*, ce fut une explosion de rires parmi les bons bourgeois du quartier Latin.

Paul D... ne fut pas le dernier à entrer en gaîté.

28 Septembre.

Pas de nouvelles de ma femme et de mes enfants ! Quelle horrible chose que l'isolement ! Mais j'ai l'esprit tranquille, sinon content; ils ne souffriront pas du moins de la faim. On en viendra, dit on, à manger du papier ; j'avalerai tout mon Sirey et deviendrai le premier jurisconsulte de France.

Voilà une plaisanterie saugrenue que je n'ai pas voulu faire disparaître parce qu'elle montre que, fin septembre 1870, il y avait déjà de grandes appréhensions relativement aux vivres.

Même jour 28 Septembre.

On fait queue chez les bouchers; dans la rue Saint-Séverin, notre capitaine a mis un garde national devant une boucherie afin de maintenir l'ordre parmi les femmes. Il a fort à faire.

29 Septembre.

J'ai monté la garde, porte d'Italie, au bastion numéro 89, neuvième secteur, sous les ordres de l'amiral de Chaillé.

Combien ne s'est-on pas moqué de Paris port de mer ! Le voilà cependant sous la direction des amiraux.

On disait que l'amiral de Chaillé était mieux partagé que les autres amiraux, parce que son domaine était entre deux eaux. Le neuvième secteur s'étendait, en effet, de la rive gauche de la Seine à la rive droite de la Bièvre.

Nuit du 29 au 30 Septembre.

Après ma faction, je me couche par terre pour me reposer, l'oreille droite sur le sol. Tout à coup je perçois distinctement un bruit de caissons d'artillerie. Ils semblent sortir par les portes voisines de Choisy et de Bicêtre ; irait-on attaquer les Prussiens ?

A 5 h. 10 du matin, un coup de canon nous fait tous courir sur les talus des fortifications. Le fort d'Ivry canonne les lignes prussiennes, en même temps que le fort de Montrouge y envoie des bombes. Devant nous, les Prussiens campés à L'Hay, à Chevilly et dans le cimetière de Choisy, (hélas ! près de la tombe de Rouget de l'Isle !) répondent énergiquement.

Nous apercevons admirablement la lumière de leurs pièces d'artillerie et sommes étourdis par le bruit effrayant qui succède à la lumière quelques secondes après. Bientôt, bruit sinistre et crépitant de moulin à café ; les mitrailleuses font des leurs. Je me dirige vers la porte d'Italie, d'où je vois sortir une multitude de voitures d'ambulance et de cacolets.

Au bout d'une demi-heure les cacolets reviennent chargés de blessés. Quel spectacle lamentable !

Que le sang répandu retombe sur les auteurs de tant de maux !

Voilà ce que dit le général Vinoy de la bataille de L'Hay :

« A 2 h. 1/2 du matin, le général en chef quittait son quartier-général pour se mettre en marche à la tête de l'artillerie de réserve de son corps d'armée qu'il emmenait tout entière. Le bruit sourd et continu des roues de nos canons, résonnant sur le pavé de la route d'Italie, se répétait dans les lointains. L'ennemi a prétendu, depuis, qu'il avait été prévenu de notre attaque par ce mouvement de notre artillerie, dont le roulement avait été entendu jusqu'à ses avant-postes. Le fait est possible, mais il est plus probable qu'il avait été informé, dès la veille, au moyen de ses espions. »

(*Campagne de 1870-71 ; Siège de Paris, opérations du 3ᵉ corps et de la 3ᵉ armée*, par le général Vinoy).

Il est certain que les Allemands ont pu, aussi bien que moi, entendre le bruit sourd, continu des canons. La route d'Italie n'était pas loin des avant-postes ennemis. Lors d'une attaque nocturne, c'est chose à prévoir que le bruit de l'artillerie, roulant sur une route pavée.

Samedi 1ᵉʳ Octobre 1870.

Fait le tour des fortifications sur le chemin de fer de ceinture pour voir les camarades de la garde nationale, échelonnés le long des remparts. Du pont Napoléon, découvert, avec une longue-vue, les drapeaux de l'ambulance allemande, près Choisy-le-Roi.

L'Allemagne à Choisy-le-Roi ! Cette cruelle apparition m'a plus ému que la première décharge de canons prussiens, le 19 septembre, jour de la bataille de Châtillon.

2 Octobre.

Le combat du 30 septembre s'est livré près de Chevilly. On voulait chasser les Prussiens, barricadés dans les fortifications de terre, depuis L'Hay jusqu'à la ferme de la Saussaie, à Vitry. Impossible de les déloger. Beaucoup de blessés, beaucoup de morts, et parmi ces derniers le général Guilhem. J'ai toujours dans les oreilles le bruit de crécelle des mitrailleuses.

3 Octobre.

* On s'aborde les larmes aux yeux ou en grinçant des dents, suivant le tempérament de chacun, car les Prussiens ont pris Strasbourg.

Après la prise de Strasbourg, la statue de la place de la Concorde, ne fut pas délaissée ; mais depuis ce temps les couronnes, déposées à ses pieds, étaient recouvertes de crêpe.

4 Octobre.

Vu vendre un chou 1 fr. 50.

Ce que j'ai prévu est arrivé ; sur les cinq mobiles logés dans la maison, quatre ont déjà une maîtresse. Ils seront bientôt pourris ces beaux gas, pleins de fraîcheur et de force. Se conduiront-ils ensuite aussi bien devant l'ennemi ?

Le mien seul est resté sage. Ne lui donnons plus de trop bon vin : *sine Baccho, Venus friget.*

Voilà ce que, dans un grand discours de justification à

l'Assemblée nationale, disait plus tard le général Trochu :

« Le personnel des troupes comprenait cent mille mobiles; j'eus l'obligation de les répartir chez les habitants de Paris, qui leur firent le plus cordial accueil.

« ... Beaucoup de ces jeunes gens, pleins de simplicité et de bon vouloir, rencontrèrent, par suite de cette dispersion, des exemples et des contacts compromettants. Un seul fait vous le prouvera et je le rappelle ici, parce que je me suis promis ici de tout dire, et parce que ce fut là l'un de mes plus profonds chagrins; près de huit mille de ces jeunes gens, à la fin du siège, étaient atteints de maladies *constitutionnelles.* »

Bien entendu le général ne prétend pas que les mauvais exemples aient été donnés dans les familles parisiennes; non, il veut dire que la dispersion des mobiles dans les familles favorisait les incartades. On ne pouvait pas dire à ces jeunes gens : « vous rentrerez à onze heures » et alors ils rôdaient sur les boulevards et rencontraient, notamment dans le quartier Latin, les veuves, non inconsolables, de messieurs les étudiants, repartis en province.

On les traquait cependant, les donzelles !

Un garde national du quartier de l'Odéon me raconta, pendant le siège, que sa compagnie les avait pourchassées très rudement. Celles que l'on pinçait étaient, je crois, envoyées aux cartoucheries.

6 Octobre.

Sur le boulevard Saint-Michel se promènent de pauvres domestiques que leurs maîtres ont été obligés de renvoyer, faute de pouvoir les nourrir; elles offrent en vente des crayons, manière décente de demander l'aumône. L'une d'elles m'a navré; elle semblait me dire : *j'ai faim, je suis prête à tout.*

Elle était jolie, très proprement vêtue, coiffée du bonnet blanc, qui sied si bien à la figure des jeunes femmes. Je lui donnai une pièce d'argent en lui prenant un crayon. Elle me remercia avec effusion, l'infortunée ! heureuse de ce que je me contentais d'un crayon.

Dans les premiers temps du siège, beaucoup de mendiants harcelaient les passants. La plupart d'entre eux étaient des gens de la campagne, accourus sans ressources à Paris, et que les mairies n'avaient probablement pas eu encore le temps de secourir.

Une paysanne, envoyée dans un logement vide de la maison de mon beau-père, était dans la plus grande pénurie. La première chose qu'elle fit en arrivant fut d'accoucher ; l'émotion de quitter son pays avait avancé sa grossesse. Elle n'avait absolument rien pour couvrir son chérubin.

La maison fut en révolution. Les vieilles layettes sortirent des armoires et deux heures après son entrée à Paris, notre jeune villageois était mis comme un citadin.

8 Octobre.

Gambetta a quitté Paris... en ballon !

Alfred Duquet raconte dans le deuxième volume de son remarquable ouvrage : le *Siège de Paris*, qu'en passant au-dessus de Saint-Denis, Gambetta eut déjà à essuyer les feux de mousqueterie des Prussiens ; qu'à Creil il en fut de même et qu'une balle effleura sa main, celle que la balle de Ville-d'Avray ne devait pas épargner.

(A. Duquet, *Siège de Paris*, 1890. — Charpentier, éditeur).

De ce jour 8 Octobre.

Lettre de ma femme, reçue en mars 1871.

Armentières, 8 octobre 1870.

Mon ami,

Je vois ce matin dans le *Mémorial* une communication de la poste ; l'administration fera son possible pour faire parvenir des lettres dans Paris, mais elle prendra seulement celles ne pesant pas plus de quatre grammes ; elle ajoute que dans le cas où il y en aurait une trop grande quantité, elle choisira les plus légères.

C'est pourquoi, après avoir acheté le papier le plus mince, je le change aujourd'hui par un papier pelure ; j'espère ainsi que mes lettres pourront t'arriver.

On annonçait également dans le journal qu'un ballon, parti de Paris le 30 septembre, avait déposé à Dreux plus de 25,000 lettres, devant être immédiatement distribuées dans toute la France ; mais cette fois mon espoir a été déçu ; je n'ai rien reçu ; je suis loin de me plaindre, car bien d'autres femmes attendent des lettres depuis plus longtemps que moi.

En cas d'invasion dans le Nord, nous avons un asile assuré à Messines (1), petite ville de Belgique, très saine,

---

(1) Continuellement dans mes lettres je disais à ma femme, tâche de me dire dans une dépêche le nom de la ville où vous iriez, en cas de l'arrivée des Prussiens à Armentières. Quelques jours avant l'armistice je reçus une carte-dépêche avec ce seul mot : *Messine*. Stupéfaction ! Quoi, en Italie ! Heureusement un nordais de Lille m'apprit qu'en Belgique existait une charmante ville : Messines avec une s.

à deux heures d'Armentières. Nous y serons campés, mais à *la guerre comme à la guerre*, c'est malheureusement le cas de le dire.

Tout le monde est charmant et rempli d'attentions pour moi. Je voue à ces bons parents une éternelle reconnaissance.

Tout à toi.

AMÉLIE.

9 Octobre 1870.

* En m'engageant dans la rue du Faubourg du Temple, tout à l'entrée de cette rue, à un endroit où les yeux ne peuvent manquer de s'arrêter, je vois, sur un journal illustré, un poisson colorié, bien teinté en azur, avec la tête du premier président à la Cour de cassation... M. Devienne !

La stupide caricature avait, pour ainsi dire, été provoquée par un décret du 24 septembre ; ce décret déférait disciplinairement M. Devienne à la Cour de cassation, pour avoir compromis son caractère dans une négociation scandaleuse. Cette négociation, révélée par la publication des papiers de l'empereur trouvés aux Tuileries, était relative à une liaison éphémère de Napoléon III avec une fille : la Marguerite Bellanger.

M. Devienne s'était interposé pour faire cesser cette fantaisie sénile, cause d'une grande brouille dans le ménage impérial. Je ne vois pas en quoi son caractère en avait pu être compromis, d'autant plus qu'il réussit à faire immédiatement cesser la liaison. Marguerite se résigna sans grande résistance, avec des airs d'Ariane abandonnée, après une lettre des plus émouvantes à son cher seigneur.

10 Octobre.

Gambetta est descendu de ballon près Montdidier.

Je viens de voir ma tante Alexandrine Turin chez elle. Elle venait de préparer un grand sac, où elle avait mis un jupon, une chemise, deux paires de bas, etc., etc., pour le cas où on la chasserait de Paris avec ses vieilles amies, comme bouches inutiles.

Les pauvres vieilles ! elles se figuraient que les Allemands les laisseraient passer ; elles connaissaient peu la Trinité prussienne : Guillaume, Bismarck, de Moltke, complètement insensibles à l'humanité, grands par le cerveau, si petits par le cœur.

Mercredi 12 Octobre.

25e jour du siège.

Entendu une bonne vieille dire, en gémissant : « j'ai fait sept heures de queue pour attraper un petit pot-au-feu et... un gros rhume ! »

*Aujourd'hui, j'ai mangé du cheval pour la première fois. A l'heure du déjeuner, j'entends sonner et je trouve à ma porte mon concierge qui, avec un air digne, comme il convient à un ancien valet de chambre de Benedetti, m'apporte, triomphant, un appétissant morceau de cheval-mode ; c'est pour me remercier de ma complaisance ; je lui donne en effet mes bons de viande, dont je n'ai guère besoin, puisque je dîne au restaurant.

Ce cheval avait été mortifié pendant plus de trente-six

heures, puis cuit tout à la douce, avec foison de poivre, sel, clous de girofles et inondation de vin blanc.

La recette du cheval-mode se trouve dans une brochure parue pendant le siège : *La cuisine des assiégés ou l'art de vivre en temps de siège,* (Laporte, éditeur,) par *une femme de ménage, cordon bleu* (1). Quant au chien, la brochure recommande de le mortifier pendant quatre jours et de le battre vigoureusement pour l'attendrir ; pauvre chien !

13 Octobre.

Sur le boulevard Saint-Michel passent cinquante prisonniers allemands, vêtus de casquettes grises et de houppelandes, à peu près semblables aux redingotes de nos lignards. En voilà donc enfin des prisonniers ! Vivent les mobiles de la Côte-d'Or !

Ce n'étaient pas seulement les mobiles de la Côte-d'Or, mais encore ceux de l'Aube, qui avaient fait ces prisonniers. Ces braves mobiles de l'Aube payèrent même fort cher cet exploit. Ils perdirent leur brave commandant, M. de Dampierre.

14 Octobre.

La misère devient affreuse ; une pauvre vieille femme, à qui je donne dix sous, me serre nerveusement la main, en me disant : « oh ! mon bon Monsieur, j'allais souffrir de la faim, c'est dur d'avoir

---

(1) Et un tantinet *bas bleu*, car la brochure commence par des considérations philosophiques sur l'influence de la cuisine en temps de guerre.

faim à 76 ans. » Le pain seul est abordable pour les pauvres gens.

Lettre de ce jour à ma femme.

« ...Dieu nous protège visiblement en permettant que les forts résistent et en ne permettant pas que les exaltés et les coquins l'emportent sur les prudents et les honnêtes gens. Tu n'as pas lieu de te tourmenter. Ne te fais donc pas de cheveux gris, je n'aime que les cheveux dorés... »

Cette lettre parle indirectement de la manifestion du 8 octobre, faite par les partisans de la Commune, devant l'Hôtel de Ville. Les enragés s'y donnèrent rendez-vous pour la première fois.

Mais leurs bruyantes revendications ne trouvèrent aucun écho; plusieurs bataillons de la garde nationale vinrent s'opposer à leurs projets et tout finit gaiement par un speech que prononça Jules Favre, du haut d'une chaise et par une revue à la papa, dont Trochu récompensa les bataillons accourus à son secours.

15 Octobre.

Mes dépenses pour la garde nationale dans la première quinzaine d'octobre :

Rendu à mon sergent-major, pour la caisse de la compagnie, les trois francs touchés pour deux jours de solde	3 fr 00
Arrangement de mon sac (*déchiré pour y avoir fourré trop de bouteilles de Bordeaux*).	2 00
Au tambour pour cotisation	1 00
Huit coups de tabatière.	1 20
Tir à la carabine.	1 00
	8 fr 20

Ainsi que je l'ai déjà expliqué, je n'avais pas osé refuser les premiers trois francs de solde, pour ne pas humilier mes camarades qui en avaient besoin. Mais ces derniers comprirent bientôt que ce serait patriotique de la part des gardes nationaux aisés, de ne pas recevoir cette solde, afin de donner plus de ressources à la défense. Je ne touchai donc plus rien et même, à l'exemple de mes amis, je rendis mes trois francs en les versant dans la caisse de la compagnie.

1 fr. 20 pour huit coups de tabatière !

C'est une dépense dont le souvenir me rend encore tout fier. Elle me rappelle qu'un de mes huit coups porta dans le bras droit d'un grand bonhomme de papier colorié, représentant Bismarck, pour lequel nous avions autant d'horreur que d'admiration.

Le tir avait lieu près du fort de Montrouge ; ceux qui avaient attrapé Bismarck rentrèrent à Paris avec une branche d'arbre dans le canon de leur fusil.

Même jour 15 Octobre.

Lettre à ma femme :

Chère femme,

Depuis quelque temps, on fait camper les moblots hors des murs ; ils se montraient trop bons coqs sur les boulevards, notamment ceux du quartier Latin, où foisonnent les poules malsaines.

Sortis de Paris avec des mines de Parisiens, ils ont déjà repris leur bonne mine de provinciaux.

Entre les forts et les remparts se trouve une très vaste zône, où beaucoup de légumes sont encore cultivés. Hier, chez Duval, *après mon dessert*, j'ai vu une chicorée si appétissante, que je me la suis payée. Du reste, j'avais dû me contenter d'un seul plat de viande, le droit de chaque consommateur n'allant pas au-delà.

Je couche à tour de rôle dans tous les lits de notre appartement, afin d'en chasser les bêtes. Il fait si froid qu'elles viennent s'y blottir. Je viens d'attraper une jolie souris dans le lit d'Emile. Ne manque pas de le lui dire: elle s'y était installée à son aise, et y avait apporté des amandes. Je ne sais où elle est allé les chercher, car il n'y en a pas chez moi.

A toi de cœur. Amitiés au bon cousin, et becs aux mioches.

Dimanche 16 Octobre.

Les mobiles de la Côte-d'Or descendent le boulevard Saint-Michel ; ils reviennent dans l'intérieur de Paris pour jouir d'un peu de repos bien mérité. Ils portent des casques de cuir bouilli avec plumets noirs, des sabres, des aiguillettes, des pompons verts, des biscuits ronds; le dernier brandit un fanion.

17 Octobre.

Lettre de ce jour à ma femme :

Paris, lundi 17 octobre.

Mon amie,

J'ai mangé, hier dimanche, chez ton père une salade de concombres que ton frère a rapportée d'une garde. Il ne revient jamais les mains vides. Hier, il a attrapé un gigot magnifique dans une boucherie municipale. Les bonnes femmes sont furieuses. La vieille tante Alexandrine me disait en pinçant les lèvres: *c'est incroyable! tout est permis à Messieurs les gardes nationaux.* Je lui ai répondu que nous protégions sa vertu et que par conséquent il était naturel qu'on prît quelque souci de notre estomac.

J'étais à table avec un mobile de Famechon (1). Il vient dîner tous les dimanches chez papa Decaix, qu'il appelle, naturellement, *cousin gros comme le bras* ; c'est un gentil garçon ; d'après ce qu'il nous a dit, la mobile picarde s'ennuie, parce qu'elle a tiré un mauvais numéro. Elle est de la réserve (2). Ils sont désolés, les pauvres moblots picards, de ne pouvoir se distinguer comme les Bretons, les Champenois et les Bourguignons.

A propos, hier dimanche, j'ai vu passer les Bourguignons avec des casques prussiens, des pompons et des gâteaux de Bavière. Un étendard bavarois était porté par le moblot qui l'avait conquis. Il était blanc et bleuâtre, l'étendard bien entendu, car le moblot était rouge de joie.

Je pars en garde, j'enfile une bonne bouteille de Bordeaux dans mon sac ; encore une que les Prussiens n'auront pas. Un bec aux agneaux.

18 Octobre.

On nous fait remettre, le soir du mardi 18 octobre,

---

(1) Famechon (près Amiens), pays natal de mon beau-père.

(2) Je ne comprenais pas trop ce que mon moblot de Famechon entendait par ces mots : *être dans la réserve*. Je le comprends aujourd'hui, après avoir lu le curieux *Journal d'un mobile péronnais sous Paris*, de M. Gustave Ramon. Le 6ᵉ bataillon des mobiles de la Somme, c'est-à-dire celui des jeunes gens de l'arrondissement de Péronne, n'eut, avec l'ennemi, aucun engagement, quoique toujours placé à des postes fort périlleux. Il en dut être de même pour les mobiles de l'arrondissement d'Amiens, dont fait partie Famechon.

cette circulaire de la part de M. Rousseau qui, l'avant-dernière garde aux remparts, a attrapé une fluxion de poitrine.

« Depuis notre dernier service de réserve, je suis atteint d'une fluxion de poitrine. Vous connaissez la gravité de cette maladie et toutes ses longues suites ; par conséquent, il importe que le bataillon ne reste pas sans chef un instant de plus. Les circonstances sont trop graves, les événements trop imprévus, pour que je ne vienne pas le premier vous le dire : il faut me remplacer » (1).

A peine avions-nous reçu cette circulaire dans l'usine de Constant Say, où nous sommes de réserve, que des détonations épouvantables se font entendre du côté de Bicêtre et de Cachan. Le ciel s'illumine à chaque instant, et quelques secondes après la détonation éclate.

Le rappel bat dans le quartier ; nous sommes sur le point de partir ; les Prussiens, dit-on, veulent forcer le passage entre les forts ; sur les minuit, grand calme, à trois heures du matin, nouveau tapage. Nous sommes le

---

(1) A cette époque, un de mes bons camarades de rempart et du Palais, Guiraud, atteint d'un catharre de vessie, fut, à son tour, obligé de nous quitter. Il ne revint plus, car il en souffrit cruellement pendant tout le siège. Il mourut assez jeune. Beaucoup de gardes nationaux ne purent résister à ce froid gl   l qui nous arrivait de la plaine d'Ivry.

19 Octobre.

Anniversaire de la bataille de Leipsick ; les Prussiens voudraient-ils célébrer par leur entrée à Paris la retraite des Français devant les forces allemandes ? C'est un *chien savant* qui a fait cette réflexion (1).

Bientôt on vient réclamer, chez Constant Say, des voitures pour les blessés.

Les Prussiens n'ont pas pu passer ; les moblots ont encore fait leur devoir ; nos ennemis vont donc enfin pouvoir nous estimer !

A la page 77 des *Tablettes d'un mobile*, on lit ceci :
« Cette nuit, nouvelle canonnade très violente dans la direction de Bicêtre et des Hautes-Bruyères. Du centre de Paris, des quais, on aperçoit très distinctement l'éclair de chaque coup de canon. »
Tablettes d'un mobile, par Léon de Villiers.

(1) A propos de l'expression *chien savant*, je rappelle que la 5ᵉ compagnie du 21ᵉ bataillon était désignée sous le nom de la compagnie des *Chiens savants*, parce qu'elle était composée, en grande partie, de professeurs de l'Université etc. Le *chien savant*, qui rappela la bataille de Leipsick, fut probablement feu notre camarade Beaussire, professeur de philosophie, car à la page 34 de son livre : *la Guerre étrangère et la guerre civile*, publié en 1871, chez Germer Baillière, il fait la description d'une fête célébrée en Bavière pour l'anniversaire de la bataille de Leipsick, fête à laquelle il assista avant la guerre de 1870 et dont il conserva la plus vive impression, parce qu'elle révélait une rancune haineuse contre la France.

Même jour 19 Octobre.

Avalé à la cantine un soi-disant boudin de bœuf, que je mange avec la persuasion d'avoir affaire à un tout autre animal ! Le boudin passe, grâce à deux échalottes et deux oignons verts, présent du bon camarade Tallard, garçon de recettes à la Banque de France (garçon auxiliaire).

Je fais une fugue jusqu'au pont de la gare d'Orléans, afin d'apercevoir de plus près le magnifique ballon qui doit emporter et apporter ma lettre à la chère femme de mon cœur.

Souscription dans la compagnie pour la fonte d'un canon : donné 10 fr.

Retour chez moi, comme je n'avais pu dormir chez Say à cause du canon et de certains insectes, je me suis tout de suite couché ; j'ai fait le tour du cadran et je me levai frais, dispos... et avec un appétit ! Je dis mon *pater* avec conviction, surtout le passage : « donnez-nous aujourd'hui notre pain de chaque jour. »

Il était tard quand je sortis pour pâturer ; toutes les boulangeries, tous les restaurants étaient fermés. Je me décidai à aller frapper à la porte de mon beau-père, rue de Vaugirard. Mais arrivé au seuil, j'eus scrupule ; je craignis de réduire la cuisinière au désespoir ; je retournai donc rue de la Sorbonne tout penaud et sans le moindre morceau de pain !

Pourquoi aussi dire mon *pater* à huit heures du soir !

22 Octobre.

Le gruyère a complètement disparu. Son absence pèse lourdement à l'estomac de mon beau-père. Pas de chance! ce pauvre papa, privé de son fromage de prédilection, passe, par-dessus le marché, pour en avoir une cargaison en cave. Quelque locataire de sa maison a dû faire courir ce bruit par méchanceté; cela peut suffire à le faire écharper.

Un restaurateur de la rue de Vaugirard est venu même lui demander d'en recéder au prix de l'or. Papa, bien entendu, l'a mis à la porte; mais il est resté atterré.

Lettre de ce jour à ma femme.

... Nous sommes au 35ᵉ jour du siège! Parmi les privations que ce siège me fait éprouver, celle de ta présence est sans contredit la plus dure. D..., avoué, a reçu quelques mots de sa femme. Comment cela a-t-il pu se faire?

Dimanche 23 Octobre.

Le fils d'un de mes camarades de rempart m'a emmené, aujourd'hui dimanche, chez ses professeurs, les Jésuites de Vaugirard. Dans leur collège se trouve une ambulance magnifique pour cent malades ou blessés. Toutes les dépenses de cette ambulance sont supportées par les Pères: « Je vois, mon Père, disais-je au directeur, que vous vous mettez en mesure de bien mériter de la patrie. » Il me répondit en souriant : « pourvu que l'on ne nous chasse pas à titre de récompense nationale ! »

Même jour Dimanche 23 Octobre.

Visité l'ambulance Américaine ; une dame, des plus gracieuses, y faisait les fonctions de sœur de charité... en gants gris perle.

Je n'attachais aucune importance à cette boutade, car sans cela je ne me la serais pas permise. Je savais, en effet, les efforts des docteurs américains pour venir en aide à nos blessés.

A ce propos, mon confrère Ambroise Rendu me permettra bien de citer un passage de ses *Souvenirs d'un mobile*.

Le 19 janvier, son bataillon part à trois heures du matin pour se rendre à Montretout ; mais la marche est arrêtée par le défilé des ambulances ; l'ambulance Américaine attire surtout les regards. Voilà ce qu'il en dit :

« Je pus, à ce moment, me rendre compte par moi-même de ce génie pratique, qui distingue toutes les inventions américaines. Derrière la file des ambulances est une voiture légère, ornée d'un tuyau ; ce doit être une mitrailleuse à vapeur.

« J'approche ; c'est une bouilloire ambulante qui va distribuer aux blessés du café, du thé ou de la tisane.

« La voiture est surmontée de trois grands réservoirs tubulaires, sous lesquels un fourneau est établi ; l'avant-train de la voiture est un récipient à cassonade.

« Le docteur américain, qui conduisait la bouilloire, nous fit gracieusement goûter de ses produits ; ce n'était pas excellent, mais au moins c'était chaud. J'ai appris que cet intéressant véhicule avait été défoncé sur la place de Rueil par un obus. Les Bavarois, peu au fait des progrès de la civilisation, l'avaient pris pour une machine de guerre. »

(Ambroise Rendu : *Campagne de Paris — Souvenirs de la mobile*, 6°, 7° et 8° bataillons de la Seine, page 200).

Lettre de ce jour 23 octobre à ma femme :

« Je t'envoie dix francs, probablement perdus ! mais pas pour tout le monde, puisque je les ai versés dans la caisse du gouvernement ; si le bon de dix francs t'arrive à Armentières et si l'argent t'est remboursé, régale la nichée des enfants.... »

Le bon parvint à destination et les dix francs furent remboursés à ma femme. Le directeur du bureau de poste n'avait reçu aucun ordre ; mais il paya quand même, en disant, avec beaucoup d'amabilité : « c'est pour la singularité du fait que je paie. »

25 Octobre.

Hier, en faction, vers les neuf heures du soir, sur le haut des fortifications, près la porte d'Italie, seul devant la plaine triste et lugubre de Bicêtre, les yeux comme toujours fixés vers le Nord ; tout à coup, j'aperçus une lumière de sang qui envahissait l'horizon ; « ce sang répandu dans le ciel, me disais-je, ne présage-t-il pas beaucoup de sang répandu sur la terre ! *Di, avertite omen.* »

Je savais bien que c'était une aurore boréale, et cependant mon esprit, comme endolori par la tristesse, avait été grandement ému. Je ne fus pas le seul à subir la fâcheuse impression. N'avions nous pas tous la fièvre, la fièvre du siège?

En commençant ces tristes éphémérides, j'ai parlé de deux aurores boréales, qui, en 1869, à un mois de distance, rougirent le ciel de Paris de leurs feux étranges.

Je disais que la Rome antique n'eût pas manqué d'y voir de funestes présages. Si ensuite Rome eût été, comme Paris, accablée par un sort cruel, assiégée, affamée, et qu'elle eût vu encore les deux sanglantes aurores boréales des 24 et 25 octobre 1870, n'aurait-elle pas été prise d'une horrible terreur! Quels nouveaux malheurs n'eût-elle pas redoutés? et comme sa foi aux présages, aux avertissements de ses dieux, eût été augmentée, si quelques mois après elle eût vu couler à flots, dans une guerre civile, le sang de ses enfants!

26 Octobre.

Lettre de ma femme :

Mon ami,

J'ai beaucoup souffert, car j'ai été privée de tes nouvelles pendant longtemps ; mais le 20 octobre j'ai reçu une véritable pluie de cartes, de lettres, dix en un jour. Elles sont des 23, 27, 29 septembre, 1er, 2 octobre, etc., la dernière, datée du 13 octobre.

Sois sans inquiétude sur mon compte ; ma tête reste assez calme. Je ne te promets pas, cependant, de n'avoir pas quelques cheveux gris quand je te reverrai. Les nombreuses occupations que me donnent les trois enfants m'empêchent de me laisser trop aller à des idées noires et tout en ne pouvant détacher ma pensée de toi et trouvant le temps de la réunion bien long à venir, je ne suis pas triste.

Du reste, je saurais même au besoin me surmonter, pour

ne pas avoir une mine lugubre devant les excellents parents qui me donnent l'hospitalité.

Ta sœur, qui est toujours à Péronne, m'a écrit hier. Elle me dit avoir reçu une lettre de son mari. Il lui assurait qu'il saurait, au moment du danger, se comporter en bon Français.

Par tes lettres, ainsi que par les siennes, on peut voir que *l'absence de vos femmes* ne vous attriste pas trop.

Comme tu ne m'annonces la réception d'aucune de mes lettres depuis l'envahissement de Paris, et que cependant je t'écris très régulièrement, je vais encore te répéter, espérant qu'une au moins te parviendra, qu'en cas d'invasion dans le Nord, nous nous sauverions à *Messines*, petite ville située à quelques lieues d'Armentières, sur le territoire belge.

Voici deux soirs que nous avons ici le spectacle d'une aurole boréale ; le ciel semble en feu. Tout le monde en a éprouvé une vive émotion, et un grand étonnement, car M⁻ R..., quoique bien vieille, n'avait elle-même jamais vu cela. Les superstitions et les on-dit vont à l'envi l'un de l'autre. Chacun donne son impression.

En attendant, ami, le plaisir ou plutôt le bonheur de me trouver dans tes bras, je t'embrasse de cœur. Les bébés se joignent à moi.

Même jour 26 Octobre.

Au rempart, le capitaine nous a annoncé que nous allions faire probablement des sorties du côté d'Ivry et de Vitry.

Comme j'attraperai les prunes des Prussiens plutôt que celles de mon prunier de Vitry, je vais prendre mes précautions en cas de mort.

Or donc ! Je me place en face de ma glace, qui

doit bien s'ennuyer de ne plus réfléter l'image de ma femme et de ma petite fille, et je me coupe une mèche de cheveux, que je fais attendre à ma mère depuis cinq ans.

A propos de *mèche*, le martyre de mon aimable camarade X..., jeune marié, me revient à l'esprit. Privé de sa femme, il se lamentait toujours. En partant, sa tendre épouse lui avait passé au cou une croix d'argent qui s'ouvrait et dans laquelle elle avait inséré une mèche de bruns cheveux, avec recommandation expresse d'ouvrir la croix dans les moments difficiles et d'embrasser la mèche. Il faut croire que les moments difficiles revenaient souvent; car il l'embrassait toujours. « Ah ! me disait-il un jour en confidence : être obligé de se contenter d'embrasser une mèche, c'est ce qui s'appelle être réduit à la portion congrue. »

Personne n'a songé à étudier l'état psychologique des assiégés, veufs à titre provisoire. Je crois être dans le vrai en disant qu'un très vif sentiment patriotique chez beaucoup, doublé d'un sentiment chrétien chez quelques-uns, a donné à presque tous une grande rectitude de conduite. A leur retour les exilées ont *généralement* retrouvé le cœur de leurs maris, bien au complet.

Jeudi 27 Octobre.

Ma petite Henriette aura demain 7 ans et... je ne peux l'embrasser.

* Attiré par des roulements de tambour du côté de la place du Panthéon, j'y cours; je vois une estrade sur laquelle s'enrôlent des volontaires; j'apprends que trois ou quatre gardes nationaux de ma compagnie, dont un marié, se sont enrôlés, afin de marcher des premiers à l'ennemi. C'est notre maire, le docteur Bertillon, qui a eu cette idée-là.

Ces enrôlements, qui du reste ne furent pas bien nombreux, ne servirent à rien, car peu de temps après, le gouvernement créa dans chaque bataillon de garde nationale des compagnies de marche.

Même jour Jeudi 27 Octobre.

Le soir, au club de l'école de médecine, j'ai acheté les discours de mon confrère Maurice Jolly ; percera-t-il ce pauvre garçon ? « Mon Dieu, disait-il un jour au Palais, personne ne veut m'employer et cependant je me sens du talent ! (1) » Passion terrible que celle de l'ambition !

Au club, je me suis fait une pinte de bon sang ; un Monsieur gradé, très gradé dans la garde nationale, s'est écrié : « je suis fils de Caïn, ce malheureux ancêtre, qui a expié du bonheur de toute sa vie le crime d'avoir été le premier travailleur. »

Pendant que je griffonnais ma note quotidienne, ma femme m'écrivait cette lettre, que je reçus... six mois après :

(1) Ce qui était vrai ; c'était un homme de valeur, pas comme avocat, mais comme écrivain.

Armentières, 27 octobre 1870.

Mon ami,

Demain, notre petite Henriette entrera dans sa huitième année. Cette date a nécessairement reporté mon esprit vers des temps meilleurs et je n'ai pu me défendre d'une grande émotion ! Que ne pouvons-nous embrasser ensemble notre petite fille pour l'anniversaire de sa naissance !

Cette semaine de tristesse et de deuil dans laquelle nous allons entrer sera encore plus pénible cette année. Personne dans toute la France ne pourra retenir ses larmes en pensant aux morts du passé, en songeant à ceux qui, bientôt et fatalement, vont survenir.

Douze jours déjà depuis tes dernières nouvelles ! aussi ne t'étonneras-tu pas, si tu reçois ma lettre, de la trouver un peu triste. Les journées où je ne puis lire au moins un mot sur une carte me semblent doubles de longueur.

M. l'abbé R..., le fils de notre bonne hôtesse, doit venir passer la Toussaint à Armentières avec son élève, son neveu de Carvin. Mme R... a confidentiellement promis à Emile que le jour de l'arrivée de M. l'abbé, les petites filles iraient seules à la pension et que lui irait au chemin de fer à la rencontre des nouveaux venus. Cette promesse lui a fait grand plaisir. Que sera-ce donc quand nous irons ainsi à ta rencontre, heureux de t'embrasser et de te voir en premier ! Quand, mon Dieu, nous donnerez-vous ce bonheur ?

Pas de nouvelles de Péronne ; Marie sans doute est également sans lettre de Jules. Le mauvais temps est donc contraire aux ballons ! On nous donne aujourd'hui de mauvaises dépêches ; elles ne sont pas encore officielles et l'on hésite à les croire, quoi qu'elles soient probables. Elles concernent Metz.....

28 Octobre.

Je vais de temps en temps dîner, moyennant cinq francs, au restaurant situé au coin de la rue Royale et de la rue Saint-Honoré. J'y vais quand je sens le besoin de me refaire l'estomac. J'y rencontre toujours un diplomate étranger animé d'une chaude affection pour la France. « Pauvres Français, vient-il de me dire, pauvres Français, victimes du point d'honneur, vous épuisez vos ressources et vous vous enlevez les moyens de vous venger un jour de votre ennemi ! »

Dépensé, hier aux remparts : nettoyage de fusil, 1 franc ; quête pour Strasbourg, 1 fr. 50 ; quête pour les ambulances, 0 fr. 45 ; repas, 2 fr. ; jugulaire, 0 fr. 20.

Il n'y avait rien de tel qu'une jugulaire pour donner au garde national la tête d'un vieux troubade.

30 Octobre.

Comme on le lui avait promis, le 21e sort de la ville. Nous prenons le chemin de Villejuif, du côté de la redoute des Hautes-Bruyères. Nous sommes à 400 mètres des Prussiens, cachés dans une grande maison crénelée. Aucun ne se montre ; nous n'avons pas la fatuité de croire que nous leur faisons peur !

Des tombes de soldats, tués en cet endroit,

s'échelonnent le long du chemin. De modestes croix de bois, formées de branches d'arbres, rappellent leur souvenir. Pauvres garçons ! morts loin de vos mères, de vos femmes ou de vos fiancées ! Nous nous engageons à soigner vos dépouilles.

De distance en distance apparaissent des ruines de maisons, broyées par le canon ! Villejuif, Arcueil et Cachan sont déserts ; partout le silence de la mort. Nous revenons à Paris par la route d'Orléans. Là, les maisons sont habitées par les mobiles et les soldats ; quelques-uns de leurs officiers sont en bonne fortune.

L'absinthe et la grue, voilà qui a perdu notre armée et perdrait la France en même temps, si elle n'était pas immortelle !

Hier, acheté, pour 30 fr. 15, un superbe caoutchouc pour rempart ; il m'a servi à me préserver, pendant la promenade militaire, contre la pluie la plus terrible que nous ayons eue depuis le commencement du siége.

Lundi 31 Octobre.

Affreuse date.

On apprend officiellement la prise de Metz : émotion indescriptible ; il y a, dit-on, du grabuge à l'Hôtel de Ville. J'y cours ; les Bellevillois l'ont envahi. C'en est fait, hélas ! les Prussiens entreront à Paris grâce au désordre ! toutes les fenêtres sont surchargées des gardes nationaux de Flourens. Une écharpe rouge, en guise de drapeau, est agitée à l'une de ces fenêtres.

Finis Franciœ ! (1)

Je reviens chez moi pleurer amèrement.

Les soldats prussiens s'amusaient à composer des chansons sur tous les événements. Voilà un couplet fait à propos du 31 octobre :

> Dans Paris on se canarda
> Et l'on fit mainte folie.
> Braves Parisiens ! de c'train-là,
> Le roi Guillaume fera
> De poudre grande économie !

Chansons des Allemands contre la France, traduites en bouts rimés, par V. Charlot, d'après le recueil paru à Berlin, chez le libraire F. Lipperheide ; Paris, 1872. Lachaud, éditeur.

---

(1) Le même cri de douleur et de désespoir se retrouve dans le journal de presque tous les annalistes du siège :

Finis Galliœ !
Finis Franciœ !

QUATRIÈME SÉRIE

DU 1ᵉʳ NOVEMBRE AU 4 DÉCEMBRE 1870

CONTINUATION DU SIÉGE

BATAILLES SUR LA MARNE

Mardi 1ᵉʳ Novembre 1870.

L'anxiété m'a empêché de dormir: à six heures du matin je sors; le gouvernement est sauvé. Maurice Jolly s'est comporté ignoblement envers Jules Favre; mais enfin l'entreprise a avorté; malheureusement l'effet est produit. On n'est plus uni et l'on perd courage. A quoi sert d'aller risquer sa santé sur les remparts, alors que la Révolution va, par ses excès, ouvrir les portes aux ennemis !

Non seulement Jules Favre, mais tous les membres du gouvernement furent violemment outragés. Ce fut pour eux une nuit abominable. Mot entendu : *cette nuit-là ne comptera pas parmi leurs plus beaux jours.* A la Bibliothèque nationale, en lisant, dans Charles Mazade, le récit de cette nuit d'épouvantement pour nos gouvernants d'alors, je vis en marge, écrites au crayon par une main inconnue, d'abord ces deux dates : 4 septembre — 31 octobre, puis cette sentence biblique : *per que peccaverit homo, per hæc et torquetur.*

Même jour 1ᵉʳ Novembre.

Lettre de ma femme :

Mon ami,

La fête de la Toussaint est un jour bien triste ; mais ordinairement on a la consolation de pouvoir aller, en famille, sur la tombe de ceux qui vous sont chers, d'y pleurer ensemble. Cette année, cela est impossible : le jour de la Toussaint et la fête des Morts vont se passer pour moi dans la plus grande désolation, car à la douleur que j'éprouve de ne pouvoir, pour la première fois, prier sur la tombe de ma mère, se joint encore l'inquiétude que j'ai sur ton sort et celui de ma famille enfermée à Paris. Voilà quinze jours que je n'ai reçu de tes nouvelles.

Ne crois pas cependant, mon ami, que je me tourmente à me rendre malade ; non, je vais bien ; mais je suis triste et trouve le temps d'une longueur incroyable. Sept semaines loin de chez soi, loin de ce que l'on aime le mieux au monde, il faudrait être de marbre pour ne pas ressentir une vive douleur d'une telle situation. Et quand viendra le terme de ces souffrances ? Quand pourra-t-on se trouver réunis ! Dieu seul le sait et nous le tient caché d'une manière absolue....

Que j'ai bien fait de ne pas aller dans le pays de père, car on parle de la présence de l'ennemi à Grandvilliers, Poix, sur la ligne du chemin de fer d'Amiens à Rouen.

Henriette, Emile et petit Louis vont bien !

Pauvres bébés ! voilà sept semaines qu'ils n'ont eu tes

caresses ; ils seraient si heureux de t'embrasser ainsi que leur grand-papa.

J'ai l'espoir qu'il ne vous arrivera rien, car les petits anges prient chaque matin et soir pour vous. Tous les matins, Louis appelle pendant un quart d'heure au moins : papa, papa ; il t'envoie de bons gros baisers qui font du bruit pour que tu les entendes.

Ta femme qui t'embrasse, cher ami, avec tout son cœur, ainsi que son père, son frère et sa tante.

AMÉLIE.

2 Novembre.

Ma première visite a été pour le Père Lachaise. Déposé un bouquet d'immortelles sur la tombe de ma grand'mère et sur celle des parents de ma femme. Que tous ces morts sont donc tranquilles et heureux !

3 Novembre.

* Mon confrère Cresson vient d'être nommé préfet de police en remplacement d'Edmond Adam, démissionnaire.

E. Adam était le mari de Juliette Lamber, la spirituelle Picarde, devenue une vraie Parisienne. Elle ne s'amusait pas, oh ! mais pas du tout dans ce coin de Paris, compris entre le quai des Orfèvres et celui des Morfondus. Son journal de siège déborde de joie, le jour où elle quitta la sombre cage de la préfecture.

4 Novembre.

Hier, voté pour le maintien du gouvernement. J'ai voté en tremblant.

Je votai pour le gouvernement de la Défense en tremblant ; pourquoi ? Probablement parce que, dans une crise aussi grave, la capacité de nos gouvernants les plus en vue, ne m'inspirait pas entière confiance.

5 Novembre.

Tout va bien. Le parti de l'ordre vient d'avoir un succès magnifique ; pour cette fois du moins, ô Belleville ! tu ne seras pas encore la capitale de la France (1).

On se marie avec rage, ou plutôt on régularise, afin que la *légitime* puisse toucher les quinze sous de paie.

Amusantes les annonces matrimoniales de mon quartier :

M. X..., rue de la Parcheminerie, n° , avec Mlle Y..., *même maison.*

M. V..., rue Git-le-Cœur, n° , avec Mlle W..., *même maison.*

On parle d'armistice ou plutôt d'*amistie*, comme on dit rues Saint-Jacques et de la Harpe ; les provisions sortent de la cave des marchands. Le beurre tombe de 18 francs à 5 francs la livre. Quelle aubaine !

---

(1) Dans mon cinquième arrondissement il y eut 13,840 votes favorables au gouvernement et 1819 votes défavorables.

Dimanche 6 Novembre.

* L'armistice est rejeté !

M. Thiers était venu le 30 octobre à Paris afin d'y apporter des propositions d'armistice de la part de quatre puissances neutres ; mais le gouvernement de la Défense n'avait pas cru devoir les accepter, parce que la Prusse refusait de laisser ravitailler Paris durant les 25 jours nécessaires à la période électorale. A ce moment on eût traité plus avantageusement avec les Prussiens, désireux d'aller, pour la Noël, revoir leurs fraîches Gretchen et leurs tendres Dorothées. Certains journalistes, parmi lesquels Edmond About, si j'ai bonne souvenance, étaient d'avis de souscrire à l'armistice même sans ravitaillement. Georges Sand (*Journal d'un voyageur pendant la guerre*), dit ceci à la date du 20 janvier : « La température est douce, on souffre moins à Paris ! mais les pauvres ont-ils du charbon pour cuire leurs aliments ! Pourquoi donc a-t-on ajourné l'appel au pays, il y a trois mois, sous prétexte que Paris ne pouvait supporter 21 jours d'armistice sans ravitaillement ! »

7 Novembre.

Aux fortifications, aperçu un immense feu vers Choisy-le-Roy, près le Petit Vitry, à côté du pavillon de campagne où je fus, aux dernières vacances, si heureux pendant quelques jours.

C'était probablement un incendie allumé par les forts de Bicêtre et d'Ivry qui, perpétuellement, fouillaient de leurs obus Choisy-le-Roy, où campait l'ennemi.

8 Novembre.

Boulevard Saint-Michel, la foule s'arrête devant la porte de M. Minard, propriétaire du magasin de la patronne de Paris; on y lit et on y commente une lettre annonçant la mort de son fils, âgé de 23 ans, mobile du 5e bataillon. Dans un engagement près de Clamart, ce pauvre garçon avait eu le front légèrement froissé. Ce ne semblait rien, lorsque quelques jours après des accidents se déclarèrent et la mort s'ensuivit.

Beaucoup de soldats blessés légèrement ont été pris de violents maux de tête quelques jours après les blessures.

Les balles des Prussiens seraient-elles empoisonnées ?

Cette réflexion était l'écho des commentaires de la foule, mais dans aucun livre, dans aucun document je n'ai vu la confirmation de mes appréhensions.

9 Novembre.

Nouveau décret du gouvernement relatif à la garde nationale.

Chaque bataillon sera composé de huit compagnies. Les quatre premières, fortes de cent hommes, et destinées à la lutte, comprendront d'abord les célibataires, ensuite les gens mariés, faute d'un contingent suffisant de célibataires. Comme notre 24e bataillon a été recruté du temps de l'Empire, parmi les patentés ayant pignon, boutique ou ventre sur rue, il n'est guère composé que d'hommes mariés, archi-mariés. Nous serons donc obligés de nous trouver tous en première ligne. Par suite, grande émotion dans le quartier parmi les femmes, qui craignent pour leurs tendres époux.

10 Novembre.

Nos chefs ne sont pas longs à prendre une détermination *héroïque* : celle de happer, dans le quartier Latin, tout célibataire qui n'est pas garde national. La chasse commence, en avant les tambours ! Ils fouillent, sans faire de bruit et sans battre leurs caisses, tous les garnis, notamment ceux des rues Saint-Jacques, de la Harpe, Saint-Séverin, etc. Ils rabattent des célibataires en nombre tout à fait suffisant pour se faire casser la tête à la place des pauvres pères de famille. On ouvre une souscription pour leur acheter de grosses couvertures et des vêtements chauds. Mᵉ Lindet, notaire, notre camarade, toujours au premier rang des bienfaisants, donne une grosse somme.

Quelques jeunes gens, avec nous depuis le commencement du siège, nous quitteront non sans regret de notre part, notamment un charmant garçon distingué et très instruit, Bergaigne.

Les rats se sont vendus aujourd'hui, à la Halle, 25 centimes pièce.

11 Novembre.

Ce jour, monté la garde à Pélagie (1) sous la fenêtre de l'ex-cellule du citoyen Rochefort, qui vient de donner sa démission de membre de la Défense nationale; il est pas mal embarrassé avec son peuple, qui lui demande des choses impossibles, la lune souvent.

Nuit du 11 au 12 Novembre.

Deux heures de faction glaciale, la nuit, rue de la Clef; que je voudrais donc prendre la clef des champs !

La neige tombe, tombe. En qualité de frère, un ivrogne veut m'embrasser; « au large, ou je t'embroche. » Peut-on se mettre dans un pareil état en face des Prussiens ! Et cependant beaucoup de gens s'enivrent d'eau-de-vie en ce moment; beaucoup, heureusement aussi, s'enivrent de l'amour de la patrie; ceci fait passer cela.

Boum, boum; bon, le canon; cra cra cra cra; bon, les mitrailleuses; ça chauffe aux avant-postes, mais ça ne me réchauffe pas, rue de la Clef.

Au moment de quitter le poste, un camarade qui a égaré ses bibelots me crie :

Si reperis par aventure
Mon bidon et ma couverture,

---

(1) Prison de Sainte-Pélagie, rue de la Clef.

Tibi Dabo un sou marqué
Ad bibendum à ma santé.

« Cherche, je n'ai pas soif ! Ah ! si tu proposais un soupçon, un atôme de gruyère ! »

12 Novembre.

Les choux valent quatre francs pièce.
Les rats montent ; 60 centimes, hier, à la Halle. Bientôt ils vaudront aussi cher que les rats d'opéra.

Dimanche 13 Novembre.

Parcouru les allées du cimetière de Gentilly ; les monuments funèbres sont renversés ; quelle douleur pour les mères, quand, après la guerre, elles ne pourront plus retrouver les tombes de leurs enfants ! Tout autour la Bièvre, dont le cours est obstrué, forme une immense nappe d'eau. Quelques maisons sont inondées jusqu'au toit ; c'est lamentable.

C'était un formidable moyen de défense, indispensable à cet endroit où les terrains et les fortifications subissent une énorme dépression, par suite du cours de la Bièvre. J'ai raconté plus haut que le jour de la bataille de Châtillon, le général Trochu avait fait garnir de soldats ces faibles fortifications. A ce moment on ne s'était pas encore résolu à détruire le cimetière et à faire un lac des eaux de la Bièvre.

Même jour 13 Novembre.

* Après avoir parcouru les allées du cimetière, je rentrai dans Paris et allai voir les camarades d'une

autre compagnie du 24°. Ils sont campés près de la porte des Peupliers, là où la Bièvre entre dans la ville. Je présente mes respects au brave père Cressent, le juge qui présidait quand Rochefort fut condamné au commencement de 1870. Malgré ses soixante ans, il veut absolument monter la garde comme un jeune. Je le trouve assis sur un talus, en train de manger une soupe aux carottes. Il est tout guilleret, très en train ; la cantinière a dû lui saler sa soupe avec un grain de poudre ou de salpêtre.

Souvent mon esprit, se reportant à 24 ans en arrière, se représente le vieux papa Cressent, mangeant fièrement sa soupe aux carottes, et aussitôt alors ma mémoire me chuchotte aux oreilles ces vers (de l'*Année terrible*), malicieusement décochés par Victor Hugo à Trochu, qui s'était moqué du képi de garde national de notre poète :

« Je n'étais, j'en conviens, qu'un vieillard désarmé,
« Heureux d'être à Paris avec tous enfermé ;
« Profitant quelquefois d'une nuit de mitraille
« Et d'ombre, pour monter sur la grande muraille ;
« Pouvant dire présent, mais non pas combattant,
« Bon à rien ; je n'ai pas capitulé pourtant. »

14 Novembre.

Grimpette sur le haut des fortifications pour voir le bois de Boulogne.

Les arbres, du côté de la porte Maillot et de la porte de Passy, sont sciés à un mètre du sol et taillés en pointe, afin de faire obstacle à la cavalerie ennemie.

Quel spectacle lamentable ! non, morbleu, fortifiant au contraire ! J'éprouve un certain plaisir à voir disparaître notre luxe, nos jouissances, parce que le sacrifice seul peut conserver l'honneur du pays.

15 Novembre.

Mes dépenses de garde national dans la première quinzaine de novembre :

Vareuse de garde national, pour remplacer ma tunique	32 fr
Seconde nouvelle plaque de ceinturon	0 50
Guêtres de campagne	7 50
Cotisation au tambour	1
Aux carabiniers de la garde nationale	5
Lanière pour sac de campagne	0 75
Bottines de fortifications	15 50
	62 fr 25

Trente-deux francs pour une vareuse !

Les anciens bataillons furent forcés de changer leurs belles tuniques contre d'affreuses vareuses. C'était plus commode, il est vrai, mais surtout plus à la mode démocratique.

Cinq francs aux carabiniers de la garde nationale ! Surtout ne pas rire ! Ils ne ressemblaient pas aux carabiniers d'Offenbach, et se comportaient en braves soldats. Le 21 octobre, la compagnie des carabiniers du 18ᵉ bataillon se couvrit de gloire dans une reconnaissance. Le capitaine Proust (Désiré), fut mis par Trochu à l'ordre du jour ainsi que deux simples carabiniers, blessés en combattant vaillamment.

Ce fait d'armes m'avait fait sortir 5 fr. de mon escarcelle.

16 Novembre.

Ce soir, visite rue Taitbout, à la famille de Devrez, architecte, un ami de Douai. Quel charmant intérieur ! les enfants sont occupés à tirer des exemplaires de la lithographie d'un dessin fait par leur père, en l'honneur de Châteaudun ; Devrez a séjourné longtemps dans la vaillante cité, pour y dessiner les admirables détails du château, ancienne résidence de Dunois. Ma visite me vaut une superbe épreuve teintée en rouge ; cette teinte sinistre rappelle l'incendie allumé par les Prussiens.

Aux quatre coins du dessin figurent quatre C couronnés, qu'enlace la palme du martyre ; au-dessous cette invitation patriotique : *non lacrymis, sed exemplo* ; ne la pleurez pas ; imitez-la.

Revenu chez moi par le quai Voltaire ; silence de mort ; je suis absolument seul, le bruit de mes pas m'effraie ; pas de lumière ; Paris ressemble à une ville morte !

Pour revenir de la rue Taitbout à la rue de Sorbonne, où se trouvait mon domicile, ce n'était guère le chemin de passer par le quai Voltaire, mais Théophile Gautier avait, dans l'*Officiel*, publié quinze merveilleuses lignes sur ce quai noyé de ténèbres, et je voulais absolument voir le quai noir où on ne voyait rien, éprouver les sensations d'horreur nocturne que Théo avait si bien décrites. La fièvre obsidionale peut seul donner ces désirs d'impressions à l'Edgard Poë.

De ce jour, 16 novembre, lettre de ma chère femme, lettre reçue en mars 1871 :

Mon cher ami,

Mes lettres ne te parviennent pas, je le sais, et cependant je ne puis rester sans t'écrire. C'est une diversion à mon ennui. En t'écrivant, je crois te parler et cela me donne un instant de consolation. Depuis quelques jours surtout, je me sens dans un isolement complet. Une petite indisposition des enfants, qui ne les rend aucunement souffrants cependant, a nécessité des précautions très grandes, à cause du temps si glacial. Je les conserve donc toute la journée dans la pièce du fond du magasin de M°° R... pour les tenir dans une douce chaleur. Je suis recluse avec eux. Je passe ainsi tout mon temps, livrée à mes pensées, et tu dois bien croire qu'elles ne sont pas gaies. Naturellement elles se reportent toutes vers toi et je souffre des peines, privations et ennuis que tu dois supporter chaque jour davantage. Elles se reportent aussi vers l'avenir, que je voudrais tant connaître au milieu de pareils événements. Quels tristes souvenirs pour la vie entière ! Espérons que nos enfants ne verront jamais ce que nous voyons actuellement et que d'aussi dures épreuves leur seront épargnées. Il y a plus de dix jours que je n'ai eu de tes nouvelles et j'ai tremblé en apprenant que le nouveau décret te mobilise, puisque tu n'as que 39 ans. Te voilà maintenant de l'armée, qu'on forme à Paris parmi les gardes nationaux sédentaires.

Demain, jeudi 17 novembre ! A cette date, quel bien heureux jour il y a huit ans ! qu'il me sera pénible, pour cet anniversaire de notre mariage, d'être seule cette année. Quoique cela, je suis persuadée que, malgré notre séparation, nos deux cœurs se trouveront néanmoins réunis dans un souvenir d'amour et d'affection. Certainement mon bien aimé mari n'oubliera pas cet anniversaire ; il enverra mille baisers affectueux à sa femme qui, de son côté, lui en adressera un million et fera plus pieusement encore que d'habitude sa prière pour le cher absent.

Peut-on jamais compter sur ses propres forces ? La France se croyait invincible et Dieu montre qu'au-dessus de toute grandeur terrestre, il est là pour châtier et ramener à lui ceux qui se plaisent à le méconnaître. On nous a lu une lettre pastorale de Mgr l'évêque de Cambrai, qui apprécie les événements à ce point de vue avec beaucoup de justesse et d'élévation.

Reçois, cher ami et bon ami, mes affectueux baisers et ceux de tes jolis bébés. Charge-toi d'en donner une part à papa et à toute la famille.

Ta femme souhaitant de bien grand cœur la fin de son exil.

18 Novembre.

Visite à mes moblots de Péronne, campés sous les arcades du pont de Billancourt. Ils reviennent des avant-postes. Les pauvres enfants sont aussi glacés que moi sur les remparts.

19 Novembre.

Mon *Officiel* publie un article, pas gai, sur le siège de Paris par Henri IV, ce siège où les mères, dit-on, mangèrent leurs enfants. J'ai joliment bien fait de faire partir les miens !

En faisant l'exercice de bataillon, au Luxembourg,

entendu le tapage des forts d'Issy et de Montrouge. Il y a probablement un engagement entre nos artilleurs et les Prussiens, maîtres de la belle position de Châtillon.

Dimanche 20 Novembre.

Hier, c'était bien un combat entre artilleurs français et grand'gardes prussiennes. Nos soldats étant répandus aux environs de Bagneux, une colonne ennemie est venue pour les saisir. Le feu des forts d'Issy et de Montrouge les a protégés à temps.

22 Novembre.

Découverte inespérée de Hollande ; merci, ô mon Dieu ! je l'offre à mon beau-père sur un plat d'argent entre deux chandelles !

Il me remercie avec effusion, tout en me disant :

« — Comment, mon ami, pouvez-vous être gai dans un pareil moment ? »

« — Père, si nous ne sommes pas gais, nous sommes perdus ! »

Pendant le siège, rien ne mettait plus en joie les convives siégeant autour d'une table, que la soudaine apparition d'une tête de mort... au dessert !

J'en appelle au témoignage de Mme Edmond Adam (*Journal d'une Parisienne*, page 258) :

« ... M. Cernuschi est venu dîner un peu tard pour jouir d'un succès dont il était certain. Il a apporté du fromage. Aucun de nous n'en avait mangé depuis un mois ; nous n'avions pas attendu M. Cernuschi pour nous mettre à table, et le voyant arriver avec une tête de mort et l'entendant prononcer ces mots : « elle est à vous, » nous nous sommes levés et l'avons embrassé... »

Heureux M. Cernuschi !

23 Novembre.

Les cours ont recommencé à l'Ecole de droit.

Jusqu'alors l'Ecole de droit abritait de nombreux ouvriers, occupés à confectionner pour la mobile des vareuses ou des godillots.

A propos de cette réouverture de l'Ecole de droit, voilà ce que dit un habitant du quartier Latin :

« Le quartier Latin a changé complètement de physionomie. L'Ecole de droit vient de rouvrir ses portes, mais peu d'étudiants, bien entendu, y mettent les pieds ; à part quelques culs-de-jatte et quelques bossus, personne n'a le loisir de se plonger dans les pandectes, de disséquer le code et d'avaler la procédure. L'ouverture de l'Ecole de droit ne fera nullement prendre le change aux Prussiens. Cet acte est tout bêtement une fanfaronade de Jules Simon; l'ennemi sait fort bien que, malgré toute la présomption naturelle aux Français, malgré leur insouciance et leur esprit moqueur, le siège a complètement modifié leur vie sociale, leurs habitudes et leurs occupations. »

Simples notes prises pendant le Siège de Paris. — (Paris, 1871. Ernest Thorin), par Nérée Quépat, ou plutôt René Paquet, un Ardennais, Parisien de province d'un esprit infini, grand ami des oiseaux du Luxembourg, qu'il a si bien décrits dans son ornithologie parisienne.

C'est l'horreur des pandectes et de la procédure qui a fait jeter par Nérée Quépat une tuile à la tête de ce pauvre

Jules Simon. Il n'était pas si bigrement en colère à la réouverture du cours de Renan, oh! non! il me semble cependant qu'en présence de l'ennemi, la réouverture du cours de Renan n'était pas aussi nécessaire que celle des cours de droit, dans lesquels on enseigne cette maxime, souvent violée, mais immanente quand même : *le droit prime la force.*

Samedi 26 Novembre.

Vu passer, sur le boulevard Saint-Michel, les quatre compagnies de marche d'un bataillon du 9ᵉ arrondissement. Elles partaient pour prendre garnison au fort de Montrouge. Le maire et les adjoints du 9ᵉ étaient en tête, les hommes des compagnies sédentaires à la suite. En dernier lieu roulait une voiture chargée de quatre pièces de vin, précieux cadeau des sédentaires aux jeunes camarades.

Bravo! *bonum vinum lætificat cor hominum!*

Enthousiasmés par l'exemple de la garde nationale de Passy, qui, au prix de douloureux sacrifices s'est, avant-hier, emparée de Bondy, les gardes nationaux chantaient avec ardeur le *Chant du départ.*

Pendant ce temps, et marchant au pas, des bambins criaient : « achetez le premier combat de la garde nationale ! »

Nuit du 28 au 29 Novembre.

Réveillé en sursaut par une horrible canonnade. Les 106ᵉ et 116ᵉ bataillons de la garde nationale s'emparaient de la gare aux bœufs, à Choisy-le-Roi.

Le 106e, commandant Ibos, était un bataillon du quartier Saint-Germain qui, le 31 octobre, avait empêché le gouvernement de tomber entre les mains de Flourens ; Flourens, furieux, avait donné à ce bataillon le nom de bataillon des *Marguilliers* ; on voit que les marguilliers du 106e surent donner aux Prussiens des coups de goupillon aussi vigoureux que ceux dont ils avaient gratifié les Bellevillois (1).

29 Novembre.

L'action est engagée. La lutte suprême commence. J'écris au son du canon, que le cours de l'eau nous transmet avec une netteté surprenante. Des groupes se forment à tous les coins du boulevard Saint-Michel ; la perplexité se lit sur les visages.

Nuit du 29 au 30 Novembre.

Nuit effroyable ! Des décharges d'artillerie me réveillent à minuit. Je ramène la couverture sur ma tête et prie pour les malheureux que jettent dans l'éternité tous les engins diaboliques, produit de la *civilisation !* Le bruit est continuel et continuel mon serrement de cœur en entendant ces signaux de mort.

---

(1) Un autre bataillon du faubourg Saint-Germain, le 17e, se chargea, dans cette même nuit du 31 octobre, de contenir Blanqui, qui se démenait comme un diable dans un bénitier. Le vieux révolutionnaire prétendit avoir été à moitié étranglé par le bataillon des *Sacristains*.

Dans leur livre *Paris sous les obus* (Paris 1880, éditeur : Georges Chamerot), les frères Dalseme, à la page 218, disent ceci : « jamais peut être, depuis l'heure où pour la première fois, l'artillerie exerça dans le monde ses terribles ravages, jamais oreilles humaines n'entendirent une canonnade pareille à celle qui, durant cette nuit et la journée suivante, tint Paris en émoi.

« Dix-huit heures de suite, dans toutes les directions, au nord, au sud, à l'ouest et à l'est, l'air ne cessa de retentir du bruit sourd et continu que jetaient vers l'espace les milliers de pièces accumulées par la défense autour de nous. La nuit, après un long silence, s'était élevée tout d'un coup cette clameur formidable de canon rugissant au loin. Que de fenêtres on vit s'éclairer soudain le long des murailles obscures, que d'insomnies, que d'angoisses ! Que de terreurs et aussi que d'espérances ! »

30 Novembre.

Toujours le canon, le canon toujours ! Une bataille épouvantable doit évidemment se livrer en ce moment (1). Ne pouvant rester en place, je trotte partout. Je vois, sur le boulevard Saint-Germain, se dirigeant du côté de la Bastille, un énorme frère de la Doctrine chrétienne, ceint d'une large ceinture jaune ; il allait remplir son service de brancardier ; je lui donnai une bonne poignée de main et lui dis que tous les Parisiens, catholiques ou non, admiraient le dévouement des frères.

(1) En ce moment les troupes du général Ducrot passaient la Marne, protégées par le feu incessant de nos forts.

Dans son livre le *Siège de Paris*, livre si calme, si nourri de faits, si *plein*, qu'on me passe l'expression, Francisque Sarcey écrit à propos des brancardiers :

« ... Le corps des brancardiers était, si j'en crois les rapports qui m'ont été faits, rapports de témoins oculaires, composé de bien misérables éléments. J'en excepte les frères de la Doctrine chrétienne, dont la belle conduite fit l'admiration de tout Paris, et fut récompensée par la croix d'honneur, solennellement donnée au frère Philippe. Ces religieux portaient, dans l'exercice de ces fonctions nouvelles, leur esprit d'abnégation, de dévouement et ces habitudes d'obéissance passive, règle de toute leur vie. Ils s'en allaient paisiblement, sous la grêle des balles, ramasser les blessés, les rapportant dans leurs bras ; ne reculaient devant aucune besogne, si dure ou si dégoûtante qu'elle fût, ne se plaignaient jamais du manque de nourriture, ne buvaient que de l'eau, ne touchaient jamais à un sac abandonné et revenaient ensuite à leurs humbles travaux des classes, sans se douter qu'ils avaient été des héros. Combien peu leur ressemblaient ! la plupart des brancardiers n'étaient que des pillards. . etc. » (Francisque Sarcey, le *Siège de Paris*, page 280. — Paris 1871, E. Lachaud, libraire-éditeur.)

Jeudi 1er Décembre 1870.

En revenant de plaider à la police correctionnelle, au moment de monter le grand escalier de la cour du Mai pour aller défaire ma robe, je vois arriver le jeune blessé dont parle ainsi le *Siècle*:

« Hier, dans la journée, on a conduit à l'ambulance du Palais un officier et plusieurs militaires grièvement blessés. Parmi eux se trouve un soldat saxon du 7ᵉ régiment royal qui avait eu, à l'attaque de l'Hay, la main droite et la cuisse gauche traversées par une balle. C'est un jeune homme de vingt-quatre ans, d'assez bonne tournure... L'état dans lequel se trouvaient son fourniment et ses vêtements prouve que rien ne manque à l'armée ennemie. »

Moi aussi j'avais fait la remarque, fort peu consolante pour nous, qu'il était parfaitement, même coquettement habillé. Pendant qu'on le tirait de la voiture, le pauvre garçon grimaçait horriblement, car le mouvement le faisait terriblement souffrir; on le porta à l'ambulance du Palais.

J'allai bien vite enlever ma robe et, après avoir remis ma vareuse de garde national, je courus 27, avenue d'Italie, où j'étais de garde; j'avais obtenu la permission de venir plaider au Palais.

Dans ses curieux et charmants *Souvenirs du Siège*, M. Rousse, bâtonnier de l'ordre des avocats de Paris, au moment de ce siège, nous apprend que, malgré de très grands soins, le jeune saxon mourut. Saxon! l'était-il? C'est possible! mais j'ai entendu dire au Palais que tous les blessés prisonniers se disaient Saxons. Nul ne voulait être Prussien. Par contre, nous autres Parisiens, nous ne parlions que des Prussiens, jamais des Allemands. Dans la plupart de mes griffonnages quotidiens, le mot *Allemand* vient rarement au bout de ma plume; c'est toujours le mot: *Prussien*.

Nuit du 1ᵉʳ au 2 Décembre.

Pendant la nuit j'aperçois des femmes stationnant devant l'usine à gaz de l'avenue de Choisy ; elles sont là depuis trois heures du matin et resteront à la même place jusqu'à huit ou neuf heures, par un froid épouvantable ; elles attendent un peu de coke ! Quelle admirable population que cette population féminine. Les malheureuses ! elles s'asseyent par terre, quand elles sont trop fatiguées ; parfois pour faire nique au froid et au sommeil, elles chantent la *Marseillaise*.

« L'homme n'est que Français, mais la femme est Romaine;
« Elles acceptent tout les femmes de Paris,
« Leur âtre éteint, leurs pieds par le verglas meurtris (1),
« Au seuil noir des bouchers les attentes nocturnes,
« La neige et l'ouragan, vidant leurs froides urnes,
« La famine, l'horreur, le combat ; sans rien voir
« Que la grande Patrie et que le grand Devoir. »

(V. H. *l'Année terrible*).

Même nuit.

On vient demander au poste vingt hommes ; il

---

(1) Une tante de ma femme, Mᵐᵉ Alexandrine Turin, souffrit, plus de dix ans, d'un doigt de pied gelé pendant une de ces attentes dont parle Victor Hugo. Elle était trop humaine pour toujours charger sa domestique de si cruelles corvées. Les ouvrières furent vaillantes et les bourgeoises aussi ; *ab una disce omnes.*

s'agit d'aller au plus vite recevoir des blessés au quai d'Austerlitz, port des Coches. J'y vais, sinon d'un cœur léger, du moins avec le contentement d'accomplir un devoir pénible.

Quatre bateaux, chargés de lignards et de moblots blessés, arrivent à la file les uns des autres. Au sortir des bateaux, nous conduisons les pauvres garçons aux voitures d'ambulance. Ils s'appuient fortement sur nos épaules, avec leurs mains ensanglantées. Si nous n'avions pas craint de leur faire mal, nous les aurions volontiers serrés sur nos cœurs. Une fois les braves enfants emballés, nous courons faire la chaîne pour déménager les fourniments. Les chassepots brisés et rougis, les épées empourprées par un sang généreux nous passent par les mains. Je vis alors un camarade qui embrassait sa main droite imprégnée de sang ; c'était folie, mais folie de patriotisme.

Le lieutenant-colonel de la Monneraye, neveu de l'ancien député de ce nom (1), breton intrépide, restait sur un bateau. Il avait la cuisse percée d'une balle et le bras foulé par une chute en bas de son cheval. Nous le portons à huit sur une civière jusqu'au Val-de-Grâce. Il jure comme un beau diable et répète souvent : « oh, ce four à

---

(1) C'est du moins ce que l'on disait.

chaux ! oh, ce four à chaux ! Mais c'était impossible (1). »

Nous nous relevions de temps en temps, car c'était rudement dur de porter la civière sur nos épaules (2). Un moment, mon épaule me fit tellement de mal, que je passai la main entre la civière et cette pauvre épaule, afin de lui ménager une espèce de tampon. Le pauvre blessé, dont j'avais involontairement remué la jambe, poussa un cri terrible.

3 Décembre.

Hier, hélas ! malgré des efforts inouïs Ducrot n'a pu passer.

Mon beau-frère, A. D..., est dans les compagnies

---

(1) Le brave soldat voulait probablement dire qu'il était impossible de se maintenir sur le plateau du Four à chaux, parce que cette position était écrasée par les batteries allemandes de Villiers et de Cœuilly ; c'est là qu'il fut blessé ; du reste, sur le beau panorama de la bataille de Champigny, Detaille et de Neuville n'avaient pas oublié le colonel ; on l'y voyait au moment où, mortellement blessé, il tombait de cheval. Je parle à l'*imparfait*, au passé ; car le panorama n'existe plus dans son ampleur ; il a été dépécé et vendu par morceaux. De bons patriotes, en les achetant, ont voulu soustraire à une destruction complète l'œuvre de deux grands artistes, patriotes eux-mêmes.

(2) D'autant plus que du quai au Val-de-Grâce, c'est toujours en montant.

de marche. Pendant la grande lutte, il était campé près du fort de Nogent, au-delà du bois de Vincennes, à une lieue et demie de la bataille ; il voyait, au-dessus de sa tête, les bombes du fort de Nogent décrire leurs courbes magnifiques et dessiner leurs anneaux d'or lumineux.

Du même jour 3 Décembre.

Lettre de ma chère femme, lettre reçue fin février 1871 :

Après avoir employé tous les moyens, je suis désespérée de voir qu'aucune de mes lettres ne te parvient ; j'ai envoyé une dépêche, puis remis à la poste les deux *cartes-réponses* que tu m'as adressées et rien n'est arrivé. Je ne puis me résoudre cependant à ne pas, de temps en temps, m'entretenir avec toi ; cela me console. Réduisant encore le format de mon papier pelure, j'adresse ce mot à Tours ; j'espère toujours que l'une de mes nombreuses lettres te parviendra et t'apportera de nos nouvelles.

Que l'épreuve est longue et pénible, mon cher et bon mari, et encore faut-il se résoudre à ne rien savoir de ce qui se passe ! Ce qu'un journal annonce un autre le dément et l'on vit dans la plus cruelle des perplexités. Je crois plutôt les nouvelles malheureuses, car ce sont presque toujours les seules qui soient confirmées.

Le fils de notre bonne hôtesse, M﹏ R..., vient de quitter la maison et sa pauvre mère. Garde national mobilisé, il va à Lille provisoirement. Le départ est toujours chose bien triste et surtout dans de pareilles circonstances. Cela me rappelait le moment où, forcée de me rendre à ta volonté et à ton juste raisonnement, il fallut aussi que je me séparasse de toi. Encore étais-je loin de me douter que ce fût pour si longtemps, car je crois que cela eût été au-dessus de mes forces....

Les enfants viennent d'avoir tous trois la petite vérole volante ; mais, Dieu merci, ils sont guéris maintenant et tu les trouveras bien portants à ton retour ; du moins je l'espère ; car c'est toujours ma crainte de ne pouvoir te les rendre tous les trois (1).

Mais comment font donc les femmes de tes amis pour faire parvenir de leurs nouvelles ? Je suis désespérée de ne pouvoir réussir comme elles.... (2).

A toi.

Dimanche 4 Décembre.

Ducrot est revenu vers Paris !

En date de ce jour, lettre à ma femme :

Chère amie,

Avant-hier une bien triste corvée m'est échue ! J'ai eu

---

(1) C'était la grande préoccupation de la Parisienne exilée : « pourrai-je, se disait-elle, rendre au père à la fin de la guerre tous les enfants qu'il m'a confiés ? »

(2) Les lettres de ma femme ne m'arrivèrent point parce les messagers, qui en étaient porteurs, ne purent traverser les lignes prussiennes. Dix ou douze messagers seulement purent accomplir ce périlleux exploit. (Voir un chapitre très curieux sur ces messagers dans le livre de M. Steenackers, ancien directeur général des télégraphes et des postes pendant l'invasion : *Les Télégraphes et les Postes pendant la guerre de 1870-71.*

la mission d'aller recevoir des blessés et de les porter ensuite à l'hôpital. Après les batailles de fin novembre, j'ai ainsi transporté au Val-de-Grâce un lieutenant-colonel, M. de la Bonneraye, qui avait eu la caisse traversée par une balle. Il jurait comme un payen, le brave breton, mais je crois bien que ce n'était que des lèvres.

Aujourd'hui je suis allé lui rendre une petite visite, comme je lui avais promis. Crois-tu que je suis arrivé juste au moment de l'opération? Il criait abominablement. Après l'opération il a voulu me recevoir quand même. Ma carte, que j'avais passée, était sur son lit, toute maculée de sang. « Hein, me dit-il, comme je suis douillet. »

J'ai dû rendre ma tabatière, on fait fi des hommes à enfants, on m'a donné un piston pour tirer par les embrasures des remparts ; mais ils reculent petit à petit ces maudits Prussiens, nous n'aurons donc pas l'occasion de tirer.

Ces mots de ma lettre : *mais ils reculent petit à petit....* semblent être des mots ridicules, pleins d'infatuation. Ce serait injuste de les juger ainsi; car à ce moment, les Prussiens ont véritablement reculé. Un stratégiste étranger du plus grand mérite a publié dans le *Times* une étude remarquable sur la guerre franco-allemande, étude fort bien traduite par mon confrère Roger Allou ; à la page 180 de la traduction on lit ceci :

« ... Un feu continuel des forts fut entretenu pour tourmenter et tenir en éveil les assiégeants, et, quoiqu'il infligeât peu de pertes, il embarrassa sérieusement leurs opérations.

« Le résultat fut qu'au bout de six semaines la ligne d'investissement autour de la ville avait reculé sur plusieurs points et, que la chance pour les Allemands d'un bombardement prochain était perdue ; même des appréhensions commençaient à se faire sentir que l'artillerie allemande fût trop faible pour sa tâche. »

(*Récit des événements militaires depuis la déclaration de guerre jusqu'à la capitulation de Paris. Traduction de Roger Allou. Paris 1871, Garnier frères, éditeurs*).

CINQUIÈME SÉRIE

DU 5 DÉCEMBRE 1870 AU 4 JANVIER 1871

CONTINUATION DU SIÈGE

7 Décembre 1870.

Je peux à peine écrire ; je suis tout malade. J'ai passé la nuit du 6 au 7 de garde à la porte d'Italie, dans un courant d'air produit par l'ouverture perpétuelle de la porte ; j'ai su ce que c'est d'avoir froid. Mes doigts se sont noircis et crevés ; quant aux lèvres et à la poitrine je n'en parle pas.

Même jour 7 Décembre.

Lettre de ma femme, lettre reçue en mars 1871 :

Armentières, 7 décembre 1870.

Mon ami,

Ni lettres, ni cartes, ni dépêches ! rien ne te parvient donc ! car ce matin je reçois de toi une lettre-journal et tu ne me fais aucunement mention de mes envois ; tu sembles ignorer que Marie, partie de Péronne, est à

Lagorgue, ce qu'elle t'a annoncé. Faut-il forcément vivre dans cette situation ? Que je souffre, mon pauvre ami, de cette cruelle séparation ; mais je prie, je pleure, et cela me soulage ; sans cela je ne sais ce que je deviendrais.

Dis à mon frère, qui entre dans la compagnie de marche, que nous ferons une prière spécialement à son intention chaque jour. Qu'il s'unisse à nous. La prière n'a jamais déshonoré les courageux. Mon Dieu, quand donc nous regarderez-vous en pitié et nous délivrerez-vous d'un tel fléau ? Comment peut-il se trouver encore des gens incrédules ? Que leur faut-il donc pour leur montrer qu'au-dessus de tous les maréchaux, les généraux, il se trouve un Dieu qui peut seul donner la victoire et la paix ?

Voici bientôt la fin de cette terrible année. Commencerons-nous l'autre sous de si tristes auspices ? Et pour nous, bien-aimé, ne pourrons-nous donc encore nous embrasser le 1ᵉʳ janvier.

Que t'écrirais-je encore, mon bon ami, tout ce que j'ai dans le cœur ? Je n'ose le confier au papier, car où ira cette missive ? Dans quelles mains tombera-t-elle ? (1).

Au revoir ; ta femme ne passe pas un instant sans penser à toi.

Ta femme triste et aimante,

AMÉLIE.

---

(1) Beaucoup de lettres tombèrent entre les mains des Allemands ; nos ennemis, au dire de Ludovic Halévy, furent fort étonnés de voir, surtout dans les lettres des épouses françaises, les plus charmants sentiments d'affection conjugale. Prenant au sérieux les imaginations de nos romanciers, ils se figuraient que la plupart des françaises étaient des femmes adultères, ou tout au moins légères et évaporées.

8 Décembre.

Le cheval n'a pas été très rare depuis la bataille de Champigny, où plus de 1800 chevaux auraient, paraît-il, été tués ; je l'ignore ; mais ce que je sais bien, c'est que depuis quelques jours je me suis bien régalé chez Duval de cheval bœuf-mode ; maintenant c'est fini, plus de coursiers à dévorer ; je me nourris de bœuf et de mouton salé. Le mouton ne me plaît guère ; je ne le mange que pour conserver un mari à sa femme et un père à ses enfants. Mon ami J... est terrifié de manger tant de viandes salées. La crainte du scorbut l'obsède. Il se tâte à chaque instant les mandibules et les humecte de miel rosat.

Paris se couvre d'une neige étincelante de blancheur ; il semble s'envelopper dans son linceul !

9 Décembre.

Grand chagrin. — Mon colonel est mort.
Extrait de l'*Officiel* du 9 décembre :

« Le colonel de la Monneraye a succombé le 6 décembre aux blessures, qu'il avait reçues, le 2, au combat de Champigny. Ses obsèques auront lieu vendredi prochain à 9 heures, à l'église du Val-de-Grâce. »

J'étais allé le voir le dimanche 4 décembre au Val-de-Grâce. A peine avais-je fait passer ma carte, que le chirurgien entrait pour l'opérer. Le colonel me fit dire d'attendre; après l'opération il me reçut quand même; il paraissait moins ému que moi qui m'étais senti faiblir en entendant ses gémissements; ma carte, toute maculée de sang, était sur son lit. « Comme je suis douillet, me dit-il, en me voyant « entrer. »

Cher et brave soldat, il avait, au contraire, subi avec un courage inouï une opération épouvantable. On lui avait fouillé affreusement le mollet droit pour en retirer une balle. Comme il n'avait pas voulu se faire endormir, la nature seule lui avait arraché des cris de douleur.

La note ci-dessus et une lettre reproduite plus haut font, pour ainsi dire, double emploi, sauf pour quelques détails; or aucun détail, si petit qu'il soit, n'est indifférent, quand il s'agit des derniers moments d'un valeureux officier.

10 Décembre.

Extrait de ma lettre de ce jour :

« ...Mes bébés, vous ne verrez plus la tour Malakoff, que nous sommes allés voir au mois de juin dernier, et que vous regardiez avec de si grands yeux. Elle offrait un trop bon point de mire à l'ennemi dans la plaine de Montrouge; on l'a abattue.

« On a fait une nouvelle quête pour le bien-être des gardes nationaux peu aisés de notre compagnie de marche ; chez trois gardes sédentaires on a reçu douze cents francs : ça ne peut être que Lindet, notaire, et Thiellement, le marchand de bons macarons... quant au troisième camarade, nous en cherchons vainement le nom ! »

Je ne peux me rappeler sans émotion la bienfaisance de M. Lindet ; M. Thiellement était aussi très humain, comme l'indique la lettre ci-dessus, de plus excessivement complaisant.

Quand nous nous apprêtions à revenir du rempart, une tapissière de la maison de commerce Thiellement apparaissait comme une fée bienfaisante. Nous y jetions tout ce que nous avions de plus lourd dans notre équipement. Les gardes, un peu âgés, étaient d'autant plus satisfaits de ce bienveillant secours, qu'au retour de la garde aux remparts, ils n'étaient pas entraînés par le clairon et le tambour, comme à l'aller. De la barrière d'Italie au boulevard Saint-Michel, la course était longue, surtout au lendemain d'une nuit sans sommeil.

Dimanche 11 Décembre.

Je rencontre ma tante Alexandrine, toute effarée, un énorme paquet sous son châle. C'était une provision de pains : « il n'y a plus de farine, me dit-elle, j'ai couru bien vite chez le boulanger pour m'approvisionner de pain. »

C'est une panique générale au quartier Latin.

Lettre de ce jour à ma femme :

C'est M*me* X... qui est diantrement fâchée d'avoir quitté son mari. Elle rôde dans le quartier pour le rencontrer et l'apitoyer ; son Monsieur l'a planté là ; dame ! au prix où est la viande ! En état de siège, la malheureuse n'a pas même de la vache enragée à manger ; le mari m'a demandé ce que je lui conseillais ; je lui ai répondu, que dans les circonstances terribles où on se trouvait, il pouvait en avoir pitié et la reprendre sans que son amour-propre en souffrît.

Avant-hier j'ai avalé, au restaurant, du cheval de guerre, diantrement faisandé (1) ; il avait dû être tué dans la bataille du deux décembre ; aussi aujourd'hui je me suis payé, chez Foyot, du sanglier, s'il vous plaît ! J'y étais allé parce que ton père avait cru voir entrer, sur les minuit, chez ce restaurateur un bœuf splendide.

Au dire d'un camarade, les vivres sont excessivement chers dans le Nord. Les pauvres femmes seraient obligées de vendre leurs bijoux ! S'il en est ainsi, vends tes boucles d'oreilles ; ça m'est égal, pourvu que tu me conserves les oreilles. Je t'envoie de plus 190 francs par pigeons voyageurs ; c'est un excès de précaution ; le bon cousin le trouvera peut-être fort ridicule ; mais si les Prussiens étaient à Armentières cependant !

Ma tête est bien ferme, malgré cela je ne peux empêcher quelques papillons noirs de voltiger autour d'elle.

A toi....

P.-S. — Jules est désolé de savoir sa femme et ses enfants à Péronne. On prétend ici que l'ennemi ne peut manquer de l'attaquer d'un moment à l'autre.

---

(1) Peut-être n'était-il pas faisandé et n'avait-il qu'un fumet exagéré ! Dans la brochure curieuse : *la Cuisine pendant le Siège*, l'auteur nous apprend que certains chevaux, probablement ceux *integri corporis*, répandent un fumet extraordinaire.

Lundi 12 Décembre.

On a reproché aux avocats d'être partout. C'est vrai! mais au feu, comme partout ailleurs.

Voilà, en effet, ce que je lis dans mon *Officiel* :

« Les obsèques de M. Raoul Lacour, jeune avocat, volontaire au 4° zouaves, mort des suites de la glorieuse blessure, qu'il reçut au plateau de Villiers, auront lieu ce matin, lundi 12, à midi précis, en l'église Saint-Eugène (1). »

Ma lettre de ce jour, 22 décembre :

Chère femme,

... Le *Droit* d'avant-hier a reproduit d'une façon très amusante une affaire de blessures par imprudence, dans laquelle je figurais comme avocat. J'ai défendu le concierge de la rue de la Sorbonne, numéro 6; tu sais, celui qui a les yeux rouges ; tu les trouveras encore plus rouges, car le pauvre homme a bien pleuré ; il a perdu ses fils et son gendre à Sedan, à Metz et au Bourget.

Il était cité devant la 8° chambre de la police correctionnelle pour blessure par imprudence. Un chien terre-neuve, que lui a confié un locataire absent, a mordu le garde national T..., boutiquier, sans respect pour ses beaux galons de sergent instructeur. T..., sous la prévision de quelque famine, s'était muni de coqs et de poules, qui se

---

(1) Huit jours après on enterrait un autre avocat, mort également à la suite de graves blessures, Paul Richard, sous-lieutenant au 6° bataillon de la garde mobile (Seine), frère de l'ancien ministre des beaux-arts.

servaient des marches de l'escalier comme de perchoirs. Le concierge, pas content, s'est chamaillé avec lui ! Malheureusement son terre-neuve a trop pris son parti et a mordu les parties charnues du boutiquier. Ce dernier réclamait devant la 8ᵉ Chambre la vengeance des lois et 500 francs de dommages-intérêts. Mon client a été condamné à 25 francs d'amende et 25 francs de dommages et intérêts....

Tout à toi.

13 Décembre

Les jours se suivent et ne se ressemblent pas. Hier j'étais gai ; aujourd'hui je suis triste, très triste. Que de vide au logis ! Je me retire dans la chambre de mes enfants ; je crois les y voir et les entendre. Je me réfugie en Dieu. Comment font donc, quand ils souffrent, ceux qui ne croient pas en lui ?

Dernièrement au rempart, Bergaigne a émis devant moi un doute sur l'existence de Dieu ; « ah ! je vous en prie, lui dis-je, gardez donc pour vous vos désenchantements ; moi, j'ai besoin de Dieu, surtout en ce moment. »

Quoiqu'ayant secoué Bergaigne de la belle façon, nous restâmes bons camarades et notre séparation, lors de son entrée dans la compagnie de marche du 21ᵉ bataillon, nous affligea grandement. C'était un garçon de grand mérite ; après le siège plusieurs de ses travaux furent couronnés à l'Institut ; je les saluai, sous la coupole, des applaudissements les plus énergiques. Il devint bientôt, et encore assez jeune, maître de conférences à la Sorbonne. Nos carrières étant différentes, nous cessâmes de nous voir.

Quelques années après je le rencontrai. Il venait de perdre sa femme, une femme très distinguée, fille de M. L..., professeur à mon vieux Louis-le-Grand. Sa tristesse était extrême. Il me prit les mains en m'adressant à peu près ces paroles : « vous rappelez-vous ce que vous m'avez dit au rempart ; je vous en suis encore reconnaissant. » Je compris que l'idée de Dieu rendait sa douleur plus supportable. Quand, plusieurs années après, dans un voyage en Suisse, Bergaigne, en tombant, trouva la mort au fond d'un précipice, j'eus la consolation de songer que, dans cette horrible aventure, l'idée de Dieu avait encore pu rendre moins affreux son dernier moment.

14 Décembre.

Informations sur notre compagnie : 5ᵉ du 21ᵉ ; elle a pour limites, à l'Est : la place Maubert et la rue des Carmes ; à l'Ouest : le boulevard Saint-Michel ; au Nord : la rue Saint-Séverin ; au Sud : la rue des Ecoles.

Capitaine : Béquet, imprimeur-lithographe ;

Capitaine en second : Vernay, libraire ;

Lieutenants : Jules Fourmage, lithographe, et Debladis, avoué ;

Sergent-major : Paul Delalain, libraire ;

Sergent-fourrier : Bosc, costumier des tribunaux ;

Sergent : Pasquet, relieur.

Gardes par rues :

Boulevard Saint-Germain. — Chevallier, 48 ans, le plus jeune ; Bergaigne (camarade) ; Beaussire, professeur de philosophie à Charlemagne ; Goumy, journaliste, rédacteur en chef de la *Revue de l'instruction publique* (camarade), etc.

Boulevard Saint-Michel. — Chassang, un savant; Lindet, notaire, 58 ans, notre doyen; Ditz, parfumeur, etc.

Rue des Ecoles. — Le bon papa Barré, architecte; le cher ami Jolliot; Marcou, professeur à Louis-le-Grand; Lemoine, négociant en vins, etc.

Rue Saint-Jacques. — Delestre, graveur; Armand Fourmage, frère du lieutenant; Mazure, marchand de cafés; Meynal, professeur de troisième à Louis-le-Grand, etc.

Rue du Sommerard. — Henri Delalain, frère du sergent-major; Gazier, professeur; Lorsignol, graveur; Polyphème, hôtelier; Pressard, professeur à Louis-le-Grand (camarade); Merlet, 42 ans, professeur de rhétorique à Louis-le-Grand; Sevrette, professeur d'anglais à Louis-le-Grand (camarade); Thiellement, fabricant de macarons, etc.

Rue Thénard. — Aubert Hix, professeur à Louis-le-Grand; Caro, 44 ans, membre de l'Académie française et professeur à la Sorbonne; Palliart; Rapine; Salet père et Salet fils.

Rue de la Parcheminerie. — Gardette, serrurier; Veryck, opticien (camarade), etc.

Rue Fontanes. — Guiraud, avocat à la Cour d'appel (camarade).

Rue de la Harpe. — Job, sapeur, etc.

Rue de Latran. — Descaves, architecte.
Rue Saint-Séverin. — Sonnet, professeur.
Rue de la Sorbonne. — Dabot, avocat à la Cour d'appel.

La composition de notre compagnie était telle qu'il n'y avait pas moyen de s'ennuyer au rempart, même sans boire et sans jouer aux cartes ; que de conversations charmantes et fortifiantes pour le cœur et l'esprit.

C'était vraiment pour moi un bonheur et un allègement à ma solitude que d'être le compagnon, je n'ose dire le *camarade*, de M. Caro ; avec un peu de fatuité je l'aurais cru, tellement il était bienveillant et, par dessus le marché, toujours le premier à se présenter pour les corvées.

C'est de M. Caro dont parle Edmond Rousse dans ses *Souvenirs du Siège*, au samedi 17 décembre :

« Visite de M. C... de l'Institut, professeur à la Faculté des lettres. Je lui avais écrit, il y a quelques jours, sans le connaître, pour lui demander le discours qu'il a prononcé à l'ouverture des cours sur la guerre actuelle. C'est un homme aimable et sympathique, causant bien, d'un esprit libéral et modéré. Il m'a apporté un article qu'il vient de publier dans la *France* sur les responsabilités de la guerre ; c'est un écrit des plus remarquables, sérieux, impartial et sensé... »

M. Caro était bien l'homme aimable, sympathique, dépeint par M. Rousse avec une véritable amitié. Du reste, M. Caro le lui rendait bien et il me le dit à moi-même quelque temps avant sa mort, alors que je l'accompagnais dans sa promenade habituelle, le long de la rue des Ecoles, ensoleillée par les rayons de midi.

M. Caro a été enlevé, en juillet 1887, à l'affection de ses anciens camarades par une mort prématurée, mais il revit à nos cœurs, tel que nous l'avons connu, dans son beau livre : *Jours d'épreuve !*

MM. Merlet, Goumy et Beaussire sont morts dans ces dernières années, après une brillante carrière dans le professorat et dans la littérature, M. Beaussire en 1889, M. Merlet en 1891, et M. Goumy en 1892.

M. Chassang, érudit, et auteur d'excellents ouvrages d'enseignement, est mort également; décédés aussi Meynal, Guiraud, etc.

Que de morts ! mais une consolation : l'ancien notaire Lindet, notre bon doyen, est toujours fidèle au poste... de la vie.

Lettre de ma femme du même jour 14 décembre :

Cher ami,

Encore une autre voie pour t'écrire, celle de Clermont-Ferrand, qu'un journal m'indique aujourd'hui. Dieu veuille que cette nouvelle voie soit meilleure que celle de Tours, inutilement employée jusqu'à ce jour. Les dépêches mêmes étaient envoyées à Tours, d'où partaient les pigeons voyageurs ; mais les messagers chargés des miennes ne sont malheureusement pas arrivés à bon port, puisque tu n'as rien reçu. C'est pour moi un grand chagrin ; quelques femmes de tes amis, m'as-tu dit, plus favorisées que moi, ont pu faire parvenir leurs missives ; je crains que tu puisses penser que je n'essaie pas de tous les moyens pour correspondre avec toi ; cela me désespère.

Une carte reçue, il y a quelques jours, et dans laquelle tu me disais à *bientôt*, m'avait fait espérer que les combats près Paris se continueraient et auraient pour nous un bon résultat ; mais aujourd'hui tu me dis que l'on ne peut continuer à cause du froid. Ce contre-temps va donc encore retarder notre réunion. Je prie pour que Dieu m'accorde tout particulièrement le don de force afin de supporter cette longue et pénible épreuve. Que je suis heureuse d'avoir confiance en lui; sans cela je me laisserais aller au désespoir ! Trois mois déjà depuis mon départ ! Est-ce possible ?

Dis bien à mon frère que moi, sa nièce et ses neveux prions pour lui....

16 Décembre.

Quel tourment ! Quelle angoisse ! En lisant l'*Officiel* où l'on annonce que Péronne, voulant se défendre, a arrêté deux officiers prussiens.

Voici la dépêche qui m'a tant fait souffrir en pensant à mes vieux parents de Péronne :

« *Lille 5 décembre*. — Deux officiers prussiens ont sommé Péronne de se rendre. Ces officiers, qui se donnaient pour les envoyés d'un corps d'armée qui les suivait de près, ont été emprisonnés. »

Il y a dans ma note une trace pénible de défaillance. Je ne voyais à ce moment que mes parents, mes amis d'enfance voués à la souffrance, à la mort, dans une petite forteresse incapable de résister un jour, je le croyais du moins ! Je me trompais, heureusement, puisqu'elle a su résister treize jours.

19 Décembre.

Feu le colonel de la Monneraye est porté à l'ordre du jour de l'armée. *Officiel* du 19 décembre :

« 122e de ligne. De la Monneraye, lieutenant-colonel, blessé mortellement le 2 décembre à la tête de son régiment, en lui donnant l'exemple d'une valeur au-dessus de tout éloge. »

21 Décembre.

On doit se battre rageusement, car de tout côté on entend le canon rugir.

22 Décembre.

Hier on a voulu reprendre le Bourget, mais malgré des efforts inouïs, cela fut impossible; hélas! Dieu n'est pas avec nous.

23 Décembre.

« Il y a quelques jours dans la vitrine d'un restaurateur, au Palais-Royal, près la boutique de Corselet, j'ai admiré les os énormes d'un éléphant ; ce ne sont pas, comme on me l'avait dit, ceux de l'éléphant du Jardin des plantes, mais ceux de son collègue du Jardin d'acclimatation.

24 Décembre.

Nuit de Noël. Onze degrés de froid sur la figure ; quarante et plus sur le cœur; réveillon, quand même, chez un ami.

Un camarade de rempart vint m'inviter à faire réveillon chez lui ; j'acceptai pour ne pas rester seul chez moi à broyer du noir.

Nous mangeâmes trois plats de viande. Trois plats ! cheval, âne et chien.

Le gigot de chien était fort tendre, et cuit à point. Nous

lui fîmes de l'honneur en le dévorant tout entier et en l'arrosant de vin de Vouvray.

On disait alors à Paris que les animaux, en cela supérieurs aux hommes, ne mangeaient pas leurs semblables, et que par conséquent, un chien ne touchait pas à un morceau de chien. Erreur ! Notre amphytrion avait un caniche qui sautillait autour de la table. Il lui jeta un morceau de gigot, le caniche s'en délecta !

Dimanche 25 Décembre.

Noël ! triste Noël !

Ma cheminée est vide ; pas de souliers à mes petits trottinants ; pas de crèche, comme d'habitude ; pas de Jésus en cire ; pas de bœuf, pas d'âne : ni rois, ni bergers ! mais si ma cheminée est vide, mon cœur ne l'est pas ; il est plein d'amour pour mes chers bébés, pour mon dernier surtout, que je connais à peine. Allons, résignons-nous et courbons-nous sous la main du grand maître !

26 Décembre.

* Enterrement d'un frère, blessé à mort au Bourget en ramassant un blessé. Tous les enfants de Saint-Nicolas, avec leurs blouses bien propres, accompagnent leur maître.

Pauvres petits ! Cinq d'entre vous deviez quelques jours après, dans votre école de la rue de Vaugirard, être à votre tour broyés par les bombes prussiennes !

27 Décembre.

La peau de mes doigts crève de froid. Pas de bois de chauffage ; l'investissement a empêché l'entrée du combustible. Le peuple arrache la clôture de l'immense chantier de la rue de la Sorbonne, situé devant mes fenêtres. « C'est très mal, me dit une vieille femme, moi je brûle ma commode. »

28 Décembre.

L'*Officiel* se plaint du désordre causé par le froid ; il a tort de grogner. Il faut être plus indulgent pour le peuple, qui, lui, n'a ni bois, ni charbon, afin de se chauffer ou cuire ses aliments.

Au club de l'école de médecine les orateurs excitèrent le peuple à brûler les bancs d'église, si le gouvernement de la *paralysie nationale* ne donnait pas au 1ᵉʳ janvier du bois en abondance. Le peuple résista à ces excitations (1).

Il y eut cependant de grandes déprédations sur la rive gauche ; boulevard du Port-Royal, la clôture en planches d'un terrain fut arrachée, comme l'avait été celle du chantier de la rue de la Sorbonne, en face ma demeure. Sur ce même boulevard se trouvaient des water-closets en planches

---

(1) Outre le club de l'école de médecine, toujours rougi à blanc, il y avait encore dans le quartier Latin celui du Collège de France. Là, au contraire, on avait comme la sensation de se trouver dans un appareil frigorifique. La température y était glaciale, et l'éloquence des orateurs à l'unisson.

réservés aux mobiles. Ces chalets hospitaliers disparurent pendant la nuit et les pauvres moblots, le lendemain matin, furent obligés... *coram populo* et par un froid ! ! !

Même jour 28 Décembre.

Lettre de bonne année à ma femme. Je tâche d'être gai pour lui remettre le cœur ; elle doit avoir besoin d'être remontée.

Même jour 28 Décembre.

Après-midi, fracas épouvantable ! Serait-ce le bombardement de Paris ?

Appris le soir que les forts de l'Est, Noisy, Rosny, Nogent, le plateau d'Avron sont bombardés par les canons Krupp (1).

Un bruit sinistre court ; nous abandonnerions Avron !

La garde nationale de notre quartier est consignée sans limites.

30 Décembre.

L'évacuation d'Avron est annoncée officiellement.

1) Les canons d'Alfred Krupp, officier de la Légion d'honneur ! !

Feu Alfred Krupp avait été nommé officier de la Légion d'honneur, pour son colossal canon d'acier fondu, joujou de l'exposition de 1867. La providence ne pouvait employer une façon plus cruelle de nous faire expier notre orgueil et notre vanité.

Le découragement recommence.

Je rencontre, dans la rue de Rivoli, mon confrère du B... du G... Il me dit revenir d'Avron où pas mal de gardes nationaux ont été tués. Il ne sait pas comment il a pu échapper à l'avalanche infernale des bombes.

L'*Officiel* dit que le bombardement général va probablement commencer.

Même jour 30 Décembre.

Des groupes se forment devant une affiche indiquant les précautions à prendre contre un bombardement de plus en plus probable. Effrayé, j'entasse mes bibelots, mes tableaux dans un cabinet noir, que deux gros murs s'entrecroisant protégeront suffisamment, je l'espère du moins.

Adieu mon portrait d'enfant qui, malgré ta mine mousue, me rappelait mon heureuse enfance. Adieu peintures, dessins, qui me mettiez de la gaîté dans les yeux, alors que je n'en avais déjà plus dans le cœur. Adieu ! Je n'ose dire au revoir.

Samedi 31 Décembre.

Mangé chez le camarade J... un gros moineau franc, entouré de champignons. Son fils l'a pris avec un trébuchet, traîtreusement placé sur son balcon. Il l'a guetté bien longtemps à mon intention et pour me remercier d'un cadeau de friandises.

— J'adresse à mon père et à ma mère mes vœux affectueux pour leur bonheur sur cette terre ! s'ils y sont encore, hélas !

— * Du 19 septembre, jour de la malheureuse bataille de Châtillon, au 30 septembre   12 jours
Octobre . . . .   31 —
Novembre . . . .   30 —
Décembre . . . .   31 —
                        Total . . . 104 jours

Nous sommes donc au cent quatrième jour de siège et au dernier de cette douloureuse année !

Dimanche 1ᵉʳ Janvier 1871.

Nos étrennes ! Annonce officielle du bombardement.

Chaque citoyen est requis de préparer chez lui deux sacs pleins de terre, pour recevoir les bombes; papa beau-père est obligé, dans sa maison de la rue Vaugirard, de faire curer son puits et d'y faire mettre deux seaux neufs.

Triste journée ? pas de femme, d'enfants pour m'embrasser et me souhaiter une bonne année !

3 Janvier.

La chandelle est hors de prix, je crois qu'on la mange !

Le chien monte de plus en plus dans notre estime !

La fourrière ne reçoit plus de chiens errants. Il n'y a pas une maison dans Paris qui ne leur offre avec joie une aimable hospitalité, dont ils sont fort peu de temps à goûter les douceurs.

On faisait une chasse terrible à tous les animaux, aux chiens surtout. Mⁱˡᵉ Zénaïde Fleuriot dans son livre *les Jours mauvais*, raconte avoir vu dans la rue de Sèvres, à la porte d'un boucher, une queue de femmes, ayant pour la plupart des caniches, des roquets, dans leurs bras. Elles n'avaient pas osé laisser leurs chers toutous à la maison, dans la crainte de ne plus les retrouver à leur retour.

4 Janvier.

Ce jour écrit à Amélie.

Mon amie,

Je t'envoie encore vingt-cinq francs par ballon ; ce sont de petites étrennes pour les enfants.

Le 1ᵉʳ janvier je me suis réveillé peu après minuit, et j'ai entendu la cannonade prussienne ; c'étaient nos étrennes que Messieurs de Prusse nous envoyaient sous forme de bombes ; mais ces bombes n'atteignaient que les forts extérieurs ; nous autres bourgeois, nous n'avons donc pu réellement en profiter.

Je te le répète, le froid rigoureux arrête les opérations.

Je ne me rappelle pas avoir vu un hiver aussi terrible ; non seulement il fait froid, mais il y a continuellement dans l'air de la brume et de la neige. Cette neige ne tombant pas toujours, néanmoins vous suffoque toujours ; comment tenter quelque chose avec une pareille température !

Nous continuons à manger du pain de campagne,

contenant beaucoup de seigle ; c'est très sain ; on n'a nul besoin avec ce régime du petit instrument que je ne nomme pas et que tes bébés ont eu horreur, les ingrats !

La fête aux étrennes existe quand même ; les oranges sont remplacées par des pommes de terre. Entre les baraques se trouvent de chétifs tas de menu bois, que l'on vend très cher. Mon coiffeur m'a dit : « je n'en ai pas acheté ; j'ai eu plus d'intérêt à brûler quelques vieux meubles. »

Tout à toi....

SIXIÈME SÉRIE

DU 5 JANVIER AU 25 JANVIER 1871

BOMBARDEMENT

5 Janvier 1871.

PROCÉDÉ RECOMMANDÉ POUR DÉCHARGER UN OBUS : *Plonger le projectile dans l'eau, en le faisant reposer sur le culot; attendre une heure pour donner à l'eau le temps de pénétrer dans l'intérieur de l'obus et de noyer la poudre.*

A peine ai-je collé ce procédé sur ma feuille de notes, qu'un coup formidable se fait entendre. Je dégringole dans la rue et cours du côté du Luxembourg, en suivant le monde. Un obus est tombé au coin de l'ancienne rue Sainte-Catherine d'Enfer; un autre a effondré le toit des Dames Saint-Michel; un troisième celui de l'institution Barbet; un quatrième a pénétré dans les appartements du n° 36, rue Gay-Lussac. Les éclats du premier obus sont ramassés avec un frénétique enthousiasme. Ils sentent la poudre et le goudron.

Mon client, le treillageur au coin de la rue de Gay-Lussac et de la rue des Feuillantines, ferme précipitamment. Sa fillette tremble de peur, je la réconforte comme je peux.

Je rentre chez moi pour fermer mes persiennes.

6 Janvier.

Fête des Rois (de l'Allemagne).

Le nord est envahi ; Péronne est investie. Mourant d'inquiétude, je fais, par la voie d'un journal, appel à ma chère femme (*Gaulois* du 6 janvier) ; l'insertion consiste en ces mots : B. P. S. N. (*bien portant, sans nouvelles.*)

Les colonnes du *Gaulois* étaient pleines d'insertions semblables, qu'il acceptait gracieusement sans la moindre rétribution. Il priait les journaux de province, auxquels il était envoyé par ballons, de vouloir bien reproduire les appels désespérés des tendres époux parisiens. Ces avis étaient fort utiles aux Parisiennes exilées, qui souvent obligées de fuir devant l'ennemi et de quitter la résidence connue de leurs maris, ne recevaient plus de nouvelles.

Même jour 6 Janvier.

Au jardin du Luxembourg, les bombes pleuvent sur les ambulances.

Les sœurs évacuèrent les blessés au milieu de la nuit ; tout le monde dans notre quartier les aida avec beaucoup de courage.

7 Janvier.

La pluie semble se rapprocher du boulevard Saint-Germain.

En effet, ce jour-là, un caporal du 245ᵉ bataillon fut blessé non loin de la rue Soufflot ; le lendemain 8, une personne fut atteinte boulevard Saint-Michel, numéro 75, et deux petits enfants furent broyés dans la rue Victor Cousin, faisant suite à ma rue de la Sorbonne.

Lundi 9 Janvier.

11 heures du soir, bruit effrayant. Je descends sur le boulevard Saint-Michel où je trouve tout le monde sous le coup d'une surexcitation extraordinaire ; une avalanche de projectiles s'abat partout. Je remonte en courant le boulevard ; l'un de ces projectiles éclate au coin du boulevard et de la rue Soufflot, abimant le balcon de la maison où se trouve Dauvin, le libraire ; un autre tombe au coin de la rue Médicis sans éclater ; on ne le retrouve plus. Je m'aperçois qu'il s'est frayé un passage dans la cave du pâtissier Cross. Un garçonnet s'en aperçoit comme moi, et crie en sautillant : « il est allé manger des petits pâtés chez le pâtissier » (1).

---

(1) « On riait, du reste, toujours pendant le bombardement, surtout dans le quartier Latin ». (Docteur Hermann Robolsky. — *Siège de Paris, raconté par un Prussien*, page 304).

On me dit que des obus sont arrivés jusqu'à l'Odéon, pas bien loin de la demeure de mon beau-père (1). Je rase les maisons de la rue de Médicis pour aller chez lui. Au moment où je passe, la boutique du papetier, au coin de la rue de Vaugirard et de la rue Corneille, s'affaisse, entièrement broyée.

J'enfile la rue de Vaugirard, en me ratatinant sur moi-même ; l'air se déchire sinistrement, je me précipite à terre, l'obus file au-dessus de moi (2) et va frapper le numéro 10 ; je me relève, la main droite ensanglantée par des éclats de verre.

J'arrive chez papa, au premier étage, où les locataires du haut sont descendus en se lamentant. J'emballe le papa pour la rue de la Sorbonne ; nous y serons tranquilles, puisque la mitraille n'arrive pas jusque là. En longeant la rue Racine, nous voyons les pompiers en train d'éteindre l'incendie allumé par une bombe (3) chez un pharmacien, dont l'employé a été tué. Enfin, nous voilà chez moi.

Je couche papa, qui ronfle trois heures ; quant à

---

(1) Rue de Vaugirard, numéro 7.

(2) Comment viens-tu du ciel, toi qui sors de l'enfer ?
V. H. l'*Année terrible*.

(3) L'expression n'est pas bien juste, l'ennemi ne se servait plus guère de bombes, mais les Parisiens employaient souvent le mot *bombe* pour désigner un *obus*.

moi, je reste levé et m'assieds au coin du feu ; tout à coup, aux gais ronflements du beau-père viennent s'en mêler d'autres, ceux-là sinistres, ceux des obus. Je n'ai pas été effrayé dans la rue et chez moi, j'ai peur ; à chaque sifflement, mon cœur se serre, l'obus semble devoir m'éclater en pleine poitrine (1).

A trois heures du matin, tintamarre effroyable. La maison voisine a dû être atteinte. J'écorche un *pater* : « notre Père qui êtes dans les cieux... délivrez-nous du mal et du Prussien, le plus grand de tous les maux. »

Je regarde par ma fenêtre ; l'hôtel de Cluny fume. Je fais lever papa ; nous descendons vite et vite dans la cave où se sont déjà réfugiés les locataires de la maison. C'est navrant de les voir, surtout Mᵐᵉ L...., qui tient dans ses bras une petite fille malade.

Dans la cave nous entendons quelques bruits sourds ; probablement des bruits de bombes éclatant dans le chantier de la Sorbonne, à deux pas de nous.

---

(1) Je me rappelle m'être assoupi au coin du feu, mais d'un mauvais assoupissement ; je rêvassais que les Prussiens, ayant aperçu la fumée de mon pauvre foyer, envoyaient des projectiles sur ma cheminée. Je me réveillai épouvanté et continuant à être, quoique réveillé, sous l'horrible impression du cauchemar, je saisis ma carafe et noyai mes maigres tisons.

10 Janvier.

Ce matin, nous remontons au rez-de-chaussée, et mettons le nez à la porte ; les fenêtres du Musée de Cluny ont été atteintes par des éclats d'obus ; l'un d'eux a brisé les dalles de l'entrée. Mon concierge me montre un gros fragment de fonte, trouvé dans la chambre de Mlle L..., fille du membre de l'Institut ; l'enfant, heureusement, n'est pas à Paris en ce moment.

Cette chambre est dans le pan coupé au-dessus de la mienne ; je ne m'étonne plus que papa et moi ayons été si secoués.

Mon beau-père me quitte ; rentré dans sa demeure, il rassemble ses hardes, son argent au plus vite et va chercher un gîte rue du Mail, dans un hôtel où on ne lui loue pas trop cher ; on n'abuse pas de sa situation de *bombardé*, comme dans certains autres hôtels.

Rue de Vaugirard, en face la maison de papa, la petite fille de la blanchisseuse est morte de frayeur. Quel bonheur de ne pas avoir mes enfants avec moi !

Beaucoup d'habitants de mon quartier se réfugient dans les caves du Panthéon.

Ces notes décousues, des 9 et 10 janvier, ont été écrites par moi le 11 janvier, après être revenu de mon ahurissement et il y avait bien de quoi être ahuri ! Mon bon voisin et camarade de rempart, M. Caro, lui, ne se laissait pas aussi facilement émouvoir et ahurir. Sans attendre le lendemain 11, dans la nuit même, pendant l'épouvantable nuit du 9 au 10 janvier, tranquille et calme, comme un vrai philosophe, il écrivait ceci : « Il est donc venu le moment *psychologique* du bombardement, annoncé par les aimables pédants de l'état-major prussien. C'est en même temps l'aube de la nouvelle année qui vient d'éclore, frissonnante et ensanglantée. C'est elle que célèbrent ces coups répétés sur un rythme funèbre, impatiemment attendus par la noble et poétique Allemagne, invoqués par le chœur des douces fiancées de *là-bas* et qui va remplir enfin les vœux de leur candide férocité. » (Caro : *les Jours d'épreuve*, page 95).

11 Janvier.

Je reçois de Mme Jules Simon un mot charmant. Elle me remercie d'une coupe vieux Rouen, envoyée pour la vente (1) au profit de la *Société de secours aux blessés*; « ce don, arrivé le premier a porté, me dit-elle, bonheur à la vente. »

Le mot était si aimable que je commençai immédiatement une lettre de remerciement pour le gentil remerciement, mais il me fut impossible de continuer tant le tonnerre prussien grondait autour de moi; par deux fois en ce jour, la grêle de fer atteignit mon cher Louis-le-Grand, dont j'apercevais le vieux beffroi, entre deux grandes cheminées.

(1) C'est à cette vente mémorable, organisée par Mme Jules Simon, dans les salons du ministère de l'instruction publique, qu'une pomme d'api fut vendue 15 francs, et un dindon 500 francs.

« Le bombardement prit le 11 des proportions encore inconnues ; les salves se suivaient, et de neuf heures à midi et dans l'après-midi, le bruit était celui d'un grondement continu de tonnerre. » (Docteur Hermann Robolsky, *Siége de Paris par un Prussien*, page 310.)

12 Janvier.

De nouveau, affreuse nuit, un obus a rebondi sur le pan coupé de la maison Delalain, du côté de la rue des Ecoles, en projetant des éclats de tous côtés; l'un d'eux a brisé, à l'entresol de ma maison, l'encadrement d'une fenêtre.

« Dans la nuit du 11 au 12, plusieurs bombes tombèrent dans la rue des Ecoles, et occasionnèrent de grands dégâts. Les accidents furent nombreux. » (D' Robolsky, page 310).
Trois nymphes légères du quartier Latin furent broyées dans la rue Champolion.
Pauvre Mimi Pinson !
Pauvre Musette !
Pauvre Phémie !
Lugete Veneres Cupidinesque !

Dimanche 15 Janvier.

La pluie de fer (1) continuant, j'envoie chez l'ami

---

(1) Le Panthéon, la Sorbonne, l'église Saint-Etienne, reçurent pas mal d'obus en ce saint jour du Seigneur ; singulière manière pour les Allemands d'observer le repos du dimanche ; c'est le Panthéon, que visaient surtout nos ennemis, parcequ'ils le croyaient plein de poudre.

Lœbnitz, rue Pierre Levée, ceux de mes meubles qui me rappellent le plus de souvenirs.

Deux déménageurs entassaient les meubles, vite et vite dans la voiture ; car je m'étais engagé d'honneur, envers mon ami, à ne pas lui ramener son cheval en plusieurs morceaux. C'était grâce à *mes relations avec le haut commerce*, que j'avais pu, comme on le voit, obtenir un cheval, attelé d'une voiture. Mon luxe éblouit mes malheureux voisins, obligés de déménager dans des voitures à bras, auxquelles, du reste, ils s'attelaient en riant.

Un de nos plus grands peintres, demeurant près du Luxembourg, ayant reçu la visite d'une bombe, entassa ses chefs-d'œuvre dans une petite voiture et les emporta au galop de ses jambes.

Même jour 15 Janvier.

Mon voisin, M. Julian, tapissier, rue de la Sorbonne, Picard des environs de Péronne, a reçu une dépêche qui lui annonce la prise de ma pauvre petite ville ! que sont devenus mes vieux parents !

Verglas affreux.

Le matin du 15, il avait fait un horrible froid ; la pluie tomba ensuite ; le froid sévit de nouveau, si bien qu'un verglas très dangereux couvrit les rues ; revenant de la garde avec mon fusil, j'allai chez mon beau-père ; j'avançai timidement dans la cour, brillante comme un miroir, mais j'eus beau faire, mon fusil et moi tombâmes fraternellement côte à côte, sans nous blesser.

On remarque les alternatives de chaud et de froid, dont je parle en cette journée ; il en fut souvent ainsi. La

Seine par suite gelait et dégelait, coup sur coup ; voilà pourquoi, avec une température aussi glaciale, le fleuve ne fit que rouler des glaçons en décembre, sans être pris entièrement d'un bord à l'autre.

16 Janvier.

Je n'ai rien écrit ce jour-là ; tant mieux ! Cela me permettra ainsi d'insérer une note qu'à la date du 15 janvier 1871, le très distingué ornithologue Nérée Quépat, inscrivait sur son cahier de siège ; impossible de mieux peindre l'aspect du quartier latin :

« Le quartier Latin est depuis quelques jours d'une tristesse navrante ; tous les magasins sont fermés ; le soir, l'éclairage est presque nul. De nombreux passants se servent de falots. Les cafés eux-mêmes qui, jusqu'à présent étaient demeurés ouverts, sont aujourd'hui fermés ou blindés avec des sacs de terre, car plusieurs d'entre eux ont été visités par les dragées du père Krupp.

« Les cafés de Cluny, Soufflot, Vachette, d'Harcourt, de la Rive gauche, Molière, de l'Ecole de Droit, du Luxembourg et Voltaire sont fermés ; on entr'ouve, on s'y glisse par une porte dérobée. Procope, lui, tient bon ; il n'a, il est vrai, encore rien reçu, mais son tour viendra. D'ailleurs ses habitués, obstinés joueurs de dominos (1), entrent en rage, quand on prononce devant eux le mot de fermeture. Nérée Quépat, *Simples notes du Siège.* — 1871, Thorin, éditeur, rue de Médicis.

Jeudi 19 Janvier.

Hier soir, mon bataillon a été convoqué pour

---

(1) La voix des obus ne pouvait guère troubler les joueurs de dominos, habitués à la voix tonitruante de Gambetta.

aller bivouaquer la nuit, au Palais de l'Industrie. Il devait au besoin soutenir, avec d'autres bataillons, l'effort des compagnies de marche, chargées de faire une sortie du côté de Saint-Cloud. L'immense palais, à peine éclairé, était d'un aspect lugubre.

Il y faisait un froid ! un froid ! à une heure avancée de la nuit, nous nous couchâmes tous par terre, les uns à côté des autres ; un autre bataillon s'étendit près de nous, têtes contre têtes. Enveloppé dans ma couverture, je finis par faire un somme, sans rêves couleur de rose.

Le matin nous avions tous les reins brisés. L'air était brumeux ; malheureusement, pour nous réchauffer, il nous fut impossible, dans cette grande promenade des Champs-Elysées, de trouver le plus petit bouillon, la plus petite soupe d'eau chaude.

Dans le courant de la journée, un garde national, accourant effaré de Saint-Cloud, vint nous dire que l'attaque de nos troupes n'avait pas réussi ; nous fûmes pris d'un violent accès de désespoir.

L'ordre du départ arriva ; nous rentrâmes transis de froid, au quartier Latin.

22 Janvier.

On se bat à l'Hôtel de ville. Notre bataillon est convoqué d'urgence ; nous restons toute l'après-midi, par un temps pluvieux, les pieds dans l'eau, sur le boulevard Saint-Germain, devant la grille du jardin de Cluny. Le bruit de la fusillade nous arrive. On nous distribue des cartouches. Nous allons donc être obligés de tirer contre des Français. Hélas ! il le faut. Quelques-uns de nos camarades déclarent qu'ils ne tireront pas. Cette déclaration nous consterne (1).

Le bruit de la fusillade a cessé, j'en remercie Dieu. On nous remise au Collège de France, où éclatent continuellement des obus. L'un d'eux manque de nous tuer ; j'en attrape un morceau pour m'en faire un presse-papiers, mais... mais mon nez s'allonge (2). C'est si ennuyeux d'être tué bêtement, loin du champ de bataille.

« Capitaine, permission d'aller dîner ? »

« Allez. »

Je profite de la permission pour, en croquant un morceau de pain, courir du côté de l'Hôtel de Ville.

Toutes les voies qui y mènent sont garnies de mitrailleuses ; c'est fini, mais il y a foule et une foule grandement émue. J'aperçois mon brave confrère Bétolaud, qui très courageusement tâche

---

(1) Suivant l'expression de M. Caro : *déjà la Commune germait.*

(2) L'avant-veille, un fragment d'obus était tombé au pied de la chaire d'un professeur de géographie, M. Levasseur, qui continua néanmoins son cours ; les auditeurs ne s'en allèrent point ; on ne peut pas dire qu'ils étaient endormis, car M. Levasseur n'est pas homme à endormir son auditoire.

de calmer des groupes fort animés ; je retourne au Collège de France, après lui avoir serré la main.

A une heure du matin on nous renvoie. Ne pouvant retourner à cette heure rue Pierre Levée, où j'ai transporté mes pénates, je vais coucher chez le camarade J..., qui, dans sa cave, a organisé une chambre à coucher à l'abri de la grêle, oh ! l'incroyable encombrement de meubles. Pendant la nuit, me levant (pas pour dire matines), je mets le pied sur une pendule de marbre. Je crois marcher sur un serpent à la peau glacée, sur Bismarck, la dernière incarnation de l'*antiquus serpens*.

Dimanche 23 Janvier.

Ma lettre de ce jour à ma femme :

Le calme le plus grand règne à Paris malgré une algarade terrible dans l'après-midi d'hier. Les journaux t'en donneront bientôt les détails. Un bataillon de marche bellevillois s'est jeté contre l'Hôtel de Ville, sans pouvoir s'en emparer, heureusement.

Il était, disait-il, venu pour protester contre la mollesse et les insuccès du gouvernement. Ils auraient dû, ces Bellevillois, protester plutôt contre les desseins de Dieu qui certainement a cessé de nous protéger.

Le 19 janvier, on avait fait une belle sortie ; nous allions peut-être occuper Versailles ; tout à coup se déroule devant nos combattants un épais brouillard, on ne peut plus favorable aux Prussiens assaillis. Il était tellement intense, ce brouillard, que le locataire de ton père,

M. Gaildreau (1), membre des ambulances, nous a dit avoir ramassé un petit arbre abattu, croyant ramasser un blessé.

Lors des grandes batailles de décembre, il en a été de même ; nous débutâmes par de véritables succès ; un froid, comme jamais on n'en avait vu à Paris, arrêta forcément les opérations. Les soldats pouvaient à peine tenir leur fusil....

Tout à toi....

24 Janvier.

Les omnibus ne remontent plus le boulevard Saint-Michel, que les obus rendent malsain. Ils s'arrêtent à la fontaine Saint-Michel, sous la protection de l'archange, le vieux patron de la France, qu'il semble bien avoir abandonnée !

25 Janvier.

* Au combat du 19 est mort héroïquement le fils de M. Regnault, directeur de la manufacture de Sèvres, ancien professeur au Collège de France. Connaissant son frère, je suis allé le voir un jour au Collège de France, où il demeurait avec son père.

En traversant une chambre, j'aperçus des dessins très remarquables, notamment une esquisse de

---

(1) Le dessinateur qui a donné à l'*Illustration* tant de dessins remarquables.

cheval. Mon ami me dit : « ce sont les études de mon frère Henri. »

Lors de cette visite j'eus à présenter mes hommages à Mme Regnault, femme d'un esprit charmant, d'une distinction infinie ; couchée très malade sur un canapé, elle me reçut avec la plus grande affabilité.

Que cruelle doit être sa douleur !

Le peintre Henri Regnault était fiancé à une jeune personne de grande distinction, petite-fille du fondateur de la maison Hachette. La pauvre enfant fut en proie à une horrible douleur. Pendant longtemps, presque tous les dimanches, à l'église de la Sorbonne, elle faisait peine à voir avec sa figure attristée et ses vêtements de deuil.

Pour ne pas désoler ses parents, elle consentit enfin à se marier avec un jeune homme de mérite et digne d'elle. Mais le jour de la cérémonie à Saint-Séverin, personne ne refusa une prière ou un souvenir au pauvre Henri Regnault.

Tout Paris a connu cette douloureuse histoire ; plusieurs écrivains l'ont racontée. Il n'y a donc aucune indiscrétion à la rappeler dans ce modeste journal du quartier des Ecoles.

26 Janvier.

Je me promène sur le boulevard Montparnasse, si frais pendant l'été ; hélas ! les arbres tombent pour chauffer l'héroïque population de la rive gauche.

Des bruits de capitulation se propagent.

* Dans la *Gazette des absents* que j'ai envoyée à ma femme, j'ai vu que M. Peloux, bâtonnier des avocats de Valence, avait été tué à Montretout.

« L'avocat de Valence, Peloux, bâtonnier de son ordre, volontaire dans les mobiles de la Drôme, fut tué au combat de Montretout, en tête d'une compagnie qui l'avait nommé capitaine. La mort de M. Peloux honore le barreau français, dont presque tous les membres ont pris part à la guerre et qui compte beaucoup de victimes dans ses rangs. »

(Arnold Henryot : *Paris pendant le Siège*, page 171).

Un jeune avocat du barreau de Paris, Marie Duponchel, fut également tué à Montretout. Deux autres, Léon Quillard et Jacques Pinon, succombèrent à Buzenval.

SEPTIÈME SÉRIE

DU 27 JANVIER AU 27 MARS 1871

ARMISTICE — ÉLECTIONS

PROCLAMATION DE LA COMMUNE

Vendredi 27 Janvier 1871.

L'*Officiel* annonce l'armistice. Le bombarbement a fini, paraît-il, à minuit.

J'avais envoyé deux petits vases Rouen pour la vente faite à la Bourse, en faveur des bombardés. Mme Ferdinand Duval m'a remercié aujourd'hui de la façon la plus gracieuse.

Joie! joie! Je reçois de ma chère Amélie la dépêche suivante, déposée le 23 décembre à la poste d'Armentières :

« *Portons bien, parents restés à Péronne.* »

Que sont devenus mes vieux parents pendant le bombardement de Péronne ?

28 Janvier.

A deux heures du matin, monté la garde, place du Panthéon. Un silence effrayant succède au bruit sinistre des bombes, au tapage infernal des forts, désormais muets. Le dôme du Panthéon se dresse fier, malgré ses blessures. La lumière blafarde des lampes à pétrole laisse apercevoir le chapiteau brisé d'une des colonnes de l'Ecole de Droit. « Ayez l'œil ouvert, me dit-on, des groupes d'émeutiers peuvent déboucher sur la Place ; rentrez si vous en voyez et criez : aux armes ! »

C'est avec une rage sourde en effet que les projets de capitulation ont été accueillis.

Des camarades, envoyés aux nouvelles, reviennent et nous disent que le tocsin sonne à Belleville (1). Que faire cependant ? Nous n'avons presque plus de pain et quel pain ! Je suis obligé d'arpenter énergiquement les trottoirs de la rue Soufflot pour faire descendre la paille d'avoine que j'ai avalée sous le nom de pain.

En descendant de garde, je me trouvai presque mal, tant j'ai été ému d'avoir vu de près les souffrances des pauvres gens qui faisaient la queue, devant la mairie, pour avoir des bons de bouillon.

---

(1) Et aussi, je crois, à Saint-Laurent. Des groupes nombreux stationnaient devant l'église et protestaient contre la reddition de Paris.

29 Janvier.

Les conditions de l'armistice (hélas ! disons de la capitulation) sont dans mon *Officiel*. Le nombre a vaincu la valeur. L'Allemagne a triomphé grâce à ses nombreux enfants et cependant l'*Officiel* publie un article, qui semble vanter la doctrine de Malthus ! Le moment est vraiment bien choisi !

Entendu cette réflexion d'un monsieur, père de beaucoup d'enfants : « l'Allemagne ne refoule pas les êtres dans le néant ; elle a vaincu la France qui, dans les êtres anéantis, aurait peut-être trouvé un Bismarck ou un de Moltke. »

Réflexion sur cette réflexion :

Après l'armistice, je me trouvai, sur une impériale d'omnibus, assis près d'un sous-officier, revenu tout récemment de captivité. L'aimable garçon, tout joyeux, semblait humer avec bonheur l'air de la patrie recouvrée.

Au cours d'une conversation qui s'engagea bientôt entre lui et moi, il me dit : « Voulez-vous, Monsieur, connaître la plus vive et la plus douloureuse de mes impressions pendant l'horrible guerre ? »

« — Oui, sans doute. »

« — Eh bien ! ce fut celle éprouvée par moi lors de mon entrée, comme prisonnier, dans la ville allemande de ***. Je faisais partie d'une grande troupe de captifs ; tous les enfants de la ville étaient accourus à notre rencontre.

« Jamais, Monsieur, non jamais, je ne vis tant de gosses ; c'était un océan de gosses, presque tous à tignasses blondes, avec des yeux bleus, quelque chose comme, en juillet, un champ immense d'épis blonds et de bleuets ; la vue de cette énorme armée de réserve contre mo[n] malheureux pays, j'eus peur ! »

Dimanche 30 Janvier.

Le papa de Soye, directeur de la *Semaine rel[i]gieuse*, a reçu la visite d'un obus ; ce doit être u[n] obus protestant.

Une des ~~verrières~~ de Saint-Étienne-du-Mont a é[té] abîmée ; à Saint-Séverin on a eu la précaution d[e] démonter tous les vitraux du xɪvᵉ siècle. L'église [a] un aspect étrange avec ses clôtures de fenêtres e[n] bois de sapin.

A la porte de Montrouge, assisté à la rentrée de[s] troupes dans Paris. Elles semblent dire : il éta[it] temps que ça finît.

31 Janvier.

Je reçois une seconde dépêche de ma chère femm[e.] Quand verrai-je son écriture ?

1ᵉʳ Février.

J'ai (ce que je n'ai jamais fait) jeté au feu u[n] morceau de pain, tant il était mauvais. J'ai préfér[é] le détruire plutôt que de le donner et exposer u[n] pauvre diable à être malade ; j'étais sûr à l'avanc[e] qu'aucun animal n'en aurait voulu, pas même l[a] perruche de la petite Devrez, perruche qui, il y [a] un mois, dévorait avec tant d'amour le pain, déj[à] détestable.

C'est à peine si je puis écrire ces quelques lignes ; je suis seul, isolé, malade ; quelle chose atroce que la solitude, dans un pareil moment, pour un homme habitué aux bons soins de sa femme et aux caresses de ses petits enfants.

Oh ! la la ! *messer venter !*

Le pain m'ayant donné une violente colique, je fus obligé de m'étendre tout de mon long, le ventre fortement serré contre le parquet ; dans cette position humiliante, je me rappelais mon enfance, où si souvent je m'étais mis dans cette posture, pour avoir trop mangé de tartes à l'œillette blanche ou... de flamiches à porions. O poireaux de ma Picardie, combien n'ai-je pas soupiré après vous ; les Juifs n'ont pas soupiré plus ardemment après les ognons d'Egypte !

2 Février.

J'ai attrapé, au rempart, un rhume tel, que la nuit je ne peux rester couché, car immédiatement après m'être étendu sur mon lit, je suis secoué par d'horribles quintes.

Vomi en voulant manger un potage très vanté, fait avec de l'*osseine* (extrait d'os pilés de cheval).

Que le diable emporte celui qui a fait cette belle découverte !

4 Février.

Les Delalain font déboucher leurs fenêtres.

Le pain est un peu moins répugnant.

Le *Mot d'ordre*, nouveau journal de Rochefort,

publie un incroyable décret de Gambetta. Est-ce vrai ?

C'est ce décret qui déclarait inéligibles certains fonctionnaires de l'Empire et les anciens députés, nommés grâce à la candidature officielle.

5 Février.

Péronne s'est rendue aux Prussiens (*Officiel* du 5 février). Pauvre pucelle ! et mes malheureux parents ?

Le décret de Gambetta est vrai, mais le gouvernement de la Défense....

Je n'ai pas fini la phrase ; j'ai probablement voulu dire : le gouvernement va annuler ce décret ; il le fut, en effet, et Gambetta immédiatement donna sa démission de membre du gouvernement de la Défense.

Dans son *Journal d'un voyageur pendant le siège*, page 228, George Sand a écrit ceci de Gambetta: « la situation dépasse les forces de ce jeune homme, sans expérience de la vie politique et sans sagesse suffisante pour se méfier de lui-même. »

Gambetta mérita vraiment ce reproche le jour où il fit son décret attentatoire au suffrage universel.

Dimanche 6 Février.

Enfin ! Après cinq mois, je vois l'écriture de ma femme, dans sa lettre du 1er février. Tout le monde va bien ; très vive impression, en apprenant que mon petit dernier court comme un lapin ; hélas ! je n'ai pas vu ses premiers pas.

La lettre de ma femme du 1er février :

Armentières, 1er Février 1871.

Cher ami,

Enfin, tu vas enfin recevoir de nos nouvelles directement et la cruelle privation que tu as eue à endurer, malgré toutes les tentatives que j'ai faites pour te l'éviter, va enfin cesser.

Touchons-nous donc au terme de cette trop longue et pénible épreuve et Dieu daigne-t-il enfin jeter sur nous un regard de miséricorde? Je l'espère; nous ne cessons de le prier à Armentières.

Dois-je t'avouer que, depuis cet armistice, je suis encore plus inquiète; car, d'après une des clauses, vous restez seuls armés, gardes nationaux, pères de famille, pour le maintien de l'ordre. Cette clause m'a fait un mal horrible et me donne de bien tristes appréhensions. Au moins, mon cher mari, en mon nom, en celui de nos très chers petits enfants, ne t'expose pas inutilement; fais ton devoir strictement.

Je n'ai pas eu de tes nouvelles depuis la carte du 22; mais je vais en recevoir maintenant et des missives un peu plus longues, n'est-ce pas? Dis à père qu'il m'écrive un mot, un seul, cela me fera grand plaisir. Donne-moi quelques détails sur sa santé, sur la manière dont il a supporté ces longs mois de privations. Et toi, n'éprouves-tu aucun dérangement d'estomac, aucune douleur rhumatismale par suite de tes gardes de nuit? Mon frère Auguste, qui est des compagnies de marche, est-il compris dans l'armée active et par suite désarmé?

Les paquets de lettres que j'ai adressées vont-ils te parvenir? Je le souhaite, car toutes elles te prouveront combien j'ai souffert d'être éloignée et combien mon cœur restait près de toi à Paris.

Qu'il y a loin de la pensée que je m'étais faite de cet armistice à la réalité ! Je croyais qu'immédiatement tu allais pouvoir quitter Paris et venir nous retrouver. Mais hélas ! te voilà plus tenu que jamais ; à quand la réunion définitive ?

J'ai été bien inquiète de papa et maman Dabot ; j'avais été privée de leurs nouvelles presque durant un mois, pendant les si graves événements passés à Péronne. Enfin, hier soir 31, un mot de ton père m'est parvenu après avoir été treize jours en route. Il disait simplement : « chers enfants, nous sommes bien portants ; écrivez-nous, très laconiquement, pour nous donner de vos nouvelles, de celles de vos maris ; soyez tranquilles sur notre compte. »

Que ce mot de l'écriture de papa Dabot m'a fait plaisir ! Remercions Dieu d'avoir protégé ton père et ta mère au milieu du plus affreux des bombardements ; il continuera, je l'espère, d'étendre sa protection sur toi, sur mon cher et bon père, sur toute la famille et permettra que nous nous retrouvions au complet.

Ta femme, dont le cœur ne forme qu'un désir, celui de te revoir,

AMÉLIE.

Cette lettre me fut remise, enveloppe ouverte ; en effet, aux termes de l'article 15 de la convention d'armistice, le service postal n'était organisé, entre Paris et les départements, que pour les lettres non cachetées.

Et encore le service postal ne s'appliquait-il qu'aux lettres récentes ; quant aux lettres arriérées, celles qui, expédiées de la province pendant le siège, n'avaient pu traverser les lignes allemandes, elles continuèrent à dormir pendant quelque temps encore. Petit à petit, les lettres de ma femme m'arrivèrent dans un aimable désordre de dates.

Même jour 6 Février.

Quelques minutes après la réception de la lettre de ma femme, visite d'un monsieur d'Armentières. Ah! nous ne sommes plus séparés du monde.

8 Février.

Elections pour l'Assemblée nationale, qui va statuer sur la paix ; on vote la mort dans l'âme.

Mercredi 9 Février.

Jour mémorable.

Mon beau-frère, J. D..., ayant obtenu d'un boulanger, à qui il avait rendu service, une livre de pain blanc, vient fraternellement m'en apporter un morceau.

C'est du pain, enfin du vrai pain.

Le pain blanc avait reparu dans la matinée du 8; mais c'était une grande rareté ; deux jours après, le 10, on pouvait s'en procurer assez facilement.

12 Février.

Grand régal! je déjeune du pain et... du *fromage!* Je n'en avais pas mangé depuis cinq mois.

Un jour, à la barrière d'Italie, le capitaine avait pu en obtenir, mais il fut distribué pendant que je montais la garde ; je rageai, mais je m'en passai ; je m'en passai..., mais je rageai.

15 Février.

Du haut des remparts, où je monte la garde, je vois les Prussiens (maîtres, hélas ! de notre pauvre fort de Bicêtre) occupés à des travaux de défense. Ils placent des canons et les tournent du côté de la plaine (1).

A 5 h. 1/2 du matin, à moitié endormi, je sors des baraquements construits sur les courtines et entends une lugubre sonnerie qui m'étonne. Je ne reconnais pas une sonnerie française. Hélas ! c'est le réveil prussien !

Le sinistre sifflement des bombes, lorsqu'elles tombèrent pour la première fois autour de moi dans le quartier Latin, m'alla moins profondément au cœur que le son de cette trompette ennemie.

Bientôt des explosions terribles suivies de lourdes fumées ébranlent l'air et la terre. Les Allemands font sauter les torpilles semées autour des forts.

---

(1) Dans son remarquable ouvrage : *l'Armistice et la Commune,* le général Vinoy a parlé de ce travail des Prussiens, que j'ai parfaitement aperçu, mais que je n'ai pas bien compris. Voilà ce qu'il en dit à la page 27 et à la date du 18 février 1871 : « au moment où l'Assemblée se « préparait à discuter les termes et les conditions de la « paix, l'ennemi prenait toutes ses dispositions pour être « à même d'ouvrir, s'il le fallait, les hostilités contre la « capitale. Il retournait à cet effet toutes les défenses des « forts, dirigeant leur artillerie sur l'enceinte... »

Même jour 15 Février.

Reçu lettre de notre chère cousine, de Dourdan, Mme C....

« Qu'êtes-vous devenu, dit-elle, pendant le bombardement, qui faisait trembler les vitres de notre maison, si éloignée de Paris cependant ? Nous aurions pu compter les coups. Nous n'avons pas été trop malheureux ; nous n'avons logé qu'une trentaine de Prussiens. Peu de privations. Nous avons même été moins privés qu'en ce moment, où toutes nos provisions partent pour Paris. »

16 Février.

Reçu longue lettre de mon cher père. La lettre est du 10 ; elle n'a pas trop de retard :

Péronne, 10 Février.

Mon cher Henri,

Hier seulement j'ai reçu tes lettres des 22 et 27 janvier. Nous nous portons, ta mère et moi, assez bien ; tu apprendras avec peine la mort de ton cousin L.., qui a succombé à l'épidémie régnante à Péronne. Oui ! nous avons perdu ce pauvre ami. Il y a beaucoup d'hommes en pleine vigueur qui meurent comme lui de la petite vérole ; ainsi, pour te citer quelques personnes de connaissance, M. B..., M. C...

Tu vois, que malgré tout le bonheur que nous aurions à t'embrasser, après une si longue absence, ce serait imprudent de venir en ce moment à Péronne.

Si donc, ton beau-frère ou toi, allez retrouver vos femmes dans le Nord, ne vous arrêtez pas à Péronne ; vous attraperiez la maladie et c'est à peu près mortel chez les hommes.

Nous sommes encore des heureux, quoique maltraités par le bombardement.

Il nous reste deux chambres un peu épargnées, une pour des officiers prussiens et une pour nous.

Nous avons été bombardés pendant quatorze jours. Figure-toi quatre-vingt-une maisons totalement brûlées et le reste, excepté trois ou quatre, broyées plus ou moins.

Notre belle église est aussi bien abimée ; la tour est criblée par les obus ; pendant l'incendie des planchers de cette tour et celui de la charpente qui soutenait les cloches, celles-ci ont fondu goutte à goutte ; les vitraux, notamment ceux de la chapelle de Saint-Fursy qui étaient à la dernière exposition, sont brisés. *On dit la messe à la salle de spectacle.*

La maison de Nazareth, où était le dépôt de la régie, a flambé avec 180,000 francs de tabacs. De toutes les maisons de la Place il ne reste que des décombres.

L'hôpital est anéanti ; les malades sont à la caserne.

Communique cette lettre à Jules, car j'ai du mal à écrire, ne pouvant le faire que de la main gauche (1). Embrasse-le pour nous. Ecrivez-nous souvent, car depuis le 5 de ce mois que L... est mort, nous sommes horriblement tristes. Il est décédé dimanche dernier à quatre heures du matin *et à midi il était en terre*.... M. L..., conservateur des hypothèques vient de venir chez moi pour me dire que

---

(1) A la suite d'un grand chagrin, mon père avait eu une attaque de paralysie, qui lui avait enlevé l'usage de la main droite ; mais il s'était appris à fort bien écrire de la main gauche.

tu semblais t'être toujours bien porté ; il m'a montré, en effet, un journal où on parlait d'une de tes plaidoiries pendant le siège ; il est fort inquiet de son fils, sergent dans les volontaires du 193ᵉ bataillon. C'est un de tes jeunes confrères, pourrais-tu avoir de ses nouvelles ?

Ton père et ami,

DABOT.

17 Février.

Place du Châtelet, je m'assieds sur un banc, près d'un monsieur bien mis, qui tout à coup est pris d'un vomissement atroce ; quand il eut fini, son front était couvert de sueur. « Ne me prenez pas pour un ivrogne, me dit-il, j'ai tant souffert pendant le siège ! mon estomac ne peut supporter le soupçon de jambon que j'ai mangé à mon dîner. »

Lettre de ce jour à ma femme :

« Chère femme, tu m'écris d'Armentières qu'on s'y préoccupe beaucoup du mauvais esprit de Paris ; qu'on n'y est pas tranquille sur les projets des exaltés ; rassure-toi ; pour le cas de désordre, le gouvernement s'est, dans la convention d'armistice, réservé le droit de faire marcher douze mille hommes de l'armée, renforcée de trois mille cinq cents gendarmes. C'est bien assez, il me semble, pour faire sauter les lapins de Belleville. »

La province était perspicace. Le lendemain 18 février, on apprenait les résultats définitifs du vote de Paris, pour l'Assemblée nationale. Le parti exalté triomphait, la question sociale était agitée. En parlant de ces élections, les *Débats* disaient très justement : « ce n'est pas une déclaration de guerre à l'Allemagne, mais à la société ; il s'agit beaucoup moins de la capitale que du capital. » Malheureusement beaucoup de bourgeois d'opinion modérée n'avaient pas eu, pour quitter Paris, la patience d'attendre le jour des élections.

Cette faute énorme dont la bourgeoisie eut, la première, cruellement à souffrir, mérite cependant quelqu'indulgence. Combien ne surent résister aux appels pressants de leurs familles exilées en province !

Vendredi 19 Février.

Je cingle vers le Nord et m'envole vers mes poulots, avec, hélas ! un laisser-passer allemand.

Je me trompais ; cette pièce requise pour traverser les lignes ennemies n'était nullement allemande ; elle portait bel et bien la signature du préfet de police, E. Cresson, un bon patriote français ; seulement les indications ordinaires des passeports étaient accompagnées d'une traduction allemande, tout à fait indispensable, puisque la pièce devait naturellement être vérifiée par des officiers subalternes allemands, dont beaucoup ignoraient la langue française.

Les négociations relatives à la confection des *laisser-passer* sont racontées par M. Cresson, dans une brochure fort émouvante : *Les premiers jours de l'armistice. — Trois voyages à Versailles.* (Paris, 1873. Alcan Lévy, éditeur).

Même jour 19 Février.

A Saint-Denis j'aperçois les premiers Allemands, suivis bientôt d'une multitude d'autres. Ils n'ont pas l'air d'avoir pâti, d'avoir mangé du chien et du rat comme nous. Je ne suis pas longtemps sans voir les affreux dégâts matériels, occasionnés par la guerre. Près de Creil, le pont sur l'Oise étant détruit, je suis obligé de quitter mon wagon, de traverser une passerelle, ma valise à la main, et de remonter dans un train qui attend de l'autre côté de la rivière.

J'arrive à Amiens, rue des Trois-Cailloux, chez le cousin Petit. La maison est pleine de Germains. Ils s'y conduisent bien.

Dans la ville, les officiers, me dit-on, sont d'une insolence toute tudesque, pas pour les dames cependant (1).

Dimanche 20 Février.

Je pars en voiture pour Corbie et traverse les champs de bataille de Querrieu et Pont-Noyelle, où mes amis du Nord ont combattu si courageusement et où la victoire leur a un peu souri, d'un pâle sourire, il est vrai ; j'y ramasse une enveloppe de lettre prussienne et des débris de cartouches. Que de ruines ! pauvre Picardie !

Arrivé à Corbie, j'allai visiter dans l'église de la vieille abbaye, la cellule de Sainte-Colette, la célèbre

---

(1) A l'évêque qui venait demander la grâce d'un pauvre pâtissier, condamné à mort pour une vétille, ils répondirent : « allez dire vos messes et ne vous mêlez pas de ce qui ne vous regarde pas. »
(Marcel Poullin, *Nos villes assiégées*, page 160).
Le pâtissier fut exécuté.

réformatrice. Je lisais la vie de la sainte, affichée près de la cellule, et j'en étais arrivé au passage des douces relations entre Colette et Jeanne d'Arc, quand mon esprit, ravi par le souvenir de ces temps glorieux, fut cruellement rappelé à la triste réalité ; à ce moment en effet, devant la porte ouverte de l'église, des soldats allemands chantaient à tue-tête autour d'une table chargée de bouteilles (1). Hélas ! faute d'hommes, nous n'avons pas eu une femme pour nous sauver. Le méritions-nous du reste ?

Les bonnes vieilles de Corbie me racontent leurs frayeurs pendant la longue bataille de Pont-Noyelle, et les souffrances qu'elles ont éprouvées au commen-

_____

(1) Ils chantaient, très probablement, la chanson alors à la mode dans l'armée allemande :

> Kokoriki !
> Bonsoir les amis ;
> Le coq gaulois
> N'a plus de voix ;
> Il se tient coi.
>
> Kokoriki !
> Paris ! Paris !
> J'étais dans ton nid ;
> Tu m'en as chassé ;
> Maintenant me voici
> Avec les amis
> Pour t'écorcher.

(V. Charlot. *Chants de guerre traduits en bouts rimés*).

cement de l'occupation prussienne. Quelle horrible chose que la guerre ! Comment l'empereur a-t-il pu vouloir le droit de déclarer les hostilités ? Quel effrayant privilège !

A Corbie, je reprends le chemin de fer, interrompu entre cette petite ville et Amiens. Ouf! je ne vois plus de Prussiens. Le soir je tombe à Armentières, dans les bras de ma chère femme et de mes petiots, que je n'ai pas vus depuis le 11 septembre. Ils sont là devant moi ! tous les trois, oui tous les trois ; que Dieu soit loué ! Que mon bon cousin Norbert Beun et son associée, la bonne Mme Roussel soient bénis.

21 Février.

Avec le cousin, je vais voir un négociant de Lille, à qui je suis présenté comme un assiégé de Paris. Le pauvre homme était en train de manger un odorant bouillon, agrémenté d'un œuf poché ! « Comment, me dit-il, avez-vous pu capituler si vite ? »

« — Dame ! parce que nous n'avions ni bouillon, ni œufs pochés. »

L'outrancier dont je parle était peut-être le seul dans son genre. Beaucoup de personnes, en effet, étaient plutôt disposées à trouver exagérée la durée du siège de Paris. Mais l'immense majorité, vraiment et sincèrement patriote, admirait la résistance de la capitale et me témoignait une ardente sympathie.

Les familles flamandes, quoique n'ayant pas eu à subir les angoisses de l'invasion, n'en avaient pas moins grandement souffert dans leurs enfants, les mobiles et les mobilisés de la vaillante armée de Faidherbe ; aussi s'intéressaient-elles vivement aux douleurs de Paris.

Qui a souffert ressent plus vivement les souffrances d'autrui.

12 Mars.

La joie, la fatigue, les privations de toutes sortes pendant le siège, m'ont couché dans mon lit pendant trois semaines. Un excellent médecin d'Armentières, M. Vincent, m'a sauvé d'une foule de maladies : dyspepsie, diarrhée, aphtes, ramollissement du.... non ! des gencives, enfin de toutes les maladies qui avaient couru dans le Nord à la suite de l'armée de Faidherbe. Je les gagnai les unes après les autres, sans en rater une seule.

Une de ces maladies provenait de l'absorption du pain gelé.

M. de Mazade dans sa *Guerre de France* raconte que, le soir des batailles de Querrieu et de Pont-Noyelle, nos malheureux mobilisés du Nord, habitués, pour la plupart, à toutes les aises de la vie, mangèrent pour se restaurer du pain gelé, rien que du pain gelé.

14 Mars.

Nous partons d'Armentières pour aller à Arras, chez Mme B... La ville, fort curieuse en ce moment, est pleine de soldats revenant de leur internement en Belgique. Ils se promènent avec leur costume mi-belge, mi-français.

En parcourant les remparts, j'aperçois à la fenêtre d'une grande construction M. Rouher... et sa calotte, sa femme et l'une de ses filles.

Ma stupéfaction fut grande de voir tout à coup surgir à mes yeux l'ex vice-empereur.
Ce qui me le fit remarquer c'est qu'un Arrageois, posté sur le rempart, semblait l'interpeller, en faisant de grands gestes. Je ne pus savoir pourquoi M. Rouher était en prison à Arras ; j'appris seulement qu'il avait été arrêté à Boulogne-sur-Mer en descendant d'un paquebot, puis envoyé à Arras, chef-lieu du département; son arrestation ne fut pas longue, du reste ; la permission de partir pour la Belgique fut bientôt expédiée de Paris ; M. Rouher en profita immédiatement, sans se faire prier.

16 Mars.

Je laisse ma famille à Arras pour courir à Péronne; je n'y puis aller que seul à cause de l'état lamentable de la maison paternelle, que les bombes prussiennes ont broyée en partie. Je suis obligé de prendre à Albert une voiture de location, car le service de la diligence pour Péronne est interrompu. Je fais arrêter ma voiture pour parler à des ouvriers maçons, qui marchent en troupe et viennent de très loin travailler à la reconstruction de la malheureuse cité.

Avant d'entrer en ville je m'aperçois que les arbres du Quinconce sont abattus. Les Prussiens, me dit mon cocher, les ont coupés dans la crainte de voir Faidherbe venir leur reprendre la chétive forteresse qu'ils ont mis treize jours à prendre.

La tour de l'église se présente au loin percée à jour, trouée comme une écumoire. Les fortifications sont complètement intactes. L'ennemi n'a tiré que sur le centre de la ville. Au détour de la porte Saint-Nicolas, la maison de mon père apparaît ; un gros Prussien est suspendu à la sonnette.

Mon père est bien conservé malgré sa station de douze jours sur une chaise dans les casemates. Ma mère est vieillie ; deux grosses mèches blanches apparaissent dans sa chevelure, si noire aux pâques dernières.

Trois chambres ont été à peu près épargnées par le bombardement ; nous nous y installons à douze ; un officier prussien, son ordonnance, six Polonais prussianisés et plus insupportables que de vrais Prussiens, maman et sa bonne, couchant toutes deux par terre sur un matelas, papa et moi. Rien de lamentable comme l'aspect de la ville ; l'église est en partie détruite ; un côté de la Grande Place est complètement incendié. Beaucoup de rues sont dans le même état.

Je visite la salle de spectacle qui sert d'église ! Il y a dans cette salle une exhibition de peintures profanes, cachées tant bien que mal sous des draperies.

J'erre désolé au milieu des murs calcinés de l'hospice.

Tous ces désastres ne peuvent, paraît-il, donner une idée des souffrances physiques éprouvées par les infortunés Péronnais, qui mouraient en grand nombre dans des casemates malsaines et qui cependant n'ont demandé à capituler que lorsque, depuis six jours, le canon de Faidherbe ne s'entendait plus.

Dans son livre : *la Ligne de la Somme pendant la campagne 1870-71*, à la page 236, M H. Daussy, alors bâtonnier de l'ordre des avocats à la Cour d'appel d'Amiens (aujourd'hui premier président honoraire de la même Cour), a rendu un juste témoignage de la courageuse résistance de la ville. Voilà ce qu'il en dit :

« Péronne est une des plus intéressantes victimes de cette guerre. Sa population a supporté les plus cruelles souffrances ; aussi la mortalité, dans les premiers mois après le siège, y a été effrayante ; tout ce qui était faible, caduc, succombait par suite des tortures endurées pendant le bombardement. La résistance de cette petite place pendant treize jours (28 décembre — 10 janvier) étonne l'esprit. Il est difficile de concevoir qu'elle ait pu, dominée de toutes parts, écrasée de tous côtés, tenir aussi longtemps. L'incroyable opiniâtreté de la défense de Péronne a dérouté les combinaisons de l'ennemi, entravé gravement ses opérations et retardé la conquête de la ligne de la Somme Le siège de Péronne fut pour les Allemands l'œuvre laborieuse de cette conquête, celle qui lui coûta le plus d'efforts. Dans la situation que les événements nous avaient faite, le seul but qu'on pouvait atteindre, était d'attirer à soi et de retenir loin de Paris le plus possible des forces ennemies :

plus que toute autre, la ville de Péronne a rempli cette tâche. Les douloureux sacrifices, que le patriotisme a imposés à ses habitants, lui donnent droit à la sympathique reconnaissance du pays ; et puisque dans cette guerre fatale, il ne devait nous rester que l'honneur d'une vaillante résistance, Péronne en peut revendiquer sa part et se montrer fière de sa ruine. »

18 Mars.

Retour à Arras.

27 Mars.

Je suis retenu à Arras depuis huit jours par les effrayantes nouvelles de Paris.

HUITIÈME SÉRIE

DU 28 MARS AU 20 AVRIL 1871

INSURRECTION — GUERRE CIVILE

Mardi 28 Mars 1871.

Retour à Paris; nous sommes en pleine révolution. Un gouvernement insurrectionnel siège à l'Hôtel de Ville; on vient de l'installer avec un fracas de mitraille qui a fait trembler les vitres ; s'entendra-t-il avec celui qui siège au château de Versailles ?

En ouvrant ma fenêtre je vois le drapeau rouge flotter à la porte de la Sorbonne ; je reçois comme un coup de poignard dans le cœur.

29 Mars.

* Courses aux nouvelles (1).

---

(1) Je rappelle que les notes, précédées d'un astérique, sont celles qui ont été complètement remaniées ou insérées après coup, mais conformément à mes souvenirs et à ceux d'hommes ou femmes, très dignes de foi, tous ou toutes habitant le quartier Latin.

La 5e compagnie se désorganise. Beaucoup de chefs ont donné leur démission. Après mon départ il y eut encore quelques convocations, quelques gardes ; la dernière eut lieu le 16 mars, près du bastion où se trouvait la poudrière du 9e secteur.

Sur les onze heures du soir, un détachement du 134e vint avec une tapissière pour enlever les cartouches du bastion.

Vernay, le libraire, capitaine en second, ancien soldat du Mexique, et Fourmage, son lieutenant, résistèrent énergiquement.

Intimidé, le détachement du 134e, se retira en disant : « nous reviendrons en force. »

Vernay envoya immédiatement son sergent-fourrier B..., au palais du Luxembourg, où résidait le général Vinoy. afin de le prévenir de la situation.

Le général n'y était pas, mais son aide de camp, qui veillait couché sur un canapé, reçut B... « Je ne puis vous donner aucunes troupes, lui dit-il, priez votre capitaine de faire pour le mieux ; demain matin à la première heure, j'enverrai des hommes pour enlever les cartouches. »

Pendant la nuit, un détachement du 134e, plus nombreux que le premier, arriva, mais il fut repoussé comme la première fois.

Le lendemain matin, suivant la promesse de l'aide de camp, des artilleurs arrivèrent avec un fourgon et enlevèrent les munitions de la poudrière.

Je croyais cet incident complètement ignoré ; aussi je fus tout surpris de le voir indiqué dans l'ouvrage du général Vinoy : *l'Armistice et la Commune* (page 205, Plon, éditeur), et dans celui de Charles Yriarte : *les Prussiens à Paris et le 18 mars* (pages 180 et 181, même éditeur).

Ce livre sur le 18 mars m'apprit une chose que nous ignorâmes presque tous dans le quartier, à savoir la décision du Comité central à l'égard du 21ᵉ ; ce comité donna l'ordre au 134ᵉ de désarmer le 21ᵉ. Le 134ᵉ reçut la signification de cet ordre, mais il n'osa pas l'exécuter. Charles Yriarte a vu dans les archives de la police l'ordre d'exécution, rédigé sur un papier qu'ornait le timbre du Comité avec ces mots : *Fédération républicaine de la garde nationale*; l'ordre était libellé de la façon suivante : *le 134ᵉ bataillon opèrera à domicile le désarmement du 21ᵉ, qui s'oppose à l'exécution des ordres donnés par le Comité central*.

M. Charles Yriarte fait remarquer que cette grave mesure fut la première manifestation de la guerre civile.

Même jour 29 Mars.

* Nous avons pour maire le citoyen Régère.

Le Comité central l'avait nommé maire provisoire du 5ᵉ arrondissement ; quand ce comité, qui était le seul gouvernement de Paris après la fuite de M. Thiers, eut été remplacé par celui de la Commune, celle-ci maintint Régère à la mairie ; ce Régère, qui se comporta bien du reste, avait été nommé membre de la Commune par le 5ᵉ arrondissement ; c'était un vétérinaire venu de Bordeaux ayant une certaine aisance. Son fils aîné était capitaine dans le 248ᵉ bataillon, assez hostile, paraît-il, à mon 21ᵉ ; le fils cadet, Gaston, suivait régulièrement le catéchisme de première communion à Saint-Étienne-du-Mont ; c'est peut-être à cause de cela que notre maire communard passait pour un clérical auprès de ses collègues. Il empêcha beaucoup de mal ; il commença tout d'abord, je crois, à s'opposer énergiquement à ce qu'on renversât la statue du *brave des braves*, élevée au carrefour de l'Observatoire.

Les *purs* du quartier prenaient sans doute le maréchal Ney pour un capitulard.

30 Mars.

La Commune décide que l'on ne paiera pas les termes d'octobre 1870, janvier et avril 1871 ; ce n'est pas ça qui mettra du beurre dans les épinards de mon beau-père.

Je reçois l'*Officiel*, auquel je suis abonné depuis longtemps, sous ce titre : *Journal officiel de la Commune de Paris*.

En rentrant à Paris j'avais trouvé sur mon bureau tous les numéros de l'*Officiel* ; pas un ne manquait. Le Comité central me l'avait fidèlement envoyé. Dès le 20 mars, le matériel de l'*Officiel* était tombé entre ses mains avec la liste des abonnés.

Le véritable *Officiel*, celui du gouvernement régulier, s'imprimait à Versailles.

Même jour 30 mars, 3 heures.

Le bruit se répand dans le quartier qu'on va abattre la croix du Panthéon. J'accours sur la place ; elle est noire de monde. Je m'adosse à la bibliothèque Sainte-Geneviève ; tous les curieux ont les yeux fixés sur le dôme ; on y aperçoit des ouvriers qui cherchent à scier la croix. Ce n'est pas une petite affaire ; l'opération est fort difficile. On ne se gêne pas dans la foule pour blâmer cet acte absurde. Près de moi, un homme en blouse se met à crier à tue-tête : « ce n'est pas ça qui fera marcher l'ouvrage. » Je tâche de le calmer ; car bientôt retentirait à ses oreilles le cri sinistre que l'on entend partout : « enlevez-le ! enlevez-le ! »

La croix est tombée.

C'est une erreur, les deux bras seuls de la croix étaient tombés ; car seuls ils avaient pu être sciés.

La foule n'était point partout aussi bien pensante que de mon côté, près de la Bibliothèque Sainte-Geneviève.

Plus loin, la populace criait avec gaîté, regardant la croix qui résistait aux coups de hache : « elle tombera, elle ne tombera pas. »

L'ouvrier chargé de la triste besogne s'était fait lier pour échapper au vertige ; mais il n'échappa pas à une fluxion de poitrine, dont il mourut quelque temps après. C'est, du moins, ce que m'ont raconté plusieurs personnes du quartier Latin. La journée était brumeuse ; ce malheureux fut là haut, là haut, secoué longtemps par un vent humide qui glaça en lui les sources de la vie.

Cette croix sciée était celle que Napoléon III avait fait élever sur le dôme, après le rétablissement du culte au Panthéon, en 1853 ; elle était simplement en bois ; sous la présidence de Mac-Mahon elle fut rétablie en fer, telle qu'on la voit encore aujourd'hui.

31 Mars.

Le drapeau rouge a été hissé sur la coupole du Panthéon.

Il fut apporté par un Garibaldien, drapé dans un ample manteau rouge (1). Avant d'être attaché triomphalement tout en haut du dôme, il fut promené processionnellement autour du monument au son de la musique des canons. Un des fédérés, un gradé original et cocasse s'écria : « allons donc le faire bénir par la Commune. » Cette idée eut un énorme succès. La bande se rendit à l'Hôtel de Ville ; aucun témoin n'a pu me dire ce que firent les membres de la Commune et s'ils allèrent chercher de l'eau bénite dans le bénitier de Saint-Gervais, leur paroisse officielle.

Au retour, un ouvrier couvreur grimpa avec une agilité surprenante jusqu'au montant de la croix amputée et y attacha l'oriflamme rouge.

A ce moment, Jourde, membre de la Commune, nommé par le cinquième arrondissement, déclara solennellement que le Panthéon était rendu au culte des grands hommes.

L'*Officiel* de la Commune ne parla point de cette triste cérémonie ; comme dans beaucoup de circonstances, la Commune subit sans protestation le joug des exaltés.

Le *Journal des Débats* a dit quelques mots sur la double équipée des 30 et 31 mars. Le 30, il n'y avait sur la place que le 59ᵉ bataillon, ancien bataillon de l'Empire, mais réorganisé sans aucun doute. Le lendemain 31, à la fête de l'inauguration du nouveau temple, se trouvaient dix

---

(1) C'est peut-être ce citoyen si rouge qui, rencontrant en costume ecclésiastique l'abbé Castelnau, premier vicaire à Saint-Severin, lui dit : « — Citoyen-curé, de quel droit portez-vous ce costume ? » — « Mais, répondit l'abbé, je peux bien m'habiller en prêtre, puisque vous vous habillez en cardinal. »

La foule amassée cria : « il a raison le curé. »

bataillons du quartier. Leurs cris de joie furent, le 21 mai suivant, changés en cris de douleur, en râles d'agonie.

Fin Mars.

Extrait de mon livre de dépenses :

Abonnement au *Petit Moniteur* . . . . . . 5 fr
Cotisation de la garde nationale 1

Pendant le Second Empire, chaque garde national payait un franc par mois pour les frais d'administration de sa compagnie ; pendant le Siège, cette cotisation ne fut plus perçue. J'étais à peine rentré à Paris que je dus payer une cotisation de un franc ; je la payai lâchement ou plutôt inconsciemment ; or, cette cotisation était perçue en vertu de l'article 8 d'un arrêté, pris le 3 mars 1871, par le Comité central de la garde nationale, *afin de subvenir à ses frais généraux d'administration, de publicité et autres* ; et *autres* fait rêver.

La cotisation de chaque compagnie, dont le minimum était de cinq francs par mois, devait être versée entre les mains du trésorier nommé par le Comité.

1er Avril 1871.

Mon *Officiel* ne s'appelle plus *Journal de la Commune* ; il a repris son titre de « Journal de la République française. »

Mon *Petit Moniteur* annonce, lui, que l'école polytechnique va être fermée. Il n'y a plus que quinze élèves. Dernièrement, un polytechnicien sortant de l'école a été poursuivi par des voyous.

Même jour 1ᵉʳ Avril.

Les paysans n'osent plus apporter leurs denrées ; aussi les vivres sont-ils hors de prix au marché de la place Maubert, où s'approvisionne ma cuisinière.

Hier, j'ai reçu la visite d'un client, pour lequel j'ai plaidé récemment un procès. Il avait été blessé grièvement à la jambe ; ayant demandé pour lui des dommages-intérêts à l'auteur de l'accident, je n'avais pas réussi. Le pauvre garçon, marchant encore avec des béquilles, est venu me réclamer ses pièces, afin de pouvoir prouver son accident et.... entrer dans la garde nationale !! Beaucoup de pauvres gens ne considérèrent la garde nationale que comme un refuge de subsistance.

M. Maxime Ducamp, dans ses *Convulsions de Paris*, tome II, page 57, dit à ce propos :

« Les conseils de révision n'ont pas dû, pendant la Commune, fonctionner avec une grande régularité, car les borgnes, les bossus, les boiteux ne faisaient point défaut aux troupes de Cluseret et de Rossel. »

La Commune, fort habile, admettait n'importe qui dans son armée, sans se préoccuper ni des défectuosités du corps, ni de l'exiguïté de la taille. Les malheureux y accouraient en foule et ils étaient légion, après cinq longs mois de siège.

2 Avril.

* Note de l'*Officiel* (1) : « Dans le jardin du

---

(1) Celui de la Commune, celui que je lisais chaque jour.

Luxembourg on a procédé à la calcination de tous les fumiers, paille, etc., qui provenaient du campement des troupes, appelées de l'armée de la Loire, et qui, par leur odeur fétide, étaient l'objet des réclamations de tout le quartier. »

Parmi les troupes dont parle l'*Officiel* communard, se trouvait le 135ᵉ de ligne qui, le 18 mars, se laissa désarmer par le peuple; il y avait encore le 68ᵉ régiment de marche qui, quoique composé d'éléments disparates, ne fut pas d'aussi bonne composition ; il ne voulut nullement pactiser avec les fédérés ; ceux-ci l'enfermèrent dans le jardin ; mais le 23 mars, énergiquement enlevé par le colonel Périer, il s'échappa en bousculant la foule furieuse; Versailles reçut ce régiment en triomphe ; l'Assemblée lui adressa des éloges et des remercîments.

Même jour 2 Avril, Pâques Fleuries.

Enfin la guerre civile éclate et pendant que nous sortons de Saint-Severin, nos rameaux à la main, nous entendons gronder le canon, qui tue des frères, des amis. Heureusement mon 21ᵉ bataillon est désorganisé par la démission de presque tous les chefs et je ne suis pas tenu de me mêler à cette lutte fratricide. que des concessions mutuelles auraient pu éviter. Paris est bien exalté, mais Versailles est bien têtu.

Cette note, qu'au bout de vingt-quatre ans j'ai relue avec une véritable stupéfaction, cette note, dis-je, est très certainement l'écho fidèle de tout ce que j'entendais débiter autour de moi ; je ne pouvais complètement échapper à la contagion du milieu. Le gouvernement de Paris ne plaisait pas, mais celui de Versailles ne plaisait guère : l'Assemblée Nationale, par sa loi sur les échéances, avait irrité maladroitement le commerce de Paris, en ne lui accordant que d'insuffisants délais, pour le paiement de ses billets.

On ne parlait, à Paris, que de *concessions mutuelles indispensables*, de *nécessité d'entente*, etc , etc. Des comités de conciliation se formaient partout. Les députés et les maires de Paris s'étaient mis à la tête d'une croisade humanitaire, pour empêcher le gouvernement régulier et le gouvernement insurrectionnel d'en venir aux mains ; mon quartier fut un de ceux qui s'agitèrent le plus pour le succès de la conciliation ; le 24 mars, 300 étudiants, rassemblés à l'école de médecine, avaient voté une déclaration de guerre au Comité central, tout en prévenant *charitablement* l'Assemblée nationale, qu'ils répudiaient toute complicité avec la réaction.

Ce qui revenait à dire, suivant la teneur de ma note :
« Paris, tu es bien exalté ; Versailles, tu es bien têtu ; vous avez tort tous les deux ! Embrassez vous donc. »

3 Avril.

Longue station boulevard Saint-Michel, à la porte du Luxembourg. C'est le rendez-vous des cancaniers; propos épouvantables dans les groupes. Un forcené crie : « *faut prendre les femmes, les enfants des sergents de ville et les mettre au devant des camarades qui se battent.* » Plusieurs mégères poussent des bravos ; mais un honnête garçon, qui revient de la lutte après avoir combattu toute la journée, proteste en termes énergiques et s'écrie : « c'est indigne, c'est ignoble ce que vous dites là. »

En rentrant chez moi je vois dans la loge de mon concierge deux femmes toutes tremblantes ; ce sont ses cousines, la femme et la fille d'un sergent de ville ; elles ont au plus vite abandonné leur logement de Montrouge pour ne pas être mises au devant des fédérés combattant.

L'honnête garçon dont je parle dans ma note était sans doute redescendu par l'avenue de Châtillon et celle d'Orléans jusqu'à la porte du Luxembourg ; il avait très vraisemblablement combattu au milieu d'une colonne d'insurgés, qu'après une lutte vigoureuse, le général Derroja avait, ce même jour 3 avril, rejetée vers la redoute de Châtillon. Evidemment, je dus faire chorus avec le fédéré, car un de mes clients, M. Ducourroy, professeur de l'Université en retraite, me fit plus tard de graves reproches à l'occasion de mes imprudences à la porte du Luxembourg. Mais je ne pouvais me soustraire à l'attraction de ce club en plein air. Les grandes voix des batailles se mêlaient à nos papotages.

Pendant cette longue station du 3 avril, le son du canon nous arrivait de Châtillon, de Clamart, de Courbevoie, des trois points où la Commune avait lancé ses bataillons, pour se saisir de Versailles. C'est pendant cette journée enragée que se fit entendre, pour la première fois depuis l'armistice, le mugissement du Mont-Valérien, ce mugissement de la salve terrible qui coupa en deux tronçons sanglants l'armée de l'insurrection.

4 Avril.

Notre cuisinière, sortie de grand matin pour aller chercher son lait, revient en courant, et nous crie: « on pille rue Jean de Beauvais, chez les Dominicains. »

Amélie est saisie de terreur, moins pour elle que pour moi et les enfants.

Les Dominicains, fort bienfaisants pour les pauvres du quartier, furent bientôt secourus. Le 118e bataillon de la garde nationale, prévenu, accourut bien vite et leur fit rendre leurs effets, et provisions déjà entassées dans une voiture de déménagement. Le capitaine dit aux pillards: « je brûle la cervelle au premier qui touchera à la moindre chose. » Je crois que les Dominicains, bons enfants d'ordinaire, n'exigèrent pas la restitution totale des bouteilles enlevées, car les envahisseurs finirent par crier: « Ce sont de bons zigues, ce sont de bons zigues. »

Même jour 4 Avril, midi.

Devant Saint-Séverin, au sortir du bout de l'an de bonne-maman Turin (1), nous entendons vociférer: « *à bas les calotins!* »

Tout le monde veut me faire partir, notamment la tante D..., qui vit au milieu des béni-mouff-

---

(1) C'était la grand'mère de ma femme, morte un an auparavant, à l'âge de 96 ans, dans toute la plénitude de la raison.

mouff (1) et dont une lettre ébourrifante augmente les inquiétudes de ma femme. Mais je ne puis partir, je dois rester au poste comme pendant le Siège.

C'était peut-être bien naïf de croire qu'en ne quittant pas mon poste, c'est-à-dire en restant à Paris, je rendrais service à la cause de l'ordre ! je partageais la naïveté des gardes nationaux du quartier de la Bourse qui, voulant soustraire à l'insurrection le cœur de Paris, le gardèrent en armes pendant plusieurs jours et plusieurs nuits, et ne l'abandonnèrent qu'après avoir été malencontreusement congédiés par le gouvernement de Versailles.

La composition de mon 21ᵉ bataillon pouvait me faire supposer que, quoique désorganisé par la démission forcée des chefs, il pourrait, à un moment donné, à un moment favorable, se ressaisir et se réorganiser.

Même jour 4 Avril, après-midi.

Au bruit d'une grande bataille, couru à la porte de Vaugirard, où se pressent des femmes anxieuses; je vois beaucoup de pauvres blessés rentrer dans Paris. Chez mon ami Eugène Bruncamp, rue de l'Abbé-Groult, je grimpe sur le rebord d'une fenêtre,

---

(1) La chère tante s'effrayait difficilement pour elle, mais très facilement pour les autres ; demeurant rue Mouffetard, près l'avenue des Gobelins, elle avait été probablement épouvantée, la veille, par le pillage du collège Rollin, par l'envahissement du collège des Jésuites de la rue Lhomond et du séminaire du Saint-Esprit, tous établissements situés non loin de son domicile.

d'où j'aperçois le feu de la bataille de Châtillon (1) engagée entre la garde nationale et l'armée de Versailles.

En redescendant vers l'intérieur de Paris, je me trouve au milieu d'un bataillon de fédérés en complète déroute.

Pauvre Paris! après avoir tant souffert, pouvais-tu t'attendre à endurer encore de pareilles souffrances!

A ce moment mon esprit se reportait sans cesse vers le siège de Paris, du temps de la Ligue. C'était comme une obsession. En effet, quel singulier rapprochement à faire entre la Ligue du xvi° siècle et la malheureuse ligue des fédérés du xix° siècle ; mêmes calamités, mêmes misères, mêmes illusions surtout; l'une croyait pouvoir s'emparer du roi Henri IV (2), l'autre de M. Thiers ; toutes les deux payèrent de leur sang leurs décevantes chimères.

---

(1) Je me trompais ; on se battait à Clamart ; depuis le matin la lutte était terminée à Châtillon ; Duval avait été tué et le fort de Châtillon était entre les mains de l'armée régulière.

(2) « ... L'on contait à la place Maubert qu'on l'amènerait au premier jour prisonnier à Paris... l'on ne se promettait rien moins à Paris sinon qu'on s'en allait prendre le Roy. Car on pense icy que dôner une bataille et la gaigner, ce soit une meme chose. On leur apprist bien que c'en sont deux, car la Ligue donna la bataille et *elle y fut bien frottée.* »

(Guillaume du Vair. — *De la constance et consolation ès calamités publiques*), livre écrit pendant le siège de Paris en 1593.

Les faits saillants de la vie des peuples se reproduisent et se renouvellent d'une étrange façon.

5 Avril.

* Hier, arrestation de l'archevêque.

Mon ami M. de Soye, imprimeur et directeur de la *Semaine religieuse*, avait prévenu Monseigneur de son arrestation imminente, ce qu'il avait appris d'une façon singulière. En train de travailler dans son bureau, situé au coin de la rue d'Ulm et de la place du Panthéon, il entendit, par sa fenêtre entr'ouverte, des gardes nationaux dire : « on va donc aller arrêter l'archevêque. » Sur-le-champ M. de Soye envoie une lettre à Monseigneur Darboy, pour le prévenir. Monseigneur ne bouge pas ; bientôt après il est appréhendé comme otage ; malheureusement la lettre fut trouvée toute ouverte sur la table de travail.

Des fédérés accourent à l'imprimerie pour s'emparer de l'audacieux avertisseur ; par un bonheur providentiel, il n'était pas chez lui, mais il y rentrait ; du milieu de la place du Panthéon, il voit l'envahissement de son imprimerie ; comprenant immédiatement qu'on vient l'arrêter, il louvoie sur la place et, après la sortie bredouille de messieurs les fédérés, il rentre intrépidement chez lui, prend ce qui lui est nécessaire pour fuir et brûle la politesse à la Commune.

Même jour 5 Avril.

* Aujourd'hui, enterrement, à Montparnasse, d'un fédéré du quartier, tué en combattant.

L'*Officiel* du lendemain m'apprit que c'était l'enterrement d'un capitaine du 248e bataillon, tué dans une reconnaissance du côté de Vanves. Henri Régère, le fils aîné du maire communaux et capitaine adjudant-major dans le 248ᵉ bataillon, fit un petit speech sur la tombe de son frère d'armes.

Ce même bataillon devait encore combattre la nuit suivante près de Châtillon, et laisser des morts sur le terrain. Je me rappelle avoir vu vers cette époque plusieurs chars funèbres remontant le boulevard Saint-Michel et se rendant au cimetière Montparnasse ; ces chars étaient ornés, aux quatre coins, de grands drapeaux rouges flottant au vent ; au point de vue décoratif, c'était vraiment beau. Sur ces chars avaient été très vraisemblablement placés les corps des fédérés tombés près de Châtillon.

L'un d'eux demeurant, de son vivant, rue Zacharie, eut un service à Saint-Séverin.

Au retour du cimetière, les camarades vinrent demander à l'église combien il était dû pour le service ; le premier vicaire répondit : « rien ; sur le montant de la quête, nous avons prélevé le coût du service ; veuillez accepter le reste pour la veuve. »

6 Avril.

Hier, arrestation de M. Moléon, curé de Saint-Séverin, pendant qu'il était à l'office.

Erreur ; un employé de la préfecture vint le prévenir au presbytère que son neveu avait été arrêté et retenu prisonnier, parcequ'il avait sur lui un papier compromettant. M. le curé était, à ce sujet, prié de se rendre à la préfecture de police. Son premier vicaire le supplia de fuir ; mais l'abbé Moléon, craignant pour son neveu, se rendit quand même à la convocation. Il ne revint pas, et plus tard, c'est par miracle qu'il échappa au massacre.

On trouvera certainement que ma plume a noté bien sèchement l'arrestation de mon pauvre curé. Elle s'immobillsa sans doute entre mes doigts ; car le matin j'avais lu dans mon *Officiel* le terrible décret sur les otages ; ma plume, de plus en plus circonspecte (1), ajouta ces lignes :

La garde nationale fédérée est vaincue toujours ; mais son courage est grand ! Que nos anciens chefs sont coupables de n'avoir pas utilisé ce courage pendant le Siège!

Je suis désolé de me surprendre encore en flagrant délit de note communarde ; mais ce que l'inquiétude, l'appréhension m'ont fait écrire, n'est-ce point l'expression de la vérité ?

Dans la *Revue des Deux-Mondes* d'octobre 1877, p. 45, Maxime Du Camp ne pense pas autrement.

Dans les *65 jours de la Commune*, deux écrivains de réelle valeur, très chauds partisans de Versailles, les frères Dalsème, écrivent ce que j'ai écrit ; c'est ce dont était persuadé également notre grand martyr du palais, M. Bonjean. Dans ses *Souvenirs d'un otage*, Ferdinand Evrard, parlant de ses conversations avec son compagnon d'infortune, rapporte ceci : « M. Bonjean et moi nous causâmes des sorties de la garde nationale, du mauvais

---

(1) Au commencement des notes journalières de B... de Montaut, on trouve cette déclaration qui peint bien l'esprit des petits écrivains d'occasion pendant le règne de la Commune : « on ne trouvera pas ici de phrases à effet, ce n'est qu'une impression rapide, écrite chaque soir, au hasard de l'inspiration, l'oreille au guet, prêt à anéantir ma page ou tout au moins à la dérober soigneusement à tout visiteur importun. »

emploi qu'on avait tiré de ces hommes, dont une partie était pleine d'ardeur et de patriotisme. »

Dans le *Figaro* du 4 septembre 1893, le comte d'Haussonville a écrit un très, très remarquable article, où il constate que toute la population parisienne voulait se défendre ardemment, *toute*, même celle qui passait pour réserver son courage contre les bourgeois, c'est-à-dire celle de Belleville. Comme lieutenant de mobiles attaché au secteur du terrible quartier, M. d'Haussonville avait vécu en contact intime, jour et nuit, avec cette population; il peut donc en parler savamment (1).

7 Avril, Vendredi saint.

3 heures. — J'arrive sur le parvis Notre-Dame ; comme d'ordinaire, je viens à la cathédrale vénérer avec ma femme et mes enfants les reliques de la Passion. Je vois avec étonnement s'aligner

---

(1) Quelques lecteurs trouveront peut-être que j'abuse des citations et des annotations ; je me permets de leur faire remarquer que je n'aurais pas eu la fatuité de publier *mes Griffonnages quotidiens*, si je n'avais pas cherché en même temps à faire une étude historique en les rapprochant de passages tirés des meilleurs auteurs qui ont écrit sur les deux sièges de Paris ; de plus, ce faisant, j'ai cherché à me rendre un peu plus digne de faire partie de la *vieille Société des études historiques*, qui, depuis soixante ans, a compté tant d'hommes de mérite et qui a l'honneur d'avoir pour présidents honoraires M. Camille Doucet, secrétaire perpétuel de l'Académie française, et M. Barbier, premier président honoraire de la Cour de cassation.

devant le portail une compagnie de gardes nationaux ; deux sœurs de charité quêtent à la porte de la Vierge. Nous entrons ; pas de cérémonie comme d'habitude : je rencontre un officier d'église que je connais, M. Soumard, premier sacristain ; il me dit à l'oreille : « Notre-Dame est cernée. » Bien vite nous revenons sur nos pas, et, à la place de sœurs de charité, nous apercevons quatre gardes nationaux. Que va-t-il se passer ? J'espère cependant que Notre-Dame sera respectée. Les gardes nationaux ont une attitude digne et calme.

Grâce à ce bon M. Soumard, ma femme et mes enfants n'eurent pas la terreur de voir Notre-Dame envahie. M. Soumard, ce jour-là, ne s'en tira pas trop mal ; quelques instants après m'avoir parlé, il fut, il est vrai, appréhendé et confiné dans une dépendance de la sacristie, mais il n'y resta pas trop longtemps. Paul Fontoulieu (*les églises sous la Commune*) raconte que le pauvre sacristain ne s'en tira pas aussi bien lors d'une seconde invasion, faite par le délégué à la justice Protot, sous prétexte de recherches d'armes. Conduit, cette fois, à la Conciergerie, il resta cinq jours sans le moindre siège pour s'asseoir. Pendant les deux premiers jours il fut même laissé complètement sans nourriture. M. Soumard est mort il y a quelques années.

8 Avril.

Notre-Dame n'a pas été respectée ; on a pillé le trésor.

9 Avril, jour de Pâques.

Le trésor de Notre-Dame a été renvoyé sur les ordres de la Commune.

J'ai écrit cette note inexacte parceque dans mon quartier on croyait que le trésor avait été enlevé, mais que la Commune l'avait fait rendre à la basilique. Les choses ne se passèrent pas tout à fait ainsi. Après ma fuite de Notre-Dame, les fédérés pénétrèrent dans la sacristie du trésor, et en retirèrent tous les objets précieux ; on les emménagea dans une voiture de déménagement ; pendant ce temps un garde se détacha du groupe des fédérés et alla bien vite prévenir la Commune, siégeant à l'Hôtel de Ville. Très émue par cette nouvelle, elle envoya immédiatement un exprès pour donner l'ordre de ne rien emporter ; en conséquence, les objets enlevés furent restitués, séance tenante, à la sacristie du trésor. Je ne m'étais pas trompé en constatant, dans ma note du 7 avril, que les gardes nationaux avaient une attitude digne et calme ; c'est, en effet, l'un d'eux qui, ce jour-là, sauva le trésor.

Il m'est déjà arrivé (notamment à propos de l'abattage de la croix du Panthéon) de faire remarquer que la Commune n'a pas autorisé certains actes odieux. Cela ne veut pas dire que je cherche à l'excuser ; non, sans doute ; car, ainsi que le disait l'*Indépendance belge* lors de l'envahissement, par des bandits, de l'ambassade belge : « la Commune est aussi coupable que les envahisseurs, car c'est par son fait que toute espèce d'ordre a cessé d'exister à Paris. »

Mardi 10 Avril.

En nous couchant, nous entendons une horrible canonnade ; je n'en ai jamais ouï de plus violente pendant le siège. Mes enfants tremblent dans leurs petits dodos. Les remparts semblent attaqués ; l'horizon est en feu du côté de Montrouge.

« Paris offrait pendant la canonnade le plus étonnant spectacle du monde : aux premiers coups de canon, la foule se porta sur le boulevard Saint-Michel. Grâce à l'écho qui repercutait toutes les détonations, il fut impossible d'abord de juger d'où venait le vacarme.... Tout le monde assurait que c'était l'entrée de Versailles à Paris... » (*Le Comité central et la Commune*, page 73, par Ludovic Hans).

« ... Le ciel rouge n'était qu'un incendie ; les arbres, lugubrement illuminés, du Luxembourg semblaient des spectres, et le pétillement des fusillades repercutait, dans l'étendue, son horrible feu d'artifice. (*Tablettes d'une femme pendant la Commune*, par M⁰⁰ Blanchecotte, note du 13 avril 1871. Didier, libraire académique).

12 Avril.

L'armée de Versailles a été repoussée, dit-on.

J'avais mis *hélas !* le mot étant trop compromettant pour le cas de saisie de mes notes, je le surchargeai et en fis les deux petits mots *dit-on*.

Il faut toujours juger avec indulgence les actions d'autrui ; car on ne sait pas si, dans les mêmes circonstances, on n'agirait pas de la même manière. Je trouvais jadis mon grand-père bien prudent, bien timoré, pour avoir, sur ses registres de commerce en 1814 et 1815, pendant la Restauration, surchargé le mot *empereur*, qui revenait continuellement sous sa plume, et l'avoir remplacé par celui de *Bonaparte*, et voilà qu'à 55 ans de distance, le

petit-fils surcharge aussi prudemment que le grand-père
et même avec plus de soin.

Même jour 12 Avril.

Reçu billet de garde de la part de la Commune ;
mais j'ai mal au bras ; ce dont je me console facilement dans la circonstance.

Voilà quelle était la teneur de ce terrible billet de garde
qui me causa tant d'émoi :

GARDE NATIONALE
21e BATAILLON 5e COMPAGNIE

Monsieur Dabot, avocat, 2, rue de la Sorbonne.

*Rendez-vous en armes, au lieu ordinaire de réunion, ce
aujourd'hui 12, à 6 heures très précises, pour service de
vingt-quatre heures à l'École de droit.*

Paris, le 12 avril 1871.

Le sergent-major,
Fn...

La convocation ne portait plus la signature de Paul D....
mon sergent-major légitime. Le bataillon était donc
réorganisé *révolutionnairement*. Pour échapper à la
convocation, il fallait partir immédiatement en province ;
mais partir, c'était laisser en souffrance, à Paris, des
intérêts privés fort importants. Je pris le parti de biaiser,
de louvoyer.

J'allai trouver F..., le nouveau capitaine de ma
compagnie ; c'était un garçon distingué, avec lequel j'avais
toujours eu d'excellentes relations au rempart. Je lui dis :
« j'ai mal au bras droit, par suite d'un rhumatisme attrapé
à cette sale porte d'Italie, que vous connaissez aussi bien
que moi ; je ne puis donc faire quoi que ce soit pour la

garde nationale, du reste, le médecin de la compagnie peut
me visiter. »

« — Oh! me dit il, votre parole me suffit »

Encouragé par son accueil affectueux, j'osai lui dire, en
baissant la voix : « mais F..., ce que vous faites, n'est-ce
pas bien dangereux ? » Il me donna avec calme les raisons
de sa conduite, en ajoutant : « du reste, comment agir
autrement, dans la rue Saint-Jacques ? celui qui ne veut pas
marcher est traité de *feignant.* » Je n'objectai rien, car
dans la phraséologie populacière des Parisiens, aucune
épithète n'est plus méprisante et plus dangereuse que
celle-là. Malgré ma démarche auprès du capitaine, j'allais
probablement m'entendre appeler ainsi par quelqu'outrancier
du quartier, méfiant et peu crédule.

Je pris un parti héroïque ; je me fis immédiatement
appliquer sur le bras droit des ventouses scarifiées, et ce,
par un ventouseur scarificateur en renom, qui me libella
un certificat constatant l'opération, et l'obligation de porter
mon bras droit en écharpe. Grâce à toutes ces précautions,
je fus laissé en repos.

On me prenait pour un blessé de Châtillon ou de Clamart.

J'apparus un jour, à ma fenêtre, le bras soutenu par un
grand foulard de soie noire (je n'en avais pas de rouge) ;
les voisins d'en face M. et Mme G..., qui m'aimaient beaucoup, dégringolèrent leur escalier et escaladèrent le mien
pour savoir où j'avais été blessé.

Je les rassurai bien vite.

13 Avril.

M. Bourre, sacristain du chapitre, écrit dans la
Petite Presse que Notre-Dame n'a pas été pillée.

Le pillage de Notre-Dame n'avait pas eu lieu, comme je
l'ai dit plus haut ; mais le bruit en courait quand même

encore au bout de huit jours ; voilà pourquoi M. Bourre
tint à le démentir.

Même jour 13 Avril.

L'horrible canonnade d'avant-hier provenait de
la redoute de Châtillon, qui couvrait de feu les forts
d'Ivry, de Vanves et les remparts ; mais les forts,
les remparts n'ont nullement été attaqués, comme
on l'a cru, par l'armée de Versailles.

Dimanche 16 Avril.

Le quartier est en émoi par suite de la fermeture
de Saint-Jacques du Haut-Pas, de Saint-Etienne-
du-Mont (1), des femmes effarées crient dans la rue
des Ecoles : « on pille chez les sœurs de la rue
Boutebrie (2) ; on va piller dans les maisons. » Vivement impressionné, j'emballe vite et vite pour
Moret, femme, enfants, économies et bijoux. Je ne
conserve même pas d'argent pour moi, sauf 60 fr. ;
en cas de besoin, j'ai mon banquier : le Mont-de-
piété.

Coût du laisser-passer pour le départ de ma famille :
2 francs.

---

(1) Saint-Etienne fut rouvert immédiatement, grâce, très
probablement, à Régère ; son fils Gaston y suivait, en effet,
le catéchisme pour la première communion.

(2) Régère leur fit rendre leurs meubles.

17 Avril.

Je reviens de ma terreur peu justifiée et pleure ce matin en voyant, vides de nouveau, les berceaux de mes enfants.

C'est par lâcheté que j'écrivis ces mots *peu justifiés.* Ce jour-là, je mis en évidence sur mon bureau le dossier d'une affaire de La Villette, dont j'ai parlé dans mes éphémérides de 1869; en effet, j'avais lieu de supposer que plusieurs des nombreux inculpés, pour lesquels j'avais plaidé l'amnistie, étaient parmi les puissants du jour.

17 Avril, après-midi.

La Commune m'envoie une invitation à payer mes contributions.

Cette aimable invitation était ainsi formulée :

COMMUNE DE PARIS

DÉLÉGATION DES CONTRIBUTIONS DIRECTES

Citoyen, en vertu de l'appel fait au patriotisme des contribuables directs (2 avril 1871), nous vous invitons à venir verser dans le plus bref délai, à notre bureau, rue Latran, 8, de neuf heures à trois heures, le restant de vos impositions, exercice 1870. Nous vous rappelons que trois mois de l'exercice 1871 sont également échus.

Le percepteur des contributions directes du 5ᵉ arrondissement,

A la place de la signature, un timbre sec avec

ces mots : recette du Vᵉ arrondissement ; 2ᵉ division ; Sorbonne.

Par patriotisme, disait le poulet de la Commune. Mais c'était précisément par patriotisme que je ne voulais rien payer. J'écrivis le mot : *zut* en travers du papier, que je piquai à mes notes. Le matin j'étais lâche, le soir j'étais redevenu vaillant ! Le lendemain je cachai le papier ; la nuit avait porté conseil.

Afin de ne pas offusquer les bons bourgeois, comme moi, la suscription de la lettre ne portait pas la qualification de *citoyen,* mais bien celle de *Monsieur.*

18 Avril.

Les campagnes n'envoient guère de provisions à Paris. Les maraîchers ont probablement peur d'être dévalisés. Ce matin pas de lait ; j'entame bravement mon pot de lait concentré ; je le trouve bon. Néanmoins mon bébé, en avalant le lait de Moret, ne perd pas au change.

En faisant une course du côté de la place de la Concorde, je me trouve arrêté par une formidable barricade, élevée au bout de la rue de Rivoli et au coin de la rue Saint-Florentin.

Je n'en ai pas vu de pareille en 1848. Dans la crainte d'une lutte horrible, les habitants des maisons voisines déménagent en toute hâte (1).

---

(1) Ce fut la « belle inutile, » car elle ne fut presque pas défendue. Les barricades improvisées firent surtout souffrir l'armée de Versailles.

Je suis monté sur les talus de cette barricade que les gardes nationaux se font une joie de montrer; des fossés très profonds et creusés au-dessous du niveau des tuyaux à gaz, isolent les travaux (1).

On fera tout sauter, paraît-il! Il y a des torpilles partout! partout! pauvre place de la Concorde!

En rentrant chez moi, je me suis mis derrière le rideau de ma fenêtre, rue des Ecoles, pour voir défiler un bataillon de gardes nationaux. En tête marchait une ravissante cantinière, se carrant dans un délicieux costume militaire et portant avec grâce un barillet tout mignon. Elle tricotait, tricotait des jambes de façon à faire valoir ses mollets faits au tour.

Un joli costume de cantinière, à la Belle Jardinière, coûtait 100 fr.; c'est ce que nous apprend M. Alexandre de Mazade, le cousin du regretté académicien, dans *ses Notes intimes* (2). Le 93e bataillon, dont il faisait partie,

---

(1) Il y avait de ces fossés à côté de toutes les barricades du quartier Latin, notamment celles du boulevard Saint-Michel; quand un combattant tombait, ses camarades l'étendaient dans le fossé. Après la lutte, les fossés se trouvèrent pleins jusque par dessus bords.

(2) M. Alexandre de Mazade s'est bien gardé de mettre son livre dans le commerce; il a pu, de cette façon, entrer dans des détails intimes et fort intéressants; je n'en ai eu connaissance qu'après l'impression de mon manuscrit, relatif au siège prussien; par suite je n'ai pu faire de

paya à la cantinière un uniforme du prix de cent francs. C'était pendant le siège de Paris par les Prussiens, bien entendu. Comme on le voit, les gros négociants du boulevard Sébastopol ne se refusaient rien ! Quant à nous, pauvres hères du 21°, professeurs, académiciens, avocats, épiciers et marchands de vin, jamais nous ne pûmes offrir le moindre costume à la mère M..., malgré l'excellence de son rata.

9 Avril.

J'ai acheté un franc le journal le *Bien public*, d'un individu qui le cachait sous ses vêtements.

La Commune avait, la veille, supprimé ce journal, rédigé par Vrignault avec une très grande indépendance. Il continua quand même ; des camelots, le cachant sous leurs vêtements, l'offraient aux passants jugés anticommunards ; ils ne se trompaient guère ; j'avais probablement une tête de réac ; toujours est-il qu'on me l'offrit. Des numéros se vendaient jusqu'à trois francs.

20 Avril.

* Licenciement du 20° bataillon (rue Saint-André-des-Arts), comme imbu de l'esprit versaillais.

rapprochements entre les notes du bourgeois de la rive droite et celles du bourgeois de la rive gauche, tous deux aimant bien leur quartier, tous deux potiniers en diable et candides comme de bons bourgeois ; tous deux ayant l'horreur de l'osséine et du boudin de *tire-fiacre*, mais tous deux toujours prêts à se *repaître d'illusions*, la nourriture qui manqua le moins pendant le siège.

NEUVIÈME SÉRIE

DU 20 AVRIL AU 30 MAI 1871

PRÉPARATIFS DE FUITE

Fuite et Séjour a Moret

20 Avril.

Emprunté au Mont-de-piété dix-huit francs sur objets de toilette.

Dès le 20 avril, je vis bien qu'il ne me serait pas possible de rester longtemps encore à Paris, sans être obligé de marcher avec les fédérés de la 5ᵉ du 21ᵉ. Mais craignant, d'après certaines menaces, qu'on ne mit le feu à la librairie Delalain, située en face de ma maison, je voulus, avant de partir, prendre quelques précautions ; j'allai donc porter à ma tante (celle de la rue du Paradis au Marais), des objets de toilette, auxquels ma femme tenait beaucoup, notamment un éventail, rapporté de Cochinchine.

« — Votre domicile ? » me demanda l'employé.

« — Rue de la Sorbonne, n° 2. »

En entendant ce nom de rue du quartier Latin, le vieux polisson d'employé, se figurant que, dans un moment de détresse, j'apportais en gage la défroque de mon étudiante, me dit en clignant malicieusement de l'œil : « ça ne va donc pas au quartier Latin ? »

En tout autre moment, j'eusse été flatté d'être pris pour un étudiant, même de dixième année, mais en ce moment de chasse à l'homme jeune, la plaisanterie du bonhomme Jadis me fit courir un frisson dans le dos.

21 Avril.

Reporté au Mont-de-piété un huilier, un moutardier, deux salières en argent ; prêt 50 fr., mais sur l'huilier seulement.

On ne donnait pas plus de 50 fr. à chaque personne, et on me força de reprendre mon moutardier et mes salières.

Samedi 22 Avril.

Prêt de 50 fr. sur mon moutardier et mes salières.

J'apportais ce que j'avais de plus beau au Mont-de-piété ; j'étais persuadé, en effet, que la Commune ne toucherait pas à la banque du peuple. Elle n'y toucha pas, en effet ; l'administration du Mont-de-piété fut seulement forcée de remettre, sans remboursement, certains objets de grande nécessité, tels que les matelas, puis de suspendre la vente, faute de remboursement, des objets donnés en gage.

Même jour 22 Avril.

* M'en retournant chez moi, j'aperçois devant le bureau des emprunts une brave femme, quelque boutiquière sans doute, modestement vêtue, ayant au bras un panier d'osier, couvert d'une serviette blanche ; l'inquiétude se lit dans ses yeux.

« — Mais, ma brave femme, lui dis-je, vous étiez déjà là hier, avec votre panier ; qu'est-ce que vous y faites donc ; avez vous besoin de renseignements? »

Après m'avoir bien reluqué, persuadée enfin qu'elle avait affaire à un bon bourgeois, elle me répondit à voix basse :

« — Ah ! mon bon monsieur, je ne sais quoi faire ; j'ai dans ce panier mon argent en pièces de cent sous ; je n'ose pas *la* laisser chez moi ; on me *la* prendrait ; je l'ai apportée hier au Mont-de-piété pour l'y déposer ; je l'ai remportée et je *la* rapporte ! mais si on allait tout piller au Mont-de-piété, quoi faire, mon Dieu ! quoi faire ? »

Je lui conseillai de déposer son magot sans crainte, parce que la Commune défendrait certainement le Mont-de-piété ; elle se décida enfin à faire son dépôt.

Je rappelle ce souvenir, car il montre les terreurs que la Commune ou du moins ses suppôts, ses amés et féaux inspiraient aux ouvriers économes, ouvriers en passe de devenir bourgeois.

Même jour 22 Avril.

* Les professeurs à l'Ecole de médecine ayant décidé de ne plus faire leurs cours, la Commune leur infligea un blâme dans son *Officiel* du 18 avril ; en même temps elle convoqua les étudiants pour

aujourd'hui, dans le grand amphithéâtre de l'Ecole, afin d'avoir leur avis sur la réorganisation de l'enseignement médical ; ils accoururent tous, mais repoussèrent l'appel de la Commune aux cris de : *vive la République !*

Le *Siècle*, qui n'était pas encore supprimé, rapporta l'incident et finit courageusement son article par la remarque suivante : « Dès les premiers jours, la jeunesse des écoles refusait son approbation à l'insurrection (1). Le vote des étudiants en médecine est la défaite morale la plus cruelle que la Commune ait pu essuyer. »

25 Avril.

V... s'est laissé nommer président du tribunal de la Seine ! Après tant de jours sans travail, peut-être était-il dans la détresse ! Comme X..., mon ancien camarade de collège, hommes d'affaires, probe, très probe et très digne, qui, à bout de ressources, a consenti, dit-on, moyennant 500 fr. à accepter une situation de maire.

28 Avril.

* Au Luxembourg, j'aperçois un Dominicain qui traverse le jardin en se dirigeant vers la grande allée de l'Observatoire, pour retourner, sans doute, au collège d'Arcueil. Je cours vers lui, l'arrête et

---

(1) Voir plus haut mes réflexions sur la note du 2 avril 1871.

lui dis : « mon père, comment osez-vous sortir avec votre habit religieux ? » Il me paraît fort étonné de mon observation.

29 Avril.

Je viens d'assister au plus curieux des spectacles, à la plus fantastique des processions. Monté sur le haut d'une barricade, qui défend l'Hôtel de Ville, presqu'en face l'entrée de la rue du Temple, j'ai vu aujourd'hui la franc-maçonnerie venant, avec ses innombrables et bizarres bannières, manifester son adhésion à la Commune. Depuis les processions de la ligue, il n'y en a pas eu, je crois, de plus extraordinaire. Une bannière m'a particulièrement étonné, celle des *bienfaiteurs de l'humanité*.

Saint Vincent ou plutôt Vincent de Paul, Montyon et je ne sais quel autre bienfaiteur, y étaient portraiturés. Beaucoup d'autres bannières étaient des plus ahurissantes et des plus réjouissantes. C'était parfois une vraie mascarade, et cependant l'ensemble ne manquait pas d'une certaine grandeur !

Mon ahurissement admiratif fut coupé en deux par une dégringolade en règle. La barricade, chargée de monde, s'ébolula. Tous nous tombâmes les uns sur les autres, moi par dessus, heureusement pour mon bras, insuffisamment guéri. Après m'être ramassé et m'être retrouvé au complet, je courus sur le trottoir de la rue de Rivoli, en face la Tour Saint-Jacques la Boucherie, pour voir repasser les bannières. Un individu m'interpella à ce moment et me dit : « c'est une plaisanterie que cette franc-maçonnerie ; pour 100 fr., si vous voulez, vous pouvez être dignitaire. »

Je ne répondis rien et pour cause, ce pouvait être un agent provocateur.

Dimanche 30 Avril.

Boulevard Bonne Nouvelle, je vois flamboyer, sur un urinoir, une grande affiche rouge où se trouve une longue objurgation du vieux citoyen Beslay, membre de la Commune, à l'adresse du vieux Monsieur Thiers ; mais le *petit foutriquet* n'en aura cure.

C'était Vermesch, qui dans son *Père Duchesne*, appelait ainsi M. Thiers ; il ne faisait, du reste, que reproduire ou plutôt reprendre le mot du maréchal Bugeaud.

Le citoyen Beslay avait déjà orné les urinoirs de deux objurgations, dans lesquelles il intimait, pour ainsi dire, à M. Thiers l'ordre de donner sa démission. La première commençait ainsi : « Beslay à Thiers, pendant que vous tenez en mains le drapeau de la République *in partibus infidelium*, moi je siège sur les bancs de la Commune de Paris, pour la défense de cette grande république encore méconnue. »

Chose singulière, quelques jours après son affichage, le citoyen Beslay donnait sa démission de membre de la Commune, à cause du vote sur la démolition de la maison de M. Thiers ; la Commune n'accepta pas cette démission et Beslay consentit à la reprendre, probablement parce qu'étant délégué à la Banque, il crut comme tel, pouvoir en empêcher le pillage. Il y réussit du reste ; mais il réussit en même temps à passer pour un vieux gêneur et à s'entendre appeler : le mauvais génie de la Commune.

(*Mémoires de Cluseret*, tome II, page 206. Paris, 1887. Jules Levy, éditeur).

Même jour 30 Avril.

Beaucoup de boutiques fermées. Denrées hors de prix; on ne trouve presque rien au marché. Ma cuisinière, qui n'a pas connu les prix exorbitants du siège, tombe en pâmoison devant un embryon de lapin, mis en vente à 5 francs; en temps ordinaire il eût valu 2 francs.

Nuit du 30 Avril au 1er Mai.

Recouvrement de mes valeurs, grâce à Marguerite; la secourir si elle tombe jamais dans le besoin!

Depuis quelques jours le bruit courait que si les Versaillais entraient dans Paris, le feu serait mis à la poudrière du Luxembourg, qui se trouvait dans les terrains de l'ancienne pépinière; on disait: la commotion sera terrible; les maisons environnant le jardin tomberont dans les catacombes; je fus saisi d'effroi, car mon beau père avait, par crainte des Prussiens *extra et intra muros*, caché ses valeurs et les miennes dans la cave de sa maison, rue de Vaugirard, n° 7; il avait repris les siennes avant de quitter Paris. Mais les miennes étaient restées dans une cachette admirablement dissimulée, que lui-même avait creusée en terre, sans recourir à un ouvrier. La crainte de perdre mon pécule au milieu des catacombes, si la poudrière du Luxembourg venait à sauter, me décida seule à les enlever pendant la nuit.

Quelles affres, quelles frayeurs pendant cette nuit! je ne pouvais creuser la terre à cause de mon bras, encore faible. Marguerite, la cuisinière de mon beau-père, donnait des coups de pioche, afin de faire apparaître la cassette ; quand les coups résonnaient un peu fort, elle s'arrêtait épouvantée ; moi j'étais haletant. Elle et moi redoutions, et à juste titre, que le bruit, dans le calme de la nuit, n'arrivât jusqu'aux oreilles des trente-cinq locataires de la maison, dont quelques-uns étaient animés d'un fort mauvais esprit.

Enfin la bienheureuse cassette apparut.

A propos du dévouement de cette brave Marguerite, c'est le moment de rappeler que, pendant les deux sièges de Paris, beaucoup de domestiques rivalisèrent avec elle, sous le rapport du dévouement et de la fidélité. Il suffit pour s'en convaincre de parcourir les écrits publiés en 1871 et 1872 ; après les avoir lus, on ne pourra oublier *Julie*, la fidèle femme de chambre de Mme Adam, *Henri*, le valet de chambre si dévoué de notre cher bâtonnier Edmond Rousse; l'inénarrable picarde de Mme Edgard Quinet; *Pélagie*, la cuisinière de M. E. de Goncourt, *Pélagie* traversant les barricades, en mai 1871, pour aller porter à son maître des roses de son jardin d'Auteuil.

1er Mai 1871, matin (1).

La mère Plancher, femme de charge de mon beau-père, part pour Moret en se faisant une crinoline avec mes valeurs.

Pour calmer les inquiétudes de ma femme, je me décide à quitter Paris, armé d'un billet de M. Dhar-

---

(1) Cette note et les suivantes ont été écrites à Moret après ma fuite de Paris.

deviller, maire de Moret ; mais les scélérats, ne me trouvant pas la mine assez campagnarde et se moquant pas mal de l'autorité de M. le maire, n'ont pas voulu me laisser passer ; à la gare de Lyon un garde national me dit même certaines paroles peu rassurantes ; je filai en allongeant les jambes prestement.

M. Dhardeviller avait donné à ma femme un billet constatant que certaines affaires exigeaient ma présence à Moret. Ce billet fut remis à une personne venant à Paris. Celle-ci en trafiqua, car jamais je ne vis ni la personne, ni la lettre. Ma femme, désolée, supplia M. Dhardeviller de lui redonner un second laisser passer. Il se fit tirer l'oreille, mais en fin de compte il ne sut résister à ses supplications. La seconde lettre fut confiée à un employé du chemin de fer de Lyon, qui me l'apporta triomphant ; mais, comme on vient de le voir, elle ne me servit à rien. Le moyen était déjà usé.

Même jour 1er Mai.

Démarches inutiles, d'abord à la préfecture de police (1), où la foule s'écrase pour avoir, comme

---

(1) Dans ses *Souvenirs d'un otage*, Ferdinand Evrard raconte ainsi son arrivée à la préfecture de police : « enfin, nous voilà à la place Dauphine, qui est hérissée de canons; nous entrons à la préfecture, encombrée de gardes nationaux à mines de forçats, couverts d'oripeaux de toute nature, fumant et buvant à discrétion. »

moi, des permis de sortie (1), puis à l'état-major de la rue d'Aligre où je vois une belle collection de guerriers à mine patibulaire. Impossible de me tirer du guêpier parisien.

A la préfecture de police on m'avait dit : « nous ne pouvons vous donner de permis de sortie, parce que vous voulez partir par la gare de Lyon ; or, cette gare est sous la surveillance de l'état-major de la rue d'Aligre. »

Mais rue d'Aligre on ne voulut pas non plus me donner de permis de sortie. Parmi les guerriers à mine patibulaire qui étaient là, il y en avait un plus effrayant que les autres, petit louchon à barbe rousse, qui me dit avec beaucoup d'amabilité: « comme ravitailleur vous devez vous adresser au bureau des subsistances de la gare de Lyon. »

« — Merci du renseignement, mon capitaine ! »

Afin de me donner vraiment l'air d'un ravitailleur, je courus chez M. Hugonnet, commissionnaire en marchandises aux Halles. C'était le correspondant de mon ami Jean-Baptiste Duriez, cultivateur en grand de carottes et d'asperges aux Sablons, près

---

(1) C'était bien imprudent d'aller demander des permis de sortie à la préfecture ; beaucoup de personnes n'obtenaient que des laissez-passer pour Mazas, notamment M. Richardet, rédacteur au *National*, le séminariste Seigneuret, mis à mort à la Roquette, et combien d'autres !

Moret, je lui dis : « Je pars pour Moret et je vais voir votre correspondant M. Durioz ; voulez-vous bien me donner pour lui, et sur une lettre, le prix des carottes et des asperges ? » Il me fournit sans hésiter ces renseignements sur une lettre avec en-tête.

2 Mai.

Armé de la lettre de M. Hugonnet, je retourne au chemin de fer de Lyon, en me faisant passer pour un ravitailleur de Paris ; je promets des carottes au commissariat de la gare de Lyon. Le citoyen commissaire ne se doute pas que je lui en tire une de carotte ; il me donne un cachet de sortie de premier numéro (1).

Je monte en wagon. Sauvé, ô mon Dieu ! pas encore. Nous arrivons aux fortifications ; les wagons sont visités par un bataillon de la garde nationale ;

---

(1) J'ai écrit ces lignes à Moret, mais en face du citoyen commissaire je ne faisais pas tant le malin. J'avais très sérieusement, et sans chercher à rire, fait mettre sur la lettre le prix des carottes, parce que Paris en manquait complètement. A ce propos, Rochefort venait de faire, dans le *Mot d'Ordre*, une sortie contre la Commune qui, selon lui, ne s'occupait pas assez de la question des subsistances : « les carottes il y a quelques jours valaient 18 sous la botte, elles valent maintenant 36 sous » s'écriait-il sévèrement !!

il faut exhiber ses papiers : des militaires, sortant des ambulances présentent timidement les leurs ; le bataillon, pas trop méchant, nous trouve en règle. Nous allons donc partir.... Un garde national qui n'avait pas encore quitté le marche-pied de mon wagon, s'écrie tout à coup : « ah ! voilà le délégué de la Commune. » Un homme, roulant de gros yeux, arrive comme un coup de vent ; il épilogue mes paperasses de telle sorte que la sueur me montait à la plante des cheveux et me descendait à celle des pieds ; enfin, mon laisser-passer est trouvé régulier. Mes compagnons militaires, grelottant de fièvre, sont forcés de descendre : « oui, oui, leur crie le délégué, vous allez rejoindre les assassins de Versailles et vous reviendrez nous fiche des coups de fusil. » L'un des militaires me dit douloureusement en descendant : « voilà trois fois que je suis ainsi renvoyé. »

A Villeneuve-Saint-Georges, autre aventure : je suis visité par les délégués du gouvernement de Versailles. Ils manquent de me faire coffrer, parce que mes papiers sont trop bien en règle au point de vue communard. En tant que ravitailleur, on m'avait donné tout ce qu'il y avait de mieux comme billet de sortie.

A Brunoy, des soldats prussiens, groupés devant la gare, imitent le cri du rat, pour se moquer de nous voyageurs arrivant de Paris, où nous avons mangé du rat ; quelle finesse dans l'esprit ! (1)

Enfin, je suis arrivé à Moret.

Mercredi 3 Mai.

Enfin me voilà à Moret !

Il est bien urgent que Versailles triomphe ; une

---

(1) Les soldats allemands avaient été vraiment ahuris de la façon dont les Parisiens s'étaient nourris pendant le siège.

Leurs chants de guerre de 1870-71 parlent souvent des rats auxquels, bien malgré nous, nous faisions les honneurs de notre estomac. A propos de mon passage à Corbie après l'armistice, j'ai déjà parlé de la chanson du *Coq gaulois* traduite en bouts rimés par V. Charlot ; l'un des couplets est relatif aux rats :

> Kokoriko, kokoriki,
> Eh bien, Paris,
> Qu'est-ce que t'en dis !
> Rats et souris
> C'est pas fortifiant
> Pour tes danseurs de cancans.

Dans son gracieux opuscule : *la Musique pendant le siège de Paris* (Lachaud, éditeur), feu Albert de Lasalle nous fait connaître ce couplet d'une autre chanson, composée lors du rejet d'armistice d'octobre 1870 :

> Las enfin de leur sacrifice,
> Ils demandent un armistice ;
> Mais comme nos conditions
> Ne flattaient pas leurs prétentions,
> A leurs festins ils retournèrent,
> *De chats, de rats se régalèrent.*

certaine sympathie pour la Commune règne dans le pays.

Les villes environnantes, Souppes, Nemours, Montereau sont agitées.

Il en est peut-être ainsi dans beaucoup de pays, en France.

6 Mai.

Je reçois des nouvelles de mon quartier ; il était temps de filer. Le lendemain même du jour où je suis parti, un fédéré est venu chercher mon fusil ; j'étais évidemment surveillé.

La nouvelle 5e du nouveau 21e m'avait compris dans ses rangs ; mais, à cause de mon heureux rhumatisme, je ne faisais pas effectivement partie de son effectif ; je ne hurlais point avec les loups, mais je me dispensais de hurler contre eux ; d'autres bons bourgeois, anciens camarades, faisaient comme moi, en usant de stratagème ; S..., professeur à Louis-le-Grand, quoique traqué, réussit à rester dans le quartier et à faire régulièrement sa classe. Plusieurs fois on vint pour l'attraper, mais il se tirait toujours d'affaire et se sauvait par l'escalier de service. Léon G... marchait et montait la garde bien malgré lui, jusqu'au jour où, dans une garde à l'Elysée, il s'évanouit comme une ombre, sans dire bonsoir aux amis ; Pierre G..., le teinturier, à la même époque, s'étendit tout du long dans son lit avec une fluxion de poitrine d'occasion. D'autres camarades dédaignèrent de ruser ; Gr..., qui ne décolérait pas contre Trochu, et qui, par haine contre le gouvernement de la paralysie nationale (style club de l'Ecole de médecine), s'était d'abord mis dans le mouvement, s'en retira bientôt quand il vit dans quel milieu il se trouvait ; au fédéré qui vint pour lui retirer son fusil il dit : « Je garde mon fusil et j'ai tant de cartouches à loger dans le ventre de ceux qui viendront pour me le prendre de force. » On le laissa tranquille.

Lundi 8 Mai.

Muni d'un permis de circuler, que me donne le maire de Moret, je vais à Versailles pour acquitter un solde d'emprunt ; tout Paris s'y trouve. A la poste de la rue des Réservoirs, je rencontre un grand nombre de confrères, de magistrats, d'amis. La ville de Louis XIV renaît à la vie. La place d'Armes est pleine de canons. Les militaires revenus de Prusse sont réhabillés à neuf. Les officiers paraissent calmes et sérieux ; ils ont profité de la leçon. M. Lelarge, bourgeois versaillais, chez qui je suis descendu, m'apprend qu'un libraire de ses amis a vendu, en un mois, aux officiers plus de cartes et de livres qu'il ne leur en vendait autrefois en dix ans.

9 Mai.

Je vais acquitter mon solde d'emprunt au palais même, dans la galerie des Tombeaux.

Pour retourner de Versailles à Moret, il m'a fallu passer par Melun, Corbeil, Longjumeau, au milieu des Allemands qui occupent encore la rive droite de la Seine.

J'avais le cœur navré de contempler tant d'Allemands ;

cependant, au sortir de Versailles, j'avais eu une grande joie ; croyant voir au loin des collines couvertes de coquelicots rouges, je m'en étonnais ; « — mais, me dit un voyageur placé à côté de moi dans l'antique guimbarde, ce ne sont pas des coquelicots, ce sont nos pantalons rouges ; » j'eus l'ineffable vision d'une grande armée française revenue à la vie.

10 Mai.

Je me rappelle avoir fait, ce jour-là, une promenade à Fontainebleau ; j'y rencontrai mon ancien confrère de la R..., substitut dans cette ville. Il me dit en me montrant l'immense palais complétement vide : « *pourquoi ne pas le joncher de paille ? Pourquoi n'y pas admettre les gardes nationaux fédérés ? Combien se sauveraient de Paris, s'ils avaient un gîte au dehors.* » J'approuvai chaleureusement cette idée. De nombreux gardes nationaux s'enfuirent ; mais je suis persuadé que les deux tiers des troupes de la Commune auraient fondu en quelques jours, si les fédérés avaient pu compter sur un gîte au dehors de Paris. Mais sans ce gîte assuré, comment s'enfuir ? pour errer dans le vide, pour mourir de faim ! Jamais l'hospitalité ne fut plus chère que pendant les tristes jours de la Commune. Dans toute la banlieue se trouvant en dehors des opérations militaires, la moindre chambre se louait au prix de l'or. A Fontainebleau, les riches seuls pouvaient se loger ; les hôtels prenaient des prix fantastiques.

Beaucoup de juifs retinrent des chambres dans les maisons particulières et les relouèrent avec un grand bénéfice.

11 Mai.

Ce jour-là, *ainsi qu'il me fut raconté plus tard lors de mon retour à Paris,* ma chère église de Saint-Séverin fut admise aux honneurs révolutionnaires ; un club y fut inauguré et la chaire y retentit des mâles accents du friturier Martin.

En l'absence de M. Mauléon, retenu comme otage, le premier vicaire, l'abbé Castelnau, remplissait les fonctions de curé; on était venu lui demander l'église pour y installer un club; après avoir refusé, il courut à la mairie et supplia Régère d'empêcher la profanation; celui-ci lui fit remarquer que la meilleure manière de préserver Saint-Séverin était d'accepter le club; il lui promit qu'aucun dégât n'y serait commis; l'abbé fit contre fortune bon cœur. En conséquence, Saint-Séverin donna pendant la journée asile au bon Dieu, et le soir à la sainte Commune (1); un grand rideau était drapé devant l'autel.

Il se débita de fortes insanités dans l'ex-chaire de Vérité, mais pas toujours sans protestation; car les matrones du quartier, assises dans le chœur, conspuaient l'orateur ou l'oratrice, qui expectoraient de trop *grosses énormités* (2).

15 Mai.

Ce jour-là, ainsi qu'il m'a été raconté plus tard, Gaston

---

(1) A ce moment, un caricaturiste facétieux, par mesure de conciliation, proposa aux curés laïcisés de dire à leurs paroissiens: *citoyens*, et aux orateurs communards d'appeler leurs auditeurs: *mes frères*.

(2) L'état d'âme de ces femmes était vraiment curieux. Ludovic Halevy, dans ses *Notes de 1871*, raconte l'indignation de l'une d'entr'elles, qui, allant au club et ne trouvant pas d'eau bénite dans le bénitier à l'entrée de l'église, s'écria courroucée : « pas d'eau bénite ! c'est donc une baraque que c' t'église là ! »

Il fallait payer cinq centimes pour entrer au club, ce qui excitait la rage de certains citoiiens : « mais c'est toujours la même chose, disaient-ils, c'est toujours comme du temps des curés. »

Régère, qui pendant un certain temps avait suivi le catéchisme à Saint-Etienne-du-Mont, fit sa première communion dans la chapelle des catéchismes. M. Gaultier de Claubry donna la communion à ce fort aimable enfant ainsi qu'à sa mère. Le citoyen Régère père et le frère aîné, en costume de capitaine fédéré du 148e, assistaient debout à la cérémonie intime.

D'après une légende du quartier, plusieurs membres de la Commune, amis de Régère, auraient assisté à cette cérémonie avec leurs insignes : grand ruban rouge à glands d'or, en sautoir, rosette rouge à la boutonnière, côté gauche.

C'est une fable ; aucun membre de la Commune n'accompagnait Régère ; ce dernier, loin de se parer de ses insignes, avait eu soin d'enlever son ruban rouge et de le placer dans son chapeau.

Tout se passa de la façon la plus convenable et Régère donna même une gratification pour l'église ou plutôt, je crois, pour l'habillement des enfants pauvres de la première communion ; quelque temps auparavant on lui avait demandé de vouloir bien, suivant un usage immémorial, permettre au Bureau de bienfaisance de consacrer une certaine somme à l'habillement des enfants ; mais Régère ne voulut point suivre cet usage comme étant contraire au principe de la séparation de l'Eglise et de l'Etat, principe adopté par la Commune. Régère n'était pas méchant et, malgré son grand sabre, il ne parvenait pas à le paraître ; mais ses théories révolutionnaires étaient nettes, tranchantes ; un habitant du quartier qui l'a entendu les développer me disait : son programme était celui qui, depuis quelques années, a passé petit à petit dans nos lois.

18 Mai.

Nouvelle promenade à Fontainebleau, pour y

chercher des nouvelles ; partout sur la place des groupes pleins d'anxiété. J'apprends la démolition de la colonne Vendôme et l'arrestation de mon camarade de rempart, Beaussire, professeur de philosophie. La Commune s'en prend aux hommes les plus considérables.

M. Beaussire, à la vérité, n'avait pas volé son arrestation. Dans une revue historique publiée dans la *Revue des Deux-Mondes*, il avait audacieusement témoigné son mépris à la Commune. Le *Times* ayant reproduit une page de cette étude, la Commune fut prise de fureur, car elle tenait beaucoup à la considération de l'Europe. Ces messieurs de l'Hôtel de Ville déclarèrent *qu'ils ne pouvaient pas se laisser traiter, comme un tas de fripouilles*, et décrétèrent d'accusation le citoyen Beaussire. (Emile Beaussire, *la Guerre étrangère et la guerre civile*, page 22). Heureusement pour la philosophie et les lettres, E. Beaussire fut relâché, peu de temps après son arrestation, grâce aux démarches incessantes de sa chère et noble femme.

Après la Commune, M. Beaussire fut nommé député par le département de la Vendée. Il est mort le 8 mai 1889. M. Ducrocq, professeur à la Faculté de droit à Paris, a publié dans le *Droit* une fort belle étude sur la vie et l'œuvre de ce grand citoyen.

19 Mai.

Ma nièce, Louise D..., me fait savoir que le couvent où elle a été élevée a été envahi et que les religieuses, ses maîtresses, se sont sauvées de tous les côtés ; de plus elle me fait également savoir que son oncle Antoine D... a été condamné à mort comme chef de bataillon d'un bataillon de la garde nationale, réfractaire à la Commune.

M. A. D... n'avait pas été chef de bataillon, mais pendant le siège il en avait, au 20°, rempli les fonctions par intérim, après la mort de M. Cotta. Sa personnalité avait été mise en vue et en sa qualité d'ancien militaire il était désiré par la Commune ; mais il était sourd à ses sollicitations ; je me rappelais que l'évasion de M. D... présentait d'assez curieux détails, et comme ils ne m'étaient pas suffisamment présents à l'esprit je pris le parti de lui écrire.

Voilà ce qu'il m'a répondu ; je transcris la lettre entière, d'abord parce qu'elle indique une des cent manières dont se servirent les Parisiens pour brûler la politesse à la Commune, et ensuite parce qu'elle donne des détails intéressants sur l'histoire du quartier Latin en 1871. Le commencement de la rue Saint-André-des-Arts où demeurait M. A. D..., avec ses tables d'hôte, ses bouiboui, est tout au moins une annexe du quartier Latin.

Cher Monsieur,

Je m'empresse de vous envoyer les renseignements demandés sur ma condamnation à mort de mai 1871.

Je dois commencer par vous dire que j'ignorais complètement cette condamnation, que bien entendu je ne demande pas à purger, mais il se peut tout de même qu'elle ait été prononcée.. par contumace.

Voici ce qui s'est passé à cette époque déjà lointaine et qui a pu donner lieu alors au dire de Louise.

Le 14 ou 15 mai 1871, j'étais encore à Paris ; je reçus la visite du receveur de l'enregistrement, nommé par la Commune.

Ce receveur était l'ancien commis de bureau ; il avait été nommé en remplacement du titulaire, parti en province ;

avant d'accepter ce poste, il s'était rendu à Versailles et là on lui avait conseillé de ne pas refuser sa nomination, de manière à pouvoir veiller à la conservation des registres; en réalité il ne remplissait donc que l'intérim, aussi ne fut-il en aucune façon inquiété lors de la rentrée du gouvernement régulier. La visite de ce jeune homme avait pour but de me prévenir qu'en ma qualité d'officier dans le 20ᵉ bataillon, réfractaire à la Commune, je devais être arrêté le lendemain, au saut du lit, ainsi du reste que plusieurs de mes collègues du même bataillon.

Venant de l'apprendre à la mairie, il était accouru m'en donner avis, et me conseillait de disparaître au plus vite. Je lui répondis : « il est bien tard pour quitter Paris ; j'obtiendrai très difficilement un sauf conduit. »

Après avoir réfléchi, il me dit. « attendez-moi, d'ici à deux heures, j'aurai ce qu'il vous faut. » En effet, dans l'après-midi, il revint me trouver avec un laissez-passer à son nom, l'autorisant à se rendre à Vincennes, pour affaires de famille. Par ce papier il était donné ordre aux autorités civiles et militaires de la Commune de laisser passer le porteur et de lui prêter, au besoin, aide, protection et main forte.

Il me remit ce laissez-passer en me recommandant de partir immédiatement et de le lui renvoyer sans retard, afin qu'il pût le rendre le lendemain.

Muni de ce papier, j'allai prendre le chemin de fer de la Bastille pour Vincennes. Arrivé à la gare un officier des fédérés me cria : « citoyen, où vas-tu ? » Je lui fis voir mon laissez-passer, portant vers le haut, en lettres d'au moins vingt centimètres de hauteur, les mots COMMUNE DE PARIS.

Il le prit et me le rendit après l'avoir lu, ou fait semblant de le lire, car il m'a bien semblé qu'il avait tenu le papier à l'envers, mais les gros mots *Commune de Paris* lui avaient sans doute fait reconnaître d'où il provenait.

Me croyant un gros bonnet de la Commune, il ôta son képi et avec force salutations me conduisit au train en partance ; il voulait absolument me faire monter en

1" classe, mais je lui dis : « non, citoyen, les premières sont pour les aristos. moi, je vais avec le peuple et je monte en secondes parce qu'il n'y a pas de troisièmes. » Il parut enchanté de ma réponse et me prit certainement pour un pur. Je dois dire qu'il me fit l'effet d'avoir vidé pas mal de canons en l'honneur du Comité central ; quant à lui, son centre de gravité était bien compromis. Il y a 22 ans de cela et je vois encore mon homme.

Arrivé à Vincennes je remis le laissez-passer à ma domestique, qui avait pris le train en même temps que moi, mais sans avoir l'air de me connaître ; elle revint à Paris. Quant à moi, me gardant bien de descendre à Vincennes, je continuai ma route jusqu'à Saint-Maur où j'allai demander l'hospitalité à un de mes voisins de Paris, qui l'avait quitté peu de temps après le 18 mars. J'avais bien fait de filer si vite, car le lendemain de mon départ, de très bon matin, des gardes, venus pour m'arrêter, bouleversèrent tout à la maison, et questionnèrent ma bonne pour savoir où j'étais ; ils ne voulaient pas croire à mon départ, m'ayant vu la veille. Enfin ils s'en allèrent en disant : « c'est heureux pour lui, il a été plus malin que nous. »

Dimanche 21 Mai.

Hier, ainsi qu'il vient de m'être raconté, le quartier Saint-Séverin fut le théâtre d'une touchante manifestation.

Au commencement d'avril, après l'arrestation de l'abbé Moléon, curé de Saint-Séverin, les vieilles femmes de la Sainte Famille étaient allées à l'Hôtel de Ville, avec un drapeau rouge, pour réclamer leur curé ; elles croyaient réussir parce que les dames de la Halle avaient pu ravoir le leur, l'abbé Simon, curé de Saint-Eustache ; mais une vieille femme n'obtient pas ce que Mme Angot, forte en gueule et les poings sur les hanches, arraché par son importunité (1) ; l'abbé Moléon resta à Mazas.

Des dames bien posées de la paroisse, fort inquiètes pour sa vie et probablement honteuses de ne pas tenter ce que les vieilles femmes avaient osé solliciter, se décidèrent, hier dans la matinée, à présenter une pétition à l'Hôtel de Ville afin d'obtenir l'élargissement du bon et charitable prêtre ; mais elles ne réussirent pas mieux que les pauvresses (2).

(1) L'abbé Vidieu, dans son *Histoire de la Commune*, page 204, rapporte une aimable réponse faite à Raoul Rigault qui avait eu l'imprudence de dire à la députation des Halles : « et si je vous refusais votre calottin ? »

« — Alors on te viderait à la première occasion sur une dalle du marché aux poissons, comme un joli merlan que tu es. »

(2) Dans ses *Tablettes d'une femme pendant la Commune*, M⁵ᵉ Blanchecotte, femme de lettres fort distinguée, rappelle pages 209 et suivantes, qu'après l'insuccès de cette manifestation, elle fut sollicitée de demander la liberté de l'abbé Moléon à un membre de la Commune, Arthur Arnould, qui, un mois avant, lui avait fait avoir celle de l'aumônier de la Clinique. Quoique malade, elle voulut bien y consentir. Il y a des pages très curieuses, très belles sur ses démarches, d'abord auprès d'Arnould, trop modéré pour être encore puissant le 20 mai, presqu'à la fin du drame, puis auprès du Comité de Salut public, qui menace de la faire coffrer et aussi auprès de Delescluze, qui promet sa protection pour la sécurité de l'abbé, protection bien illusoire, puisque quelques jours après il tombait sur une barricade.

Même jour Dimanche 21 Mai.

La femme de charge de mon beau-père nous arrive à Moret, épouvantée de ce qui se passe à Paris et surtout de ce qui va s'y passer.

Ce jour du 21 mai fut en effet assez agité dans le quartier des Écoles. Le vent communard soufflait en tempête, surtout contre les ecclésiastiques. L'abbé Castelnau, premier vicaire de Saint-Séverin, fut emmené comme un malfaiteur à la mairie du Panthéon. Dans la foule, qui le suivait, une femme se faisait remarquer par son exaltation et son acharnement contre le prisonnier, et cependant ce dernier avait été, disait-on, bien compatissant envers elle, lors de la mort de son mari.

Régère était heureusement à la mairie ; l'abbé fut immédiatement relâché en vertu d'un ordre conçu à *peu près* en ces termes : « nous, membre de la Commune, délégué à la mairie du 5ᵉ arrondissement, en vertu des pleins pouvoirs qui nous sont confiés, ordonnons la mise en liberté immédiate du citoyen Castelnau, au nom de la liberté de conscience. »

Mardi 23 Mai.

On se bat à Paris ; quand je mets l'oreille près de la terre, il me semble percevoir des bruits de canon ; quelle anxiété ! Sur tous les fronts se lit une grande inquiétude ; quand finira donc cette lutte horrible !

J'entendais ou croyais entendre le canon de Paris ; mais ce que j'entendais trop bien hélas ! c'étaient vers le soir les lugubres modulations de la trompette allemande. Les Allemands étaient en effet campés sur la rive droite de la Seine, à l'endroit où le Loing s'y jette.

Mercredi 24 Mai.

J'ai quarante ans aujourd'hui ; quand j'étais dans le guêpier parisien, j'ai désiré mes quarante ans, comme on désire ses vingt ans.

Si j'ai tant désiré mes quarante ans, c'est que le général Cluseret, délégué à la guerre, avait à la date du 7 avril 1871, déclaré obligatoire le service dans les compagnies de guerre, pour tous les gardes nationaux de 19 à 40 ans, *mariés* ou non.

Les fastes révolutionnaires n'avaient jamais, je crois, enregistré pareille atteinte à la liberté humaine ; sur les barricades de 1848, aucun citoyen n'avait été forcé de combattre. La conviction seule mit les armes à la main des émeutiers, dont la raison était égarée, mais le cœur loyal.

Même jour 24 Mai.

Des personnes revenant de Villeneuve-Saint-Georges nous disent : « on y voit tout Paris en feu ; » les Allemands, assis sur les hauteurs, dominant le bourg, comme sur les gradins d'un théâtre antique, contemplent avec joie cet horrible spectacle.

Ces affreuses nouvelles nous serrent le cœur, à nous tous Parisiens réfugiés à Moret ; nous sommes anéantis de douleur, en songeant non pas à nos intérêts compromis, mais à la perte de la grande cité.

Ah ! certes ! je pouvais bien avoir le cœur serré le 24 mai 1871, car en ce jour, ainsi qu'il me fut raconté lors de mon retour à Paris (1), mon pauvre quartier vit entre l'armée de l'ordre et celle du désordre les combats les plus horribles.

Le Panthéon était plein de poudre ; il fallait à tout prix s'en emparer avant que le feu n'y fût mis, pour éviter ainsi la plus épouvantable des catastrophes.

Mais quelle difficulté pour le conquérir ! A toutes les rues y aboutissant, s'élèvent de formidables obstacles !

Rien cependant n'arrête nos soldats ; sous un ciel tantôt sinistrement obscurci par des nuages de suie et de fumée, montant de la vallée en flammes, tantôt rapidement rougi par les éclairs d'un ouragan de mitraille, ils se précipitent, les vaillants, à l'assaut des barricades. Tout à coup, un globe immense de feu s'élève avec la rapidité de l'éclair, trois fois plus haut que le dôme de l'église patronale, une effroyable détonation suit immédiatement l'éclair ; la terre tremble sous le pas des assaillants ; il semble que le Génie sinistre de la Commune leur défend de toucher aux terribles avancées de la citadelle du Panthéon ; c'est la poudrière creusée dans le sol de l'ancienne pépinière du Luxembourg qui vient d'éclater (2). Face à face, les combattants, frères

---

(1) Ce récit de la semaine de mai dans le quartier Latin n'est pas mon œuvre personnelle, mais plutôt celle de tous mes amis, habitant ce quartier ; j'ai traduit aussi fidèlement que possible leurs sentiments d'admiration pour les soldats libérateurs et de compassion pour tant de malheureux entraînés, moins par la conviction que par la cruelle nécessité.

(2) Récit du père Hello, aumônier du patronage de Nazareth, qui a bien voulu me raconter ses impressions pendant la dernière semaine de la Commune et me communiquer le *Moniteur des jeunes ouvriers*, feuille hebdomadaire, aujourd'hui introuvable, dans laquelle il a publié le *Journal d'un aumônier de patronage*.

ennemis, s'immobilisent épouvantés (1). La bataille est en ce moment suspendue pour reprendre, un instant après, plus acharnée, plus effroyable. Ici c'est X...., ancien camarade du 21°, qui tombe sur la barricade de la rue Serpente, frappé par une balle plus humaine que la lente phtisie qui ne l'aurait pas épargné ; là, tout droit sur une barricade de la rue des Ecoles, où on l'a contraint de monter, un ancien sous-officier également du 21°, meurt le drapeau rouge à la main.

Les intrépides démons succombent en grand nombre ; un amoncellement de corps morts s'accote au théâtre de Cluny. Tous les défenseurs de la barricade rue Cujas, au coin du boulevard Saint-Michel, tous sans exception la couvrent de leurs cadavres. Enfin les abords du Panthéon sont enlevés non sans de grandes pertes pour l'armée régulière (2). Mais avant de s'engager sur la place, les chefs

---

(1) Ce curieux détail ne m'a pas été donné, comme presque tous les autres, par un habitant de mon quartier ; je l'ai trouvé dans Lissagaray (*les Huit jours de mai derrière les barricades*).

(2) La prise de la barricade de la rue Cujas coûta beaucoup de monde Il en fut de même de celle qui reliait le boulevard Saint-Michel à la rue des Ecoles, car un fédéré caché derrière le kiosque du boulevard, en face le numéro 21, tua un grand nombre de militaires à mesure qu'ils débouchaient des rues Racine et de l'Ecole de médecine.

C'est peut-être ce fédéré qui, alors qu'ils se tenaient audacieux sur la chaussée du boulevard, blessa grièvement et le colonel Biadelli, du 138° de marche, et le général Patorel ; ce dernier souffrait encore de la blessure par lui reçue le 18 mars, sur la butte Montmartre, non loin de l'endroit où les deux généraux étaient assassinés.

y font tomber une pluie torrentielle de balles ; celles-ci, tressautant sur les pavés, vont tomber et s'amasser dans leurs interstices, si bien que les grès, au soleil brillant du printemps, paraissent encastrés par des lamelles scintillantes de plomb, comme les losanges d'un vitrail d'église.

L'armée des rebelles commence à s'ébranler pour la fuite ; à ce moment les chasseurs à pied, les lignards arrivent de tous les côtés à la fois sur le sommet de la montagne sacrée, en haut par les rues d'Ulm et Clovis, en bas par les rues Cujas, Soufflot et Mallebranche ; le Panthéon est en leur pouvoir ; un pied de soldat écrase précipitamment la longue mèche qui, sortant du chevet de la basilique et brûlant lentement mais sûrement, devait bientôt enflammer les poudres ; au même moment un officier coupe au plus vite un fil métallique qui sortait d'une fenêtre et se reliait à l'appareil électrique de la mairie (1).

Tout danger d'explosion disparaît ; en même temps les fédérés s'échappent pour aller rageusement combattre à la Butte aux cailles ; d'autres ne fuient pas assez vite, ils sont atteints par les balles ; et de près et de loin ils tombent, les infortunés, autour de la basilique de Sainte-Geneviève, qu'ils entourent d'une sanglante ceinture de cadavres ; leurs corps s'échelonnent sur ce chemin qu'ils ont parcouru deux mois auparavant, leur grand drapeau rouge en tête ; ils sont étendus inertes sur cette place que le 31 mars ils ont remplie de leurs cris joyeux et gouail-

---

(1) Vers quatre heures, au moment où on venait de le couper, un morceau de ce fil électrique fut donné au docteur Coffin, qui avait une grande ambulance au n° 3 de la rue Soufflot ; je rappelle ce détail, parce que l'existence de ce fil a été contestée.

leurs, quand la grande croix du dôme résistait aux coups de hache.

De tous ces corps foudroyés s'élève une âcre odeur de sang (1).

Vieux quartier Latin, ordinaire séjour des jeux et des ris, par quelles épreuves terribles n'as-tu point passé ; il faudra bien des générations de tes gais étudiants pour les faire oublier.

(1) Extrait de la lettre d'un officier envoyée au journal le *Soir* et reproduite par Ernest Daudet dans son livre l'*Agonie de la Commune* : « vous ne pouvez vous figurer l'élan de nos troupes et aussi leur colère. Ces incendies, ces destructions insensées, dont chaque rue porte les traces, les ont rendues féroces ; aussi quel affreux carnage ! la place du Panthéon est jonchée de morts et les portes des maisons en sont encombrées. »
La porte la plus encombrée était celle du n° 3, rue Soufflot ; elle regorgeait de ces morts depuis le sol jusqu'à la voûte de l'énorme allée qui reliait la porte sur la rue à celle sur le jardin ; ils y étaient étagés en rangs pressés comme en un vaste columbarium ; seul un passage était ménagé de la porte de la rue à celle de l'escalier. Quand les soldats arrivèrent devant ce troisième numéro de la rue Soufflot, cet amoncellement funèbre existait déjà. Là, avaient été réunis les combattants décédés dans l'ambulance du bon docteur Coffin ou ceux qu'il n'avait pu recevoir parce que la mort avait déjà accompli son œuvre.

De midi à trois heures et demie environ, ils avaient lutté bravement et montré qu'ils étaient dignes de mourir pour une meilleure cause. Contrairement à ce qui a été écrit partout, le sanctuaire de l'église Sainte Geneviève ne fut pas souillé de sang ; les marches seules furent le lendemain rougies par celui de Millière, passé par les armes.

Ma chère maison de la rue de la Sorbonne ne put échapper aux scènes d'épouvantement. Marie, ma cuisinière, était le matin descendue dans le vestibule. On se battait déjà partout dans le quartier; elle était là curieuse, mais tremblante, quand sous ses jupons se précipite un jeune combattant de 14 à 15 ans, poursuivi par la troupe. Il venait de tirer sur un capitaine, qui, cependant, lui avait sauvé la vie en l'arrachant aux mains de ses soldats, après la prise de la barricade de la rue Saint-Jacques, coin de la rue des Ecoles.

Affolée, Marie secoue ses jupes pour faire sortir le gamin; le garçonnet saisi est entraîné et fusillé devant la porte du musée de Cluny!

« C'était affreux cette mort d'enfant, a dit un témoin, et cependant il avait mérité son sort (1). »

---

(1) Dans le quartier des Ecoles les enfants prirent une grande part à la lutte. Mme Blanchecotte a écrit sur ses *Tablettes* que la barricade de la rue Cujas avait été élevée en grande partie par les enfants. En la construisant ils chantaient la *Marseillaise*.

A la page 416 de son livre : *la troisième défaite du prolétariat*, Malon, ancien membre de la Commune, dit que la forteresse formée par les barricades de la rue Gay-Lussac et des deux tronçons de la rue Royer-Collard était audacieusement défendue par une multitude de femmes et *d'enfants*.

Le malheureux gamin dont j'ai raconté la mort avait été endoctriné par son père, un forcené émeutier, habitant près de Saint-Etienne-du-Mont; après la bataille, une multitude de gamins s'échappèrent de leurs demeures où ils avaient été longtemps enfermés et vinrent visiter en curieux le champ désolé de la guerre civile; ils virent le cadavre; « c'est un tel » disaient-ils en se retirant consternés.

Le soir du 24 mai vit la délivrance complète du quartier. Combien ineffables furent les premières heures de cette délivrance ! l'horrible angoisse qui avait étreint tous les cœurs en cette fatale journée du 24 mai était donc disparue ; la joie de la libération ne fut nulle part plus grande, parce que nulle part la perplexité n'avait été plus poignante.

Une heure avant que l'armée ne se fût emparée du Panthéon, un fédéré fut envoyé (je ne sais par qui, peut-être par Régère) dans toutes les maisons environnantes pour prévenir qu'une heure après l'énorme monument sauterait, entraînant tout dans sa ruine : « fuyez, fuyez au plus vite, » disait le messager. Vieux pères, mères, enfants abandonnaient leurs demeures et fuyaient affolés, escaladant tous les amoncellements de matériaux et de grés et ne s'arrêtant que bien loin, bien loin au milieu de la campagne.

Cependant rue Clovis, une mère répondit au messager : « fuir ! où fuir ? la mitraille pleut de tous côtés ; fuir, c'est encore le plus sûr moyen de courir à la mort ; » puis attirant dans ses bras ses deux jeunes garçons, elle leur dit : « tout au moins nous mourrons ensemble ; à la grâce de Dieu, que Sainte-Geneviève nous protège en protégeant sa sainte montagne. »

Aussi quelles actions de grâce s'élevèrent du cœur de cette mère quand, avant l'heure écoulée, à travers la gaze de ses rideaux, sur le vert talus du vieux mur de Philippe-Auguste elle vit le pantalon rouge d'un soldat de Versailles ou plutôt de France.

Elle ne fut pas seule à le voir, un cri s'éleva de la maison, un cri s'éleva de la rue : « voilà les pantalons rouges. »

. . . .

Pendant toute la nuit du 24 au 25 mai, le Palais de justice brûla ; les flammes qui le dévoraient illuminaient la Seine et la changeaient pour ainsi dire en un fleuve de feu ; sur le boulevard Saint-Michel, éclairé par l'incendie, se tenait une foule anxieuse, les yeux fixés sur la Sainte Chapelle qu'à chaque instant elle croyait voir s'abîmer dans la fournaise ; heureusement ce n'était qu'illusion des yeux et la Sainte Chapelle sortit victorieuse de l'épreuve.

Jeudi 25 Mai.

Cette journée du 25 mai fut bien émouvante et bien funèbre. Dans le jardin du Luxembourg s'exécutaient les terribles sentences d'une cour martiale siégeant au Palais même (1). Toute la matinée de ce jour 25 mai, par les fenêtres sans carreaux de la maison de mon beau-père, arrivaient les crépitements des fusillades. Blottie dans sa cuisine, la pauvre cuisinière Marguerite, seule avec son enfant, tremblait d'effroi à chaque détonation, et dans sa terreur ne pouvait prendre aucune nourriture.

Le bruit de la fusillade était perçu par elle dans toute

---

(1) Si j'en crois un témoin oculaire, sérieux et réfléchi, dans cette cour martiale se trouvaient deux colonels de gendarmerie, qui paraissaient très tourmentés de leur responsabilité morale. L'un des deux, craignant s'être trompé à l'égard d'un condamné quitta, effaré, la salle d'audience, où le public était admis, et se précipita dans le jardin en criant d'une voix altérée au peloton d'exécution : « arrêtez, arrêtez; » le condamné fut ramené et probablement acquitté.

M. l'abbé Riche, vicaire à Saint-Sulpice, l'abbé Hello, dont j'ai parlé plus haut, et deux autres prêtres assistaient les condamnés jusqu'au lieu de l'exécution.

Beaucoup d'infortunés acceptèrent leurs consolations

— 231 —

son horreur, car les condamnés étaient passés par les armes non loin de là, au pied du mur des terrasses enveloppant le grand bassin. Marguerite n'entendit que pendant la matinée du 25, mais les exécutions continuèrent, moins nombreuses peut-être, pendant toute la journée et même pendant la nuit (1).

Ce n'est pas seulement la punition légitime, mais inexorable des révoltés qui fit de cette journée du 25 mai une journée funèbre dans le quartier des Ecoles ; ce fut encore le lugubre enlèvement des morts étendus depuis deux

avec la plus grande reconnaissance ; mais d'autres refusèrent opiniâtrement d'embrasser le crucifix ou de dire la plus petite prière.

Dans sa *Semaine de Mai*, E. Pelletan reproche au prêtre, qu'il appelle l'aumônier des fusillés, d'avoir fait son métier en traînant un pan de sa soutane dans le sang du massacre. Il a écrit ces lignes cruelles parce qu'il ne le connaissait pas, ou plutôt ne les connaissait pas, ces aumôniers des fusillés ; l'abbé Hello avait déjà consacré sa vie à la jeunesse ouvrière et il a continué depuis ; l'abbé Riche, homme d'une infinie bonté, très impressionnable, a plus que tout autre été ému de sa terrible mission ; sa santé en fut grandement ébranlée.

(1) Les exécutions de nuit étaient éclairées d'un côté par la lune à son premier quartier, de l'autre par l'incendie ; elles étaient accompagnées du bruit des combats dans le lointain et du long mugissement des grands monuments qui s'écroulaient. C'était un horrible spectacle...

Journal d'un aumônier de patronage, par l'abbé L. O..., publié dans le *Moniteur des jeunes ouvriers*, pièce aujourd'hui complètement introuvable.

jours sans sépulture. La foule se pressait autour de Raoul Rigault, fusillé rue Gay-Lussac et couché près d'un mur, au coin de la rue Royer-Collard, vis-à-vis de ce boulevard Saint-Michel qu'il avait rempli de sa personnalité encombrante, ahuri de ses théories extra-révolutionnaires et égayé parfois de ses quolibets ou de ses plaisanteries bizarres.

Non loin de chaque barricade, sur le trottoir des rues, étaient rangés de pauvres tués avec leur carte d'identité sur le ventre ou sur le dos, presque tous sans souliers, car les soldats mal chaussés leur avaient enlevé leurs chaussures, chétives dépouilles opimes (1).

Or donc, de grands fourgons jonchés de paille arrivent ; les soldats tombés dans la lutte y sont tout d'abord placés ; d'autres voitures suivent les premières, voitures de toutes formes, de toutes provenances ; viennent aussi des tombereaux qui descendent lentement le boulevard Saint-Michel.

Ils s'arrêtent à chaque barricade ; près de chacune d'elles, en effet, la triste moisson est copieuse.

Seule, la grande barricade, qui obstruait le boulevard à la hauteur de la rue Saint-Séverin, était presque sans cadavres ; ses défenseurs ne s'étaient pourtant point enfuis ; tous au contraire ils avaient glissé sanglants dans l'énorme fossé pratiqué à la base. Mais la piété compatissante d'une bonne et sainte femme les en avait fait retirer ; ils étaient tous les pensionnaires d'un humble hôtel, qu'elle possédait rue Zacharie. Obligés pour vivre de faire partie d'un

---

(1) Souvent aussi au milieu du silence effrayant, qui suivait la prise des barricades, les fédérés, traqués et pourchassés, enlevaient leurs souliers afin de ne pas se trahir par le bruit de leurs pas.

bataillon de fédérés, ces ouvriers sans ouvrage allaient chaque jour à la caserne chercher leur trente sous. Le 24 mai elle leur dit : « mes enfants, je vous en supplie, ne sortez pas, il vous arrivera malheur ; j'ai tant vu de révolutions ; oh ! je m'y connais ; aujourd'hui Versailles va prendre le quartier. » Mais eux : « Il nous faut bien manger ; nous allons chercher notre solde ; puis ensuite à la barricade ; hélas ! qu'y faire (1). » Les voyant partis elle dit à sa bru : « j'ai un pressentiment, je n'en reverrai pas un. »

Au bout d'un certain temps la bru traverse rapidement le boulevard Saint-Michel, morne et silencieux et frappe aux volets fermés d'une boutique de boulanger. Par la porte timidement entr'ouverte, un pain est passé et pris par elle.

A son retour elle marche le long de la barricade au pied de laquelle était ménagé le grand fossé ; y apercevant les pensionnaires de l'hôtel, elle dit à l'un d'eux : « je vous en supplie, revenez donc rue Zacharie ? » « C'est impossible, » répond-il ; puis, fixant tristement ses yeux sur elle, il ajoute : « vers le soir, je serai dans ce fossé étendu sans vie. »

Bientôt la troupe arrive ; la barricade, soutenue par le

---

(1) Dans une brochure intitulée : *Un chapitre de l'histoire de la Commune au quartier Saint-Marcel*, M. de Bonneuil, président d'une conférence de Saint-Vincent-de-Paul dans ce quartier, a écrit ceci : « ... voilà du reste ce qu'était une grande partie des troupes de la Commune, de pauvres gens et de bons pères de famille, qui se battaient moitié par force, moitié par entraînement, *et surtout pour gagner de quoi vivre.* »

feu de la batterie du Pont Saint-Michel résiste énergiquement.

Mais enfin les soldats triomphent.

Le boulevard est délivré ; la population sort de ses maisons ; la vieille accourt du côté de la barricade ; tous ses pensionnaires gisent dans le fossé et au-dessus de tous celui qui, le matin, avait si tristement prédit son sort.

Elle les fit prendre les uns après les autres et les mit reposer sur leurs couchettes de fer, avec des cierges bénis tout autour !

Voilà pourquoi le tombereau, en passant, ne les trouva plus dans le fossé. Le charretier prévenu alla les chercher dans la misérable ruelle. La vieille dit aux croque-morts : « je vous en prie, serrez-les bien les uns contre les autres, afin qu'ils soient emportés et enterrés tous en même temps, ils étaient amis. » Et ils dorment en paix les malheureux garçons, à côté les uns des autres dans la fosse commune, pauvres victimes de fous, d'idéologues, qu'ils ont suivis, parce qu'ils avaient faim.

Vendredi 26 Mai.

Me voici encore à Fontainebleau où circulent les plus épouvantables rumeurs. La colonie parisienne se masse sur la place, le long de l'église, effarée, atterrée.

J'y apprends le massacre de l'archevêque, de l'abbé Deguerry, du directeur de l'école d'Arcueil, le père Captier.

Tout brûle à Paris ; il n'est pourtant pas coupable comme Sodôme ! Les pompiers de Fontainebleau sont partis au secours de la malheureuse cité (1).

Samedi 27 Mai.

Je retourne encore à Fontainebleau, tout le monde est terrifié des désastres de la capitale ; mais on est plus sûr maintenant du triomphe de Versailles.

Amélie me fait remarquer que le 24 mai, fête de Notre-Dame-Auxiliatrice (2), l'armée régulière s'est emparée véritablement de Paris, en enlevant Montmartre, le Panthéon, l'Hôtel de Ville et le Louvre.

Ce samedi 27 mai, malgré le dévouement des pompiers, accourus de tous les points de la France, Paris continuait à brûler. Sans une intervention providentielle, il eût brûlé bien longtemps encore et enfin aurait pu s'accomplir le vœu impie de mauvais Français disant : « qu'il brûle cet

---

(1) Dans ses *Notes journalières sur l'état de Paris pendant la Commune*, Barral de Montaut a écrit ceci : « les pompiers de Fontainebleau ont contribué à préserver les galeries du Palais Royal ; à Fontainebleau une somme importante a été réunie, parmi les réfugiés, pour la création d'une caisse de secours en faveur des pompiers de cette ville. »

(2) Cette fête fut instituée pour perpétuer le souvenir de la fameuse bataille de Lépante qui arrêta les envahissements des Turcs et sauva l'Europe de leur domination. La domination de la Commune victorieuse n'eut pas mieux valu.

horrible Paris ; que ses fondations soient dispersées ; qu'à la façon antique, du sel, symbole de stérilité, soit semé sur la place où il aura vécu. » Mais Dieu, regardant en pitié la ville infortunée, n'y aperçut pas seu'ement dix justes, mais dix mille, dix fois dix mille et beaucoup plus encore ; il ouvrit les cataractes des cieux ; la pluie tomba alors puissante, énergiquement continue et abattit les vents. Les flammes disparurent de beaucoup de brasiers ardents ; sur d'autres elles s'élevèrent comme des suppliantes, droites vers le ciel, sans propager l'incendie. Le fléau disparut lentement, peu à peu. . . . .
. . . .

Lundi 29 Mai.

On respire ; Mac-Mahon a définitivement vaincu l'émeute le 28 mai, jour de la Pentecôte, alors que dans toutes les églises de France des prières étaient dites pour implorer de Dieu la fin de la terrible épreuve.

DIXIÈME SÉRIE

DU 31 MAI AU 2 DÉCEMBRE 1871

RETOUR A PARIS

Souvenirs de la Commune

31 Mai.

Mon retour à Paris avec passe-port donné par le maire de Moret. Le chemin de fer ne va pas plus loin que Charenton, où les Prussiens sont installés comme chez eux. Je vais à pied jusqu'à mon quartier Latin. On ne me fait enterrer aucun cadavre, comme m'en avaient menacé les amis de Moret, qui trouvaient mon départ trop hâtif.

Affreux aspect de Paris néanmoins !

En passant devant le Palais de Justice, je ramasse un fragment du *Moniteur*, provenant de la Bibliothèque des avocats et un acte de l'état-civil léché par les flammes ; cet acte concerne la famille de M. Glandaz, juge au tribunal de la Seine. Je remonte tristement le boulevard Saint-Michel ; les frondaisons de certains de ses arbres ont été hachés par la mitraille.

Mon cœur bat bien fort en rentrant chez moi ; mon concierge me dit qu'il a été obligé de se cacher dans un tonneau, pour échapper à la réquisition des gardes nationaux de la Commune.

Marie, ma cuisinière, me raconte qu'on a fusillé un garçon de 14 ans qui était venu se fourrer sous ses jupes.

Ma femme m'a fait promettre de ne pas sortir le soir ; mais je ne puis résister à ma curiosité ; je vais rôder autour de mon pauvre palais.

Les ténèbres qui l'enveloppent lui servent à peine à cacher ses ruines. Tout à coup un sergent de ville me saisit et m'installe près d'une pompe ; il s'agit d'éteindre un jet de flammes qui vient de sortir des décombres fumants de la préfecture de police. Je suis obligé de pomper du bras gauche, mon bras droit étant imparfaitement guéri de son rhumatisme ; le bon gardien de la paix a pitié de moi et me relâche ; mais il m'a fait une rude peur, parce que, terriblement silencieux, il ne me dit pas pourquoi il se saisissait de moi ; craignant d'être pris pour un fédéré, j'avais senti une petite sueur me perler sur le front.

Matin du 1er Juin 1871.

Dès l'aube du jour je cours comme un fou à travers les ruines.

A cet endroit de mes notes, je voulus parler de la colonne, si fière autrefois au milieu des airs, roulant maintenant par terre ses anneaux, comme un reptile infect ; mais trop ému, je ne pus rien écrire, rien raconter de mes douloureuses impressions ; je collai sur le papier une image la représentant dans son humiliation et j'écrivis simplement au dessous ces mots :

Voilà ce que les gredins ont fait de la colonne.

Même jour 1er Juin.

En rentrant chez moi, je reçois par la poste une lettre, que ma femme m'a écrite d'Armentières le 2 octobre 1870 ; cette missive, peu pressée, a mis juste huit mois pour m'arriver.

1er Juin après-midi.

L'après-midi, sorti pour voir la maison de mon beau-père (rue de Vaugirard, n° 7) ; elle est en bon état, mais tous les carreaux ont été réduits en miettes lors de l'explosion, de la poudrière du Luxembourg, le 24 mai dernier (1).

---

(1) Du côté de la rue Soufflot et du Panthéon, les carreaux ne furent pas brisés, comme dans la rue de Vaugirard ; cinq minutes avant l'explosion, deux cavaliers montèrent vers le Panthéon en criant : « *ouvrez vos fenêtres ! ouvrez vos fenêtres !* » ils étaient envoyés par les fédérés qui, s'échappant de la rue Vavin en flammes, voulaient assurer leur retraite par l'explosion de la poudrière ; mais comme ces combattants se dirigeaient vers la citadelle de la montagne

A ce moment, la porte cochère, quoique retenue par une énorme barre de fer, s'est ouverte d'elle-même. Mme Gaildreau, femme du dessinateur de l'*Illustration*, se trouvant dans l'atelier de son mari, a reçu un tableau sur la tête.

Quant à Marguerite, la cuisinière de mon beau-père, elle eut comme la sensation de s'enfoncer dans les catacombes.

* Une heure à peine après l'explosion, un fédéré fut passé par les armes sous les voûtes de la porte cochère. Les commères de la maison étaient alors dans la cour ; car elles n'osaient plus rester dans l'intérieur des appartements ; aussitôt qu'elles aperçurent l'homme entraîné par les soldats, elles accoururent toutes, sauf la bonne Marguerite, pour le voir passer de vie à trépas. L'une d'elles se donna le genre de se trouver mal, elle ne pouvait moins faire pour l'honneur du sexe sensible de la maison. « C'est épouvantable, criait-elle ; » Marguerite qui la soignait lui dit : « comment avez-vous pu vous

Sainte-Geneviève, ils ne voulaient pas se trouver, pour combattre, au milieu d'un amoncellement de fenêtres brisées, de verres pilés.

L'ouverture précipitée des fenêtres empêcha tout désastre. C'est le docteur Coffin qui m'a donné ce détail, comme beaucoup d'autres, du reste.

On voit comme tout était bien combiné pour la défense du quartier des Ecoles.

régaler d'un pareil spectacle ! les soldats sont moins cruels que vous; ils sont en ce moment hors d'eux-mêmes ; vous savez bien qu'à Montrouge plusieurs de leurs camarades ont été empoisonnés » (1).

Lettre de ce jour 1ᵉʳ Juin.

Ma chère femme,

Je suis arrivé à bon port hier, et suis venu à pied de Charenton à Paris ; nous avons été protégés d'une façon providentielle. La maison de ton père n'a nullement été endommagée ; notre appartement n'a pas souffert.

Je suis allé voir la tante Alexandrine qui, pendant la lutte, s'est réfugiée au fin fond de sa cave. Elle est au comble de la joie; car son curé, enfermé d'abord à Mazas, puis à la Roquette, lui a été rendu (2). « Le pauvre homme,

---

(1) Ce n'était pas exact, je crois ; elle répétait ce qu'elle avait entendu dire ; mais la population parisienne était tellement exaspérée contre les fédérés qu'elle les croyait capables de tout.

(2) Le dimanche 28 mai, l'abbé Moléon s'enfuit de la Grande Roquette, abandonnée par les gardiens communards à l'approche de l'armée régulière ; il arriva sain et sauf à son église, plus heureux que ses compagnons de fuite, Mgʳ Surat et l'abbé Bécourt, curé de Notre-Dame de Bonne-Nouvelle, qui furent massacrés en chemin par les jeunes détenus de la Petite-Roquette, auxquels leur directeur communeux avait rendu la liberté. Voilà une lettre que reçut Mᵐᵉ Blanchecotte à l'occasion de la fuite de l'abbé Moléon, pour le salut duquel elle avait fait tant de

m'a-t-elle dit, était en rentrant à Saint-Séverin, plus blanc et plus effrayant que ma mère au lendemain de sa mort. »

Il est arrivé pendant la grand'messe en vêtements civils délabrés. Personne ne le reconnaut à la sacristie ; « je suis votre curé, dit-il. » Le premier vicaire, prévenu, accourut annoncer la bonne nouvelle aux fidèles. M. Moléon vint bientôt après, et adossé à la grille du chœur, il dit quelques mots à ses paroissiens (1).

De là je me suis dirigé rue du Temple, à l'Orme Saint-Gervais, chez M. Gautier ; comme tu le remarqueras, c'est sur le papier de sa maison que je t'écris. Pour m'y rendre

démarches, comme je l'ai raconté dans le récit du 20 mai. C'est une lettre d'ami commun :

« Madame,

« Je m'empresse de vous dire que je suis allé voir
« M. le curé de Saint-Séverin, votre heureux protégé.
« C'est hier (28 mai) qu'il a échappé par miracle aux
« mains des cannibales. Il est comme un revenant de
« l'autre monde, pâle, défiguré, décharné ; il a perdu
« presque la vue. Il m'a embrassé en me disant : « je ne
« m'appartiens plus, je ne dois plus vivre que pour Dieu
« et le salut des âmes. »

Après la mort de la tante Alexandrine Turin, ma femme a découvert, dans le paroissien de cette vieille et sainte demoiselle, un papier dans lequel se trouvait une pensée fanée avec ces quelques mots : « ma pensée est avec vous. E. Moléon. — Captivité de Mazas. » C'était un souvenir que pendant son emprisonnement l'abbé Moléon avait fait parvenir à sa fidèle paroissienne.

(1) Plus tard, dans son église, l'abbé Moléon remercia chaleureusement les dames d'avoir tant fait de démarches pour l'arracher à sa prison.

j'ai dû passer devant l'Hôtel de Ville ; jamais plus extraordinaire image de la destruction n'est apparue sur terre. Sa Majesté la Populace a fort bien fait les choses.

Au milieu de toutes ces horreurs, circulent les premières communiantes en blanc et les omnibus tout rouges de militaires. La vie à côté de la mort. Je suis tout étonné de voir M. Gautier tranquille auprès de ses ouvriers, ceux-ci battant le fer à qui mieux mieux. La plupart sont rentrés d'hier ; presque tous, en effet, s'étaient sauvés pour échapper aux violences des fédérés, avec lesquels ils ne voulaient pas marcher contre Versailles.

La terreur de 1871 a surtout pesé sur la classe ouvrière. Les bourgeois, grâce à leurs ressources, ont pu s'y soustraire ; mais beaucoup d'ouvriers n'ayant plus d'argent après le Siège, ou n'ayant pas des patrons assez bons ou assez riches pour leur en prêter, ont été, bon gré mal gré, obligés de rester dans la bande des coquins cosmopolites, dont l'audace était inimaginable.

Tout à toi.
Vendredi 2 Juin.

Lettre de ce jour à ma femme :

Ma bonne amie,

Je suis allé aux Tuileries ; ce ne sont plus que vilains monceaux de débris, tandis que l'Hôtel de Ville conserve un air d'imposante grandeur. Le pavillon du Louvre, où se trouvait la bibliothèque est complètement incendié. Des trésors littéraires sont perdus (1); les galeries de tableaux

---

(1) M. Alexandre Pillon, le conservateur de la bibliothèque du Louvre, ne la quitta point pendant tout le temps de la Commune, mais il ne put empêcher le désastre. Son fils, M. Pillon-Dufresne, l'aimable bibliothécaire à la Biblio-

sont, heureusement, épargnées ; c'est le principal ; non loin de ces ruines, encore d'autres ruines : celles du quai d'Orsay, de la Légion d'honneur, de la Cour des Comptes, de la rue de Lille, de la rue du Bac. En traversant ces deux rues, j'entendais les malheureux habitants qui se lamentaient et se répandaient en imprécations contre les pétroleuses (1).

Rentré chez moi j'ai voulu dîner ; je n'ai pu avaler qu'un peu de salade et encore les récits de mon ami Ch... m'en ont-ils rendu la digestion difficile ; ses enfants ont été, comme tu le sais déjà, très effrayés par l'explosion de la poudrière qui a sauté précisément au moment où Ch..., sa femme et sa petite famille descendaient à la cave. Le bruit

thèque nationale, m'a parlé des richesses incomparables qui se trouvaient au dépôt du Louvre, richesses dépassant même celles du dépôt de la rue Richelieu, à cause de la rareté et de la beauté des livres ; la bibliothèque du Louvre était en effet celle des souverains.

(1) A la date du 4 septembre 1871, le 4ᵉ Conseil de guerre reconnut, comme coupables de l'incendie de la rue de Lille, trois femmes qu'il condamna à la peine de mort ; mais leur peine fut commuée. La preuve complète de la culpabilité ne semble pas résulter des débats, rapportés par les journaux judiciaires. Il est vrai que les témoins osaient à peine parler ; on a nié l'existence des pétroleuses, soit ; mais la population de Paris y croyait fermement. Si ce ne sont pas les pétroleuses qui ont mis le feu à la rue de Lille *comme je l'ai entendu dire par les incendiés désolés*, ce sont les *fuséens* ; c'est toujours la même chose, la même et terrible chose. Mais, du moins, l'honneur du sexe est sauvé.

les a, pour ainsi dire, stupéfiés ; bruit épouvantable et presqu'immédiatement suivi du bruit non moins effrayant de tous les carreaux de la maison se brisant et tombant sur le boulevard Saint Michel.

Cette pauvre famille a été obligée, comme la famille L..., de vivre quelques jours dans la cave. Ch... a couru personnellement un grand danger ; les insurgés, qui se tenaient sur la barricade de la rue Cujas, l'ont visé parce qu'il avait allumé une veilleuse pour coucher ses enfants (1) ; il est vrai que cela lui était déjà arrivé et les fédérés l'appelaient *l'obstiné du cinquième*.

Vais-je pouvoir dormir, cette nuit ?

Tout à toi.

P.-S. — On sonne ! c'est le vitrier ; il vient remettre les carreaux cassés. Oh ! la bonne aubaine. Les carreaux sont très rares et les vitriers ne veulent travailler qu'à des prix exorbitants ; du reste je n'en ai pas eu beaucoup de brisés, ma cuisinière ayant eu la précaution de les couvrir de bandes de papier entre-croisées. Malheureusement cette brave Marie s'est servi, pour faire ses bandes, des numéros du journal l'*Officiel*, que la Commune m'a toujours fidèlement envoyé ; comment pourrai-je jamais le retrouver ?

On sonne encore ; ce sont deux chasseurs de Vincennes. Ils viennent visiter l'appartement, pour savoir s'il n'y a pas d'armes cachées. Je leur offre un bon verre de vin ; ils n'osent l'accepter, car on leur a, par crainte d'empoi-

---

(1) La Commune avait interdit, sous peine de mort, toute lumière extérieure ou intérieure.

sonnement, (1) formellement recommandé de ne rien prendre. Je les suis dans leur visite aux appartements de la maison. Ceux de M. Hermitte et de Mme Royer-Collard sont criblés de balles.

Même jour Vendredi 2 Juin.

Au nom d'Amélie, je vais à Saint-Etienne mettre un cierge sur le tombeau de sainte Geneviève (2).
L'église est toujours aussi belle ; les vieux vitraux

---

(1) Le bruit courait, sur la rive gauche, comme je l'ai déjà dit, que les soldats avaient été empoisonnés à Montrouge par les communards ; ce n'était qu'un bruit, il est vrai ; toujours est-il que les chasseurs de Vincennes refusèrent mon bon Bordeaux ; je n'étais qu'un avocat ou plutôt j'avais le tort d'être avocat ; or, les avocats, depuis le 4 septembre, n'étaient pas en odeur de sainteté dans l'armée. Ah ! si j'avais été notaire ! A peine la lutte était-elle terminée que le papa Lindet, notaire sur le boulevard Saint-Michel, mon vieux camarade de rempart, se précipita sur le boulevard et vint dire à un officier : « j'ai du bouillon pour vos hommes. » Escomptant le succès de la troupe, il avait fait mettre le pot-au-feu chez lui, un pot-au-feu gigantesque, un pot-au-feu pantagruélique ; on ne lui refusa pas à lui ! les petits pioupous se régalèrent du bon bouillon, sans crainte d'être empoisonnés.

(2) Ce n'est pas précisément le tombeau de sainte Geneviève, mais la représentation de l'ancien tombeau ; cependant une fort importante fraction du couvercle en pierre subsiste encore aujourd'hui ; pendant les troubles on avait mis en lieu sûr cette relique insigne.

laissent passer gaiment et chaudement la lumière, en la colorant de mille façons ; seul le vitrail de l'apocalypse a souffert. Lors de l'explosion de la poudrière, le panneau central sauta et s'abattit broyé sur le toit inférieur des chapelles. Dans ce panneau était représenté l'Agneau, ouvrant, sur les genoux de l'Eternel, le livre des Sept sceaux ; tout en haut, tout en haut, près des grandes orgues, manque un autre vitrail, celui-là brisé depuis longtemps par un obus prussien.

Après la fuite du curé (1) et du premier vicaire, le second vicaire, M. Gaultier de Claubry, resta chargé de l'administration paroissiale. Homme de tête, il ne la perdit pas au milieu des situations les plus critiques ; deux fois il fut arrêté avec plusieurs de ses confrères. Le bedeau et le sonneur furent aussi persécutés et poursuivis jusque dans le clocher. Le bedeau fut même, un dimanche, appréhendé

---

(1) J'ai lu, dans Paul Fontoulieu, *les Eglises de Paris sous la Commune*, que Raoul Rigault, dans un dîner chez sa maîtresse, rue Gay-Lussac, avait parlé de faire arrêter M. Delaunay, le curé de Saint-Etienne. Il ne choisissait pas probablement ses convives parmi les purs des purs, car M. Delaunay fut prévenu. Pourquoi l'arrêter ? C'était un être tout à fait inoffensif ; en dehors de l'administration de sa paroisse, il ne s'occupait que de collectionner les diverses éditions de l'*Imitation de Jésus-Christ*, dont il avait rempli une bibliothèque toute entière.

pendant les vêpres par les camarades du 151°, qui trouvaient tout naturel le cumul des fonctions de bedeau et de garde fédéré. A force d'énergie il sut échapper à ce mélange du sacré et du profane ; bien heureusement, car le 151° se souilla de l'assassinat des Dominicains d'Arcueil.

Il est regrettable que M. Gaultier de Claubry n'ait jamais voulu écrire ses aventures pendant l'insurrection de la Commune. J'ai pu insidieusement lui en arracher quelques bribes ; dans le quartier j'ai appris le reste. Je lui présente toutes mes excuses pour mon indiscrétion ; je compte ferme sur mon absolution.

Or donc, le 24 mai, jour de la terrible lutte sur la montagne Sainte-Geneviève, les gardes nationaux fédérés vinrent le saisir à la sacristie de Saint-Etienne, en même temps que l'abbé Durutte (1) et un autre vicaire dont je ne me rappelle plus le nom ; ils voulaient à toute force les enrégimenter et les faire se battre contre les infâmes Versaillais dont certains bruits, peu éloignés, d'artillerie et de fusillade annonçaient l'approche ; « non, non, dit énergiquement M. de Claubry ; nous avons pour mission de sauver les gens et non de les tuer, menez-nous à votre chef. » On les conduisit devant le colonel fédéré Lisbonne :

« — Citoyen, lui dit l'intrépide vicaire, on veut nous mettre des fusils dans les mains ; comme prêtres, nous ne pouvons et nous ne voulons pas nous battre ; nous avons, du reste, en ce moment bien autre chose à faire que de nous battre ; la petite vérole sévit affreusement dans le quartier, les morts restent dans les maisons, abandonnés sans sépulture.

---

(1) Aujourd'hui chanoine à Notre-Dame de Paris.

Par crainte de la peste, nous avons, le commissaire et moi, décidé de transporter tous ces morts dans la crypte de Saint-Étienne ; mes confrères doivent m'aider. Mon père, professeur à l'école de pharmacie, a déjà préparé les désinfectants de façon que les cadavres puissent rester plusieurs jours sans être enterrés, puisqu'en ces jours de bataille il est impossible de les conduire aux différents cimetières. »

« — Bien, bien, dit Lisbonne, s'il en est ainsi, c'est différent ; allez à l'entresol de la mairie, où sont réunis en ce moment les commissaires de police de l'arrondissement, je m'en rapporte à eux pour décider de votre sort. »

Voilà les trois prêtres conduits à la mairie par quatre hommes et un caporal. On arrive à la porte ; on s'arrête. M de Claubry dit alors à ses conducteurs : « menez-nous donc à l'entresol où sont les commissaires. »

Immédiatement l'un des hommes répond : « l'entresol ! qu'est-ce que c'est que ça l'entresol ? j'connais pas ça ; j'arrive du M... ce matin pour piller Paris. »

Cette confession, dépourvue d'artifice, n'était pas faite pour rassurer les prisonniers. On y grimpe tout de même à l'entresol, et on y trouve en effet les commissaires qui rendent immédiatement la liberté aux trois vicaires afin de leur permettre de remplir leur funèbre mission.

MM. de Claubry et Durutte, avec les plus grandes difficultés et à travers mille obstacles, accumulés pour défendre le Panthéon, réussissent seuls à rentrer dans Saint-Étienne ; Ils auraient pu s'enfuir et échapper ainsi aux dangers qu'ils s'attendaient bien à retrouver dans l'église continuellement envahie ; mais c'eût été manquer à la parole donnée. A peine y rentraient-ils que des *Vengeurs de Flourens* se précipitent sur eux, les saisissent et de rechef veulent leur mettre des fusils dans les mains.

M. de Claubry veut leur expliquer que les commissaires de police viennent de les mettre en liberté pour s'occuper des morts du quartier ; il montre son laisser-passer. Mais ils ne veulent rien entendre et l'entraînent avec M. Duratte à une des barricades de la rue Soufflot ; ils les remettent entre les mains du chef de la batterie, avec recommandation de faire travailler les deux *soutanes* ; ce chef de batterie le leur promet ; comme il était intelligent, il voit immédiatement quel parti il peut tirer de ces deux recrues que rien ne paraît intimider. Pour relever les blessés et les porter à l'ambulance à travers l'ouragan de plomb, tout à découvert, sans l'abri des barricades, qui pouvait mieux se dévouer que les deux *soutanes* ?

« — Vous ne vous battrez pas, leur dit-il, mais vous porterez nos blessés à l'ambulance de la rue Soufflot. »

Puis, sans doute pour ne point paraître attacher des aumôniers à sa batterie en chargeant exclusivement ces prêtres de relever les blessés, il leur ordonne de faire une distribution de cartouches.

La veille ou l'avant-veille un vieux prêtre, *habitué de Saint-Etienne*, que tout le quartier Saint-Marceau vénérait à cause de son infinie bienfaisance, fut obligé de mettre un pavé à la barricade de la rue Cardinal-Lemoine, afin de pouvoir passer et aller rue Mouffetard consoler ses malades. Il s'y résigna ; les deux jeunes vicaires se résignèrent comme lui ; ils ne virent qu'une chose : la faculté inespérée de pénétrer sur cette place sanglante du Panthéon où tombaient broyés tant d'enfants du quartier, égarés ou contraints à se battre, et de pouvoir, en les relevant, tourner vers Dieu leur dernière pensée, les réconcilier avec lui et la société, sauf à mourir avec eux, frappés de la même balle, hâchés par le même éclat d'obus.

Les voilà donc, prêts au sacrifice, au milieu d'une grêle de balles, que l'armée régulière leur envoie généreusement. Entre temps un garde national tombe à côté de l'un d'eux, qui le porte immédiatement au numéro 3 de la rue Soufflot, c'est-à-dire à l'ambulance du docteur Coffin.

Celui-ci, pour sauver le prêtre, le retient à son ambulance et lui met un tablier d'infirmier; pour sauver également l'autre prêtre qui distribuait ses cartouches, il court courageusement le prendre près de la rue Saint-Jacques et l'entraîne avec lui. Les fédérés, qui appréciaient les bons services des deux calotins, comme ils les appelaient, entrent en fureur et vont se plaindre à Lisbonne. Bientôt un fédéré se présente à l'ambulance en réclamant les deux curés de la part du colonel Lisbonne. C'est au tour du docteur à se mettre en colère; il va trouver Lisbonne et lui dit : « j'ai besoin des deux prêtres comme infirmiers; seul je ne peux tout faire à l'ambulance où vos blessés arrivent en grand nombre; je vais être obligé de tout laisser là. »

« — Bon, bon, dit encore Lisbonne, comme une heure auparavant, gardez-les; mais signez-moi un reçu de deux curés, en vous engageant à me les remettre à première réquisition. »

Et aussitôt M. Coffin de libeller un reçu conçu, à peu près en ces termes : « reçu deux curés avec engagement de les représenter à première réquisition. »

Après la prise de la mairie par l'armée, ce reçu fut retrouvé sur une table, rendu au docteur Coffin et donné par lui immédiatement au fils d'un de ses bons amis, un officier, qui le suppliait de lui laisser une pièce si originale.

Je prie mes lecteurs de me pardonner cette longue digression; je ne pouvais me dispenser de donner ces détails indispensables à l'histoire du quartier Latin pendant l'insurrection de 1871.

Samedi 3 Juin.

Chaleureux bonjour à la vaillante tante Duremer; son appartement de la rue Mouffetard, au coin de la rue Monge, n'a pas eu à souffrir. Les balles n'ont pas daigné le visiter; elle avait pendu l'image du Sacré-Cœur à l'endroit le plus exposé de son salon, en angle. « Si je suis tuée, disait-elle, je mourrai en bonne compagnie. »

Je dis *la vaillante tante Duremer*; en effet elle n'avait pas eu peur pendant la Commune, quoi qu'en plein quartier Mouffetard. Elle alla régulièrement chaque jour entendre la messe de neuf heures à Saint-Médard jusqu'au 16 avril, jour où l'église fut fermée; souvent elle était houspillée par les fédérés, mais ceux-ci trouvaient à qui parler, car elle avait une langue des mieux affilées ; quand, un certain dimanche, allant à la grand'messe, elle arriva avec son magnifique schall brodé, couleur jonquille, devant le portail de son église, elle fit sensation parmi les gardes nationaux beni-mouff-mouff, rassemblés à cet endroit; le capitaine lui dit en s'inclinant : « passez, Madame la marquise » (1).

Ces gardes beni-mouff-mouff n'étaient pas toujours dis-

---

(1) Ce schall inénarrable dont toute la paroisse Saint-Médard eut longue souvenance et qui, au milieu de la nef de l'église, faisait briller la chère tante à l'instar d'une constellation, lui venait de sa belle-sœur, Mme John Talma, la nièce du tragédien. Il datait de la restauration, de 1825 environ ; c'était une merveille, mais qui n'allait véritablement bien qu'avec un chapeau cabriolet, un réticule et des rubans noirs se nouant au-dessous des mollets.

posés à rire. Ils arrêtèrent le curé de Saint-Médard, M. de Goslin, le frère du général ; à la décharge de la Commune, il faut dire bien vite que cette arrestation ne fut pas maintenue.

Même jour 3 Juin.

Rue Pierre-Levée, visite à mon ami X...; quelques dégâts chez lui ; car il a reçu une autre visite moins affectueuse que la mienne, celle de plusieurs obus venant du Père-Lachaise.

La Commune lança du Père-Lachaise ses derniers coups de mitraille ; les fédérés n'y regardaient pas de si près, ils envoyaient leurs obus sur Paris, dans le tas.

Même jour 3 Juin.

* J'achète une lithographie, où se trouvent les portraits (1) de tous les membres de la Commune,

_____

(1) Bientôt après il fut défendu de mettre en vente les portraits des membres de la Commune ; un de mes clients, marchand de photographies, l'apprit à ses dépens ; il avait, en 1871, acheté de vieilles épreuves, qu'il avait jetées dans le *boquet*, c'est-à-dire la boîte où s'entassent pêle mêle les images les plus disparates et les plus fanées ; en 1872, un commissaire de police en retira, ô horreur ! dix-huit membres de la Commune. Mon client fut poursuivi et condamné, mais simplement à l'amende, même une très petite amende ; le tribunal fut indulgent, après avoir bien ri, car le commissaire avait saisi, comme membre de la Commune, un musicien connu pour son amour de l'ordre et de l'harmonie.

émergeant d'un fouillis de scènes empruntées à l'histoire de l'émeute ; à l'angle supérieur droit se voit la chaire de l'église Saint-Séverin, dans laquelle pérore une femme.

Lettre de ce jour 3 juin à ma femme :

Ma bonne amie,

La Cour a siégé aujourd'hui en assemblée générale pour la réouverture des audiences. La séance, horriblement triste, a été levée après la prestation de serment de plusieurs magistrats.

En sortant de l'audience, mes confrères et moi nous nous sommes mis sur deux rangs ; les conseillers ont passé au milieu de nous. Le conseiller Labour s'est approché de moi, tout en marchant, et m'a montré sa toque entourée de bouts de fil pendants. Tous les galons avaient été enlevés par les fédérés pour en orner leurs képis ou leurs vareuses.

Quand on prend du galon on n'en saurait trop prendre.

Beaucoup de mes confrères étaient sans robe, car le plus important des trois vestiaires du Palais, le vestiaire Fontaine, est entièrement brûlé (1). Le vestiaire Bosc, où se trouvait ma robe, a été épargné.

---

(1) Mes confrères Calmels et Dutard éprouvèrent une bien autre perte. Leurs appartements furent complètement incendiés. Dutard demeurait rue de Rivoli, numéro 79, et Calmels quai de Gesvres, au coin de la place de l'Hôtel de Ville. Calmels perdit une multitude de notes et de documents judiciaires, auxquels il tenait beaucoup ; n'ayant pu surmonter son chagrin, il mourut quelques années après.

Les pétroleurs ont bien mis le feu au cabinet de lecture qui se trouvait en face ce vestiaire, les flammes s'y sont précipitées et ont détruit quatre robes ; mais grâce à un très prompt secours, elles n'ont pas fait de plus grand dégât. Ma costumière ne pouvait parler, tant elle était émue de tout ce qui s'était passé. Elle me montra des cendres qui s'étaient amoncelées au pied de ma robe.

Nous nous sommes tous rendus, après la séance d'ouverture, dans la salle des Pas perdus. Les larmes nous sont venues aux yeux en contemplant les voûtes carbonisées. Jamais nous ne l'avions vue si magnifique et si vaste. L'incendie, en la débarrassant de sa forêt d'étais, en a pour ainsi dire doublé les proportions ; quel horrible chaos ! Par un bonheur providentiel, nos chambres civiles ont été à peu près conservées. La première chambre enfumée n'en est que plus belle ; car le trop grand éclat des dorures nouvelles se trouve heureusement amorti.

Je fus obligé de passer par un chemin impossible, pour aller à notre bibliothèque, dont le tiers est consumé. Nous regrettons surtout deux belles collections de la *Gazette* et du *Droit*. Je fus très satisfait de revoir un bronze fort beau, représentant un ancien et célèbre avocat au parlement de Paris.

Nous avons encore été, en somme, assez heureux et nous nous consolons *philosophiquement*, en regardant les ruines autour de nous. Cour de cassation, bibliothèque des avocats à cette Cour, Cours d'assises inaugurées l'année dernière, tout est anéanti sauf les gros murs.

Au milieu de toutes ces ruines, s'élève intacte et pimpante la Sainte-Chapelle, avec ses clochetons, que les flammes ambiantes ont léchés, sans pour ainsi dire oser les défraîchir. La portion épargnée par le feu est si belle que la plainte envers la Providence serait presque criminelle.

Amitiés à toute la colonie parisienne de Moret.

Tout à toi.

Post scriptum. — Je ne crois pas que l'on plaide d'ici quelques jours ; je vais m'en assurer afin de pouvoir venir à Moret, avant la fin de la semaine.

Je suis allé, avec un ancien compagnon d'armes, à Triel, à huit lieues de Paris. Devant moi, son jardinier a ramassé un coupon d'obligation de la ville. Les vignerons en trouvent à chaque instant au milieu de leurs vignes.

4 Juin.

* Appris avec une grande douleur la mort de l'abbé Sabattier, vicaire à Notre-Dame de Lorette. Pendant un séjour de mes parents à Paris, l'abbé Sabattier a fait faire la première communion à feu ma chère sœur Céline ; nous l'aimions bien dans la famille ; il a été massacré rue Haxo ; je conservais déjà, comme un souvenir, le prix de catéchisme donné par lui à Céline ; je le garderai maintenant comme une relique (1).

Appris avec non moins de douleur la mort de l'abbé Planchat, prêtre admirable, dévoué aux apprentis ; il était de la société des Frères de Saint-

---

(1) Dans son *Histoire de la Commune*, l'abbé Vidieu raconte que l'arrestation de l'abbé Sabattier fut des plus dramatiques. Pendant que les malandrins l'accablaient d'outrages et le menaçaient de lui envoyer une balle dans la tête, les enfants de son catéchisme s'accrochaient à sa soutane et ne voulaient pas le laisser partir.

Vincent de Paul, organisée par M. Leprevost pour la direction des œuvres ouvrières ; sa mort me reviendra souvent à l'esprit, car il était aumônier du patronage de la rue des Bois, fondé avec le gain d'un procès, par Mme E..., ma charitable et sainte cliente. Le bon ami des apprentis fut également assassiné rue Haxo (1).

6 Juin.

La Préfecture de police, détruite par le feu, s'installe chez les pompiers, en face le Palais de Justice.

Je retourne à notre bibliothèque en ruine, pour presser la main de M. Nicolas (2) ; il a courageusement disputé au feu nos chers bouquins. Après les avoir jetés par la fenêtre du bâtiment, prêt à s'enflammer, il les a remisés dans la crypte de la Sainte-Chapelle, comme dans un asile inviolable.

7 Juin.

Le bourdon de Notre-Dame remplit le quartier

---

(1) L'abbé Planchat a, paraît-il, été frappé par la balle d'un garibaldien, qui fut lui-même tué, un instant après, par une balle destinée à un ôtage. La rue des Bois porte aujourd'hui le nom de rue *Planchat*; c'est bien ; mais rue de *l'abbé Planchat* eût été mieux.

(2) C'était le sous-bibliothécaire ; il n'y avait pas alors de bibliothécaire, M. Hauréau ayant été nommé directeur de l'Imprimerie nationale.

latin de ses sons lugubres. La foule sort de ses demeures et descend sur les quais. Je cours vers le pont de la Cité où doit passer le convoi de M#gr# Darboy et de M#gr# Surat. Des troupes défilent en jouant des marches funèbres.

Aux mugissements du bourdon les petites cloches de Saint-Séverin mêlent leurs gémissements ; celles de Saint-Nicolas du Chardonnet semblent également pleurer.

Enfin, voilà le char de M#gr# Darboy ; il est traîné par six chevaux richement caparaçonnés.

Sur la bière, couverte de velours noir, sont posés la mitre et les vêtements sacerdotaux. La croix pectorale et la crosse, portées par des diacres, précèdent le corbillard.

Puis vient le char de M#gr# Surat, ancien directeur du couvent du Sacré-Cœur de Conflans. Ma sœur Marie, élevée dans cette maison, m'a souvent parlé de lui, de son grand cœur, de sa haute intelligence.

La douleur se lit sur tous les visages.

Le service se fait à Notre-Dame, où je ne puis pénétrer, malgré tous mes efforts, tant l'affluence est grande sur la place du parvis.

* On me dit : « Tony Moillin a été fusillé au Luxembourg, parce qu'au 18 mars il a flanqué Hérisson à la porte de la mairie du sixième. »

« — Qui c'est Tony Moillin ? »

« — Mais le docteur Tony Moillin ! »

« — Ah ! oui, je me rappelle, celui qui avait une clinique dans la rue de Seine, tout près de chez moi, presqu'en face le passage du Pont-Neuf, une clinique pour les maladies d'yeux. »

« — C'est ça. »

« — Qui fourrait des étoiles de taffetas d'Angleterre jaune, autour des yeux de ses malades et rendait les femmes si laides ? »

« — Oui. »

Pauvre malheureux docteur, qu'allais-tu faire dans cette galère !

9 Juin.

Je suis allé serrer la main du directeur de la *Semaine religieuse*, mon cher ami de Soye ; il a été obligé de fuir parce que les communards, en se saisissant de l'archevêque, ont trouvé sur son bureau une lettre dans laquelle de Soye le prévenait qu'on allait l'arrêter.

* De Soye fils a grimpé au Panthéon il y a quelques jours. Sur le mur circulaire qu'entoure la colonnade, il a vu, creusés au couteau, ces mots mystérieux :

Ici un brave a versé son sang.

Au-dessous se trouvait une énorme flaque de sang coagulé, sang d'insurgé, sans aucun doute.

Tout récemment j'eus le désir, avant de faire imprimer mes notes, de voir cette inscription douloureuse. Je me disais : « après 24 ans je ne la retrouverai sans doute pas ! »

Mais je la retrouvai, avec quelle émotion ! inutile de le dire. Elle est en grands caractères, écrits fiévreusement ; le mot : *brave* est incorrect, le v est reproduit deux fois :

Ici - un - brvave a versé son sang.

Il était là, le fédéré, derrière l'une des deux colonnes qui font face à la rue Soufflot, merveilleusement posté et pour envoyer la mort et pour la recevoir.

Mercredi 14 Juin.

J'ai replaidé aujourd'hui : je n'avais pas plaidé depuis le 8 février ! Quelle joie de pouvoir se remettre au travail ! Algarade du premier président à quelques avocats moustachus. Adieu nos longues moustaches de guerre !

Vendredi 16 Juin.

Promenade aux environs de Paris ; à Robinson, j'entre dans un pavillon abandonné, sans porte ni fenêtres ; il a dû servir de poste aux assiégeants. Les murs sont pleins d'inscriptions allemandes et françaises ; l'une d'elles est une lamentation d'un guerrier, bon enfant, moins altéré de sang que des joies du paradis de Mahomet et bien désireux d'entrer à Paris, pas pour y massacrer des Parisiens, encore moins des Parisiennes.

A côté une énorme inscription à la craie de quelque docteur ès morale : *c'est ici que les p...oupées de Paris viennent se faire dégrafer.*

Le bon apôtre me semble connaître les bons

endroits de l'immonde Babylone moderne, même ceux *extra muros.*

A Clamart, sur les murs du moulin de Pierre, où les Français sont venus souvent combattre avec héroïsme, une main ennemie a crayonné ces mots cruels : « Français, tu n'as pas su tenir ton drapeau. »

Au-dessous ces autres mots écrits par une main française : « patience, vilain Prussien, tôt ou tard, le jour de la vengeance arrivera. »

26 Juin.

* Régère a été arrêté rue de Choiseul, à l'hôtel des Italiens.

F..., le capitaine communeux de ma compagnie, vient aussi d'être arrêté. « Quel malheur, me dit le camarade qui m'apprend cette nouvelle, quel malheur ! Sans cette Commune, F... aurait été bien sûr décoré. »

Ce camarade faisait allusion à la conduite de F... quand le 134e se colleta sur les remparts avec mon 21e (voir ma note du 31 mars). Le conseil de guerre devant lequel F... comparut, comme inculpé de participation à l'insurrection, lui tint grand compte de cette conduite et ne le condamna qu'à huit jours de prison.

28 Juin.

Les affaires ne reprennent pas. On plaide à peine dans un palais en ruine. C'est splendide d'horreur ;

notre salle des Pas perdus, à moitié écroulée, attire une pléiade d'artistes.

On les voit se pâmer d'admiration devant les échancrures de la voûte, à travers lesquelles apparait, bleue et lumineuse, une autre voûte, celle des cieux.

1ᵉʳ Juillet 1871.

Mon confrère Bertrand Taillet (1) est nommé chevalier de la Légion d'honneur ; de concert avec le commandant Durouchoux et Vrignault, le vaillant rédacteur en chef du *Bien public,* il a réussi, à la tête d'une cinquantaine de gardes nationaux anti-communards, à préserver le quartier de Saint-Thomas d'Aquin, contre la rage des coquins, qui, à deux pas, incendiaient les rues de Lille et du Bac. C'est à côté de Bertrand Taillet que Durouchoux fut tué, en voulant empêcher les fédérés de construire une barricade.

17 Juillet.

Ce matin, appris indirectement une nouvelle bizarre. La tante Alexandrine connait depuis long-temps, dans notre quartier, une jolie concierge dont les fédérés ont fait une cantinière ; prise dans la rafle, elle a prié ma tante de me demander si je

---

(1) Feu Bertrand Taillet était le beau-père de Savignat, avoué, et de Manger, syndic de faillites.

consentirais à plaider pour elle. Cette tante fantastique n'a pas voulu m'en parler, craignant que je ne me perdisse de réputation, en plaidant pour une communarde ; bien plus elle s'est empressée de lui choisir un autre avocat, dont elle a payé les honoraires ! !

Voilà un échantillon de l'horreur que les fédérés inspiraient. Les gens de modeste condition, au milieu desquels vivait ma tante, rue des Prêtres Saint-Séverin, leur en voulaient tout particulièrement, parce qu'ils avaient souffert plus que d'autres. Dans sa *Semaine de mai*, M. C. Pelletan cite une femme de chambre qui, rue Mazarine, s'amusait avec un bâton à remuer une cervelle d'insurgé en criant : « regardez donc cette sale cervelle de communard. » En un autre passage de son livre, page 226, il parle de la foule, qui insultait les fédérés à leur sortie du Châtelet, où se tenait une cour martiale ; or, cette foule était, ainsi qu'il le constate, composée surtout d'hommes en blouse bleue et de femmes coiffées d'un mouchoir.

18 Juillet.

Visité Vitry, que ma femme et moi avons été obligés d'abandonner à l'approche des Prussiens. Le pavillon que nous habitions a servi d'avant-poste français, pour batailler contre les avant-postes prussiens, établis non loin de là, dans le cimetière de Choisy-le-Roi, près la tombe de Rouget de l'Isle.

Notre pavillon n'est qu'une ruine désolante. Les arbres du magnifique jardin ont tous été coupés.

Je suis allé jusqu'au cimetière. La tombe de Rouget de l'Isle a été respectée.

Dimanche 23 Juil'et.

* La Cour de cassation vient de décider que l'intervention de M. le premier président Devienne, dans la querelle conjugale de l'ex-empereur et de l'impératrice, à propos de la Marguerite Bellanger, n'avait nullement compromis la dignité du magistrat puisqu'elle avait épargné un fâcheux éclat, et avait eu pour effet de raccommoder les époux : *tout est bien qui finit bien* (1).

9 Août 1871.

Le 31 juillet, en sortant de plaider à la cinquième chambre, je traversai, tout couvert de sueur, la salle des Pas perdus, pour aller au vestiaire Bosc retirer ma robe ; je fus saisi par un flot de pluie froide, qui me tomba sur la tête et les épaules à travers les échancrures de la voûte. Je rentrai chez moi, tout tremblant de fièvre. Mes yeux s'injectèrent de sang, si bien que jusqu'à ce jour, 9 août, je restai presque complètement aveugle. L'inflammation a disparu ; je revois la lumière ; merci à Dieu, merci à mon vieux docteur Dequevauviller , qui depuis si longtemps, comme le cher docteur Coffin, soigne avec

---

(1) Voir ma note du 9 octobre 1870, page 61.

tant de sollicitude et de talent les bourgeois et les étudiants du pays latin.

10 Août.

Avant-hier, le troisième conseil de guerre, siégeant à Versailles, a commencé à juger les membres de la Commune ; il n'y en a que seize, les autres se sont enfuis ; notre maire communeux Régère, qui était en même temps membre de la Commune, figure parmi les accusés.

Grâce à un permis, je vais voir, à l'hôpital de la Pitié, un nègre, Nicolas Domingo, qu'un ancien planteur, mon ami Jean-Baptiste Duriez, le beau-frère de ma marraine, a ramené en France, après un long séjour à l'île de Cuba. Domingo, devenu homme libre, a usé de sa liberté pour s'installer marchand de pastilles, sur le boulevard Sébastopol ; tout le monde le connaît à Paris à cause de son charabia hispano-français et des boniments impossibles qu'il débite en vendant sa marchandise. Le pauvre diable était très malade pendant la Commune ; une peur horrible l'avait cloué au lit ; cela ne lui servit de rien. Un nègre avait été vu sur une barricade, au numéro 2 de la rue Vieille-du-Temple : on le chercha, mais en vain ! il fallait un nègre ! Domingo fut donc pincé. A moitié mourant au dépôt de la préfecture de police, il fut envoyé à la Pitié, où il est, du reste, on ne peut mieux soigné. Une sœur, bien rigolarde, l'a pris en amitié ; elle m'a remercié beaucoup de venir voir son petit *blanc blanc*. Ma présence a fait renaître à la vie le pauvre Domingo.

Une ordonnance de non-lieu intervint dans cette affaire ; Domingo, rendu à ses pastilles, retrouva fidèle son peuple de gamins friands, qui l'admirèrent encore davantage, sous le vénérable et antique habit noir sorti de ma garde-robe ; malheureusement son nouveau règne ne fut pas long, il survécut peu à ses cruelles émotions.

2 Septembre 1871.

Cruel anniversaire !

5 Septembre.

* Hier, le troisième conseil de guerre a condamné Régère à la déportation dans une enceinte fortifiée. Le premier vicaire de Saint-Séverin, M. Castelnau, appelé comme témoin, n'a pas craint d'exprimer sa reconnaissance envers Régère, qui lui sauva la vie, le 21 mai dernier, et protégea les sœurs de la rue Boutebrie contre les violences et le pillage. Le commissaire du gouvernement a reproché au témoin d'avoir laissé installer, le soir, un club à Saint-Séverin. M. Castelnau répondit qu'il avait subi, bien à contre-cœur, ce partage entre Dieu et la Commune, mais que c'était la seule manière de se maintenir dans l'église et de la protéger ; le commissaire a répliqué : « votre conscience aurait pu mieux vous conseiller. »

A un reproche si peu mérité et si durement exprimé, M. Castelnau ne répondit rien, du moins pour le moment; car quelque temps après, il y répondit, à sa manière, en se chargeant de l'éducation de Gaston Régère.

Peu d'années après, au décès de l'abbé Voléon, l'archevêque approuva implicitement la conduite du premier vicaire en le nommant curé.

Ce n'est pas tout; afin de lui prouver leur grande estime, ses paroissiens, c'est-à-dire les plus huppés bourgeois du quartier latin, lui offrirent pour son église de magnifiques verrières; tous les saints du séjour céleste se trouvent maintenant à Saint-Séverin, sauf cependant saint Yves, patron des avocats, qui maugrée au Paradis, en prétendant qu'une des premières places aurait dû lui être offerte dans le vieux sanctuaire; et il a cent fois raison saint Yves ! car non loin de là, au coin de la rue des Noyers, s'élevait la chapelle de l'avocat breton, où, pendant tout le Moyen Age, les plaideurs heureux vinrent suspendre leurs sacs à procès, en guise d'ex-voto.

Mercredi 6 Septembre.

Voyage à Péronne. Visité, dans le château, l'humide et sombre casemate où mes vieux parents ont passé de si terribles journées, pendant le bombardement de la ville; c'est le manque d'air qui les fit le plus cruellement souffrir.

Presque toutes les casemates étaient mal aérées; la petite vérole noire qui décima la population péronnaise, fut due en grande partie à l'air fétide et empesté de ces trous d'enfer, où la vie n'était qu'agonie.

Dans la prévision d'un siège très probable, l'administration militaire aurait dû faire assainir les casemates et les préparer à recevoir des êtres humains ; mais aucune précaution ne fut prise ; l'administration municipale fut plus soucieuse de ses devoirs ; on se serait cependant bien passé d'une de ses précautions par trop touchantes, celle qui consistait à amonceler les cercueils à la porte des casemates afin de servir plus vite les défunts. (*Histoire du bombardement de Péronne*, par feu Achille Caraby, avocat au tribunal de Péronne).

7 Septembre.

Ma mère m'a raconté de nouveau la mort, rue du Noir-Lion, numéro 4, de sa voisine, Sophie Bachelet, la première victime du bombardement de Péronne. Maman était dans son jardin, dont le mur est mitoyen avec celui de la maison Bachelet, quand, au milieu d'un fracas effroyable, elle entendit tomber un projectile sur cette maison ; presqu'immédiatement l'air fut déchiré par deux cris terribles ; un obus avait broyé la pauvre Sophie.

La très petite rue du Noir-Lion vit donc la première victime du siège de Péronne ; elle vit aussi la dernière. Mme Gérain, alerte, vive malgré ses quatre-vingt-dix-neuf ans et dix mois, souffrait beaucoup de ne pouvoir se remuer à son aise dans les casemates du château. La nouvelle d'une capitulation imminente ayant circulé, elle en voulut escompter le profit et quitta immédiatement sa geôle. Elle courut, autant que son siècle, presqu'accompli, le lui permettait, vers sa demeure, au numéro 13 de la rue du Noir-Lion ; à peine avait-elle franchi le seuil de sa porte, qu'un obus, probablement le dernier du bombardement, vint tomber à deux pas d'elle ; la commotion fut si forte que son corps, quoique nullement atteint, s'affaissa en laissant échapper son âme ; peu de temps après les Prussiens, entrant dans la ville, apprenaient qu'ils avaient tué une quasi-centenaire ; cette mort leur causa un regret pour ainsi dire superstitieux. Par respect, les chefs ne voulurent pas loger leurs soldats dans la maison de la vieille ; ils la firent ensevelir dans un cercueil de chêne et enterrer sur les remparts, en lui rendant de grands honneurs.

Voilà ce que m'a raconté le petit-fils, M. Gérain, mon voisin de Péronne.

8 Septembre.

—* « Mon ami, me dit ma mère en me reparlant de Sophie Bachelet, rien ne peut rendre le sentiment d'horreur que l'on éprouve, en entendant le cri suprême d'un être humain meurtri et tué par un obus ; personne, même un vieux militaire, ne peut échapper à ce sentiment d'horreur et d'effroi. Après la capitulation de Péronne, j'ai logé un capitaine prussien et son ordonnance. Ils partirent tous deux se battre à Saint-Quentin, contre Faidherbe. Le capitaine revint seul ; « et votre jeune ordonnance ? » lui dis-je. Le capitaine me répondit : « il a été tué non loin de moi ; son corps a été broyé par un obus ; mais avant d'expirer, il a poussé un cri lamentable, dont mon oreille reste et restera toujours tristement remplie ; jamais je n'avais entendu pareil cri de douleur. »

Dans un coin d'armoire je trouve un fragment de la carte de Cassini, relatif à Péronne et à ses environs ; ce fragment de carte a été oublié par un officier prussien ; chaque officier était ainsi armé d'un plan ; aucun chemin, aucun hameau ne lui était inconnu dans la malheureuse Picardie.

Jeudi 5 Octobre 1871.

* Avant-hier, à cinq heures du soir, une des deux voûtes de la salle des Pas perdus, calcinées par l'incendie, s'est écroulée avec un horrible fracas ; l'ouvrier qui travaillait à cette voûte, est tombé avec les pierres ; il est dans un déplorable état.

Voilà la douce quiétude dont nous jouissons au Palais depuis la Commune, et la dégringolade de l'autre voûte, quand donc ?

11 Octobre.

Le deux octobre dernier, je reçus de M. C..., une lettre dans laquelle il me priait de défendre en Cour d'assises un ancien gardien de Mazas, N., qui, ayant conservé ses fonctions pendant la Commune, eut l'imprudence ou plutôt la faiblesse d'accepter les galons de sous-brigadier. Il est accusé du délit d'usurpation de fonctions et du crime de séquestration d'otages dans la prison de Mazas (1).

---

(1) Les otages les plus marquants, notamment l'archevêque de Paris et M. Bonjean, président à la Cour de cassation, furent incarcérés à Mazas Dès que l'armée régulière fut entrée à Paris, c'est à-dire le 22 mai 1871, ils furent transférés à la Grande Roquette.

J'allai voir cet accusé qui, suivant M. C..., avait été plein d'humanité pour les prisonniers de la Commune.

Je lui recommandai de me faire connaître tout ce qu'il avait fait pour soulager les otages, dont plusieurs m'étaient particulièrement chers.

Il me donna sur leur captivité de très intéressants détails, que je consigne immédiatement pour ne pas les oublier. Je lui parlai tout d'abord de Coré, mon vieux copain de Louis-le-Grand, aujourd'hui directeur de Mazas, autrefois directeur du dépôt à la préfecture de police, destitué par Raoul Rigault, et par dessus le marché fourré à Mazas.

Il me répondit : « votre ami était au secret le plus absolu et ne pouvait voir personne, pas même sa femme. Il resta ainsi trente-cinq jours ! Comme je m'étonnais qu'il ne pût obtenir de permission pour le parloir, M. Coré me dit : « c'est ce Raoul Rigault qui me tient au secret. » — « Mais, répliquai-je, Raoul Rigault n'est plus à la Préfecture, il est Procureur de la Commune. Ecrivez à la Préfecture, je crois bien que vous obtiendrez le parloir. » Sur ce, M. Coré écrivit et, quelques jours après, je vis avec grande joie Mme Coré (1) venir au parloir pour visiter son mari. »

---

(1) Mme Coré fut très bonne pour les otages, à qui elle faisait passer de la nourriture. Mgr Darboy et M. Bonjean l'appelaient leur ange gardien.

Ensuite je demandai à N. des renseignements sur la captivité du curé de Saint-Séverin, mon curé. Il me répondit : « l'abbé Moléon était très souffrant ; je lui proposai de le faire entrer à l'infirmerie, en le portant d'urgence pour la visite du médecin, comme je l'avais fait pour Mgr Surat et M. le curé Deguerry ; mais il ne le voulut pas, affirmant qu'il était bien où il était. L'abbé Moléon étant très aimé dans sa paroisse et dans son ancienne paroisse de Saint-Denis, recevait beaucoup de lettres ; j'avais soin de les lui porter immédiatement, au lieu de les lui passer par le guichet ; j'ouvrais la porte et les lui remettais à lui-même. Je faisais ainsi parce que l'abbé Moléon était âgé ; c'était une manière de lui faire une petite visite et de lui dire quelques mots. »

Je m'intéressais beaucoup, pendant sa vie, à un aumônier militaire, massacré à la Roquette, le Père Allard. Il était venu à mon cabinet pour me demander quelques conseils. C'était un prêtre fort modeste (1) ; je demandai à N. s'il l'avait eu dans

---

(1) Dans mon souvenir je le vois encore revêtu d'une soutane usée, mais propre ; ses vêtements rappelaient ceux des pauvres, au milieu desquels il passait sa vie. Aucun pick-pocket n'aurait eu la pensée de lui soutirer le contenu de ses poches, et cependant, dans l'une d'elles, se trouvait un splendide diamant que, lors de son voyage au Caucase, lui avait donné Schamyl, dont il avait guéri la fille. C'est, du moins, ce que raconta la *Semaine religieuse* peu de temps après le massacre du Père Allard.

sa division. « — Mais oui, me répondit-il, dans la troisième division avec moi. Il était d'une grande simplicité. Un jour, en entrant dans sa cellule, je l'aperçus en train de la laver ; je ne souffris pas qu'il continuât. J'appelai des hommes de service qui continuèrent le travail. Le Père Allard me fut très reconnaissant (1). »

13 Octobre.

Je suis allé revoir l'ancien gardien de Mazas, dans sa cellule de Mazas ; curieuse ironie du sort ! « — Mon pauvre N. vous étiez, m'avez vous dit, dans la troisième division, quels otages aviez-vous sous votre direction, aviez-vous l'archevêque ? » — « Non, me répondit-il, mais j'avais MM. Petit et Bayle, ses deux grands vicaires, plusieurs curés de Paris, MM. Blondeau, curé de Plaisance ; Moléon, curé de Saint-Séverin ; Deguerry, curé de la Madeleine ;

---

(1) Le Père Allard et le Père Clerc, jésuite, avaient conservé leur grande gaîté. Ils avaient de charmantes saillies d'esprit, ainsi que le rapporte dans ses *Souvenirs d'un otage* Ferdinand Evrard, l'un de leurs compagnons de prison. D'après F. Evrard, le Père Clerc avait été, pendant le siège, directeur de la magnifique ambulance du collège de Vaugirard ; c'est donc lui que je vis, lors de ma visite du 23 octobre 1871, lui à qui je fis des compliments de tout ce que les Pères du collège faisaient pour la patrie, lui qui me répondit gaîment : « pourvu que l'on ne nous chasse pas à titre de récompense nationale. »

Bécourt, curé de Notre-Dame de Bonne Nouvelle; Lartigue, curé de Saint-Leu ; l'abbé Sabattier, second vicaire à Notre-Dame de Lorette ; sept séminaristes du séminaire de Saint-Sulpice : MM. Seigneuret, Déchelette, Barbéquot, Gard, je ne me rappelle plus le nom des autres ; cinq Pères jésuites : Ducoudray, supérieur, Clerc, de Benjy, Olivaint, Caubert ; Mgr Lamazou, évêque des Missionnaires ; le Père Allard, aumônier de l'armée ; l'abbé Baltenweck, curé de la Clinique.

« Ces messieurs prêtres étaient *en otages* à la troisième division où j'étais sous-brigadier. Les 13 et 17 avril j'ai reçu ces messieurs ; le 17, il était sept heures du soir quand ils sont arrivés. Ce jour-là je n'ai pu leur rendre aucun service, car il était trop tard ; je n'ai eu que le temps de leur donner leurs draps et de leur montrer à faire leurs lits, vu que la fermeture de la prison s'est faite aussitôt.

« Le lendemain matin, à six heures, heure de l'ouverture des cellules, je fis faire le service de propreté, qui dura jusqu'à dix heures, et je fis ensuite distribuer le pain et la soupe. Aussitôt ce service terminé, ma première pensée a été de rendre visite à ces messieurs pour savoir comment ils se trouvaient et ce dont ils pouvaient avoir besoin. En visitant M. Deguerry, je m'aperçus qu'il était souffrant, je lui dis : « Monsieur le curé, je vois que vous êtes malade. » Il me répondit : « je ne suis pas bien. » Je lui dis encore : « je vais vous porter d'urgence pour la visite du médecin, et quand il viendra, je vous conduirai auprès de lui. » Le docteur arrivé, je lui amenai M. Deguerry ; je lui dis : « ce monsieur prêtre ne peut pas rester à la troisième division, il est trop souffrant pour coucher sur un hamac ; il a absolument besoin de vos soins ; soyez assez bon pour le recevoir à l'infirmerie. » Monsieur le docteur voulut bien. M. Deguerry fut donc envoyé à l'infirmerie (1) en même temps que M*r* Surat.

« J'offris aux messieurs prêtres des livres de lecture : « il y a à la prison, leur ai-je dit, une bibliothèque à votre disposition, je vais vous faire passer le catalogue et vous me donnerez la note des livres que vous désirez (2) ; quand vous les aurez finis, je vous en donnerai d'autres. » Les notes me furent passées et je remis les livres demandés. Tous les jours je faisais ainsi le service des livres. Le repas

---

(1) M. Deguerry ne resta sans doute pas longtemps à l'infirmerie ; car c'est dans sa cellule que M*e* Rousse le visita.

(2) Le livre : *Grandeur et décadence des Romains*, de Montesquieu, n'était probablement pas à la bibliothèque de Mazas, car M. Deguerry pria M*e* Rousse de le lui apporter lors d'une prochaine visite que notre bâtonnier se proposait de lui faire ; se proposait… mais hélas ! *l'homme propose et Dieu dispose.*

avait lieu de dix heures à dix heures et demie du matin, et j'envoyais les otages se promener de midi à deux heures, au lieu de dix heures à dix heures et demie, l'heure réglementaire; c'était afin de leur permettre de déjeuner plus à leur aise. »

A ce moment je lui dis : « mais N., on vous reproche d'avoir trouvé mauvais que les prêtres se promenassent ensemble. » — « C'est une erreur ; j'ai seulement fait remarquer que par ordre on ne pouvait les laisser promener ensemble ; c'était l'ordre du greffier en chef, un protégé de Raoul Rigault. Les prêtres ont eu, au contraire, si bien à se louer de moi que le curé de Saint-Séverin m'a demandé mon nom pour se le rappeler et l'a inscrit sur son carnet. L'abbé Baltenweck (1) avait, comme le curé de Saint-Séverin, des sentiments d'estime et de confiance en moi ; il me dit un jour: « demandez donc à M. Bayle, dont vous m'apportez le bréviaire tous les jours, de vouloir bien me donner l'absolution, je suis tout prêt à la recevoir. Comme sa porte se trouve presqu'en face la mienne, vous laisserez nos guichets ouverts, pour que nous puissions nous voir. » Mais M. Bayle, à qui j'allai exposer le désir de M. Baltenweck, me dit : « je ne

---

(1) C'était l'aumônier de la Clinique, qui dut son salut à Mme Blanchecotte, ma voisine de quartier, ainsi que je l'ai raconté plus haut.

puis faire cela, ce n'est pas dans nos règlements (1). »

« Comme M. Moléon, comme M. Raltenweck, M. Blondeau, curé de Plaisance, avait de la confiance en moi. Un jour, le barbier de la prison me prévient que le numéro 38 désirait me parler ; ce numéro 38 était monsieur le curé Blondeau ; je cours le voir : « Mon cher N., me dit-il, j'ai à vous demander un service ; je suppose que vous demeurez non loin de la prison, pourriez-vous recevoir ma domestique ? Elle viendrait apporter des effets bourgeois, pour me permettre de changer de tenue et m'en aller sans encombre jusqu'à chez moi, le jour où je pourrai quitter la prison. » J'acceptai et donnai mon adresse, que monsieur le curé marqua sur son carnet. Malheureusement le lendemain matin, le brigadier chef me fit appeler et me recommanda de n'avoir aucunes relations avec les otages. « On vient, ajouta-t-il, d'arrêter une partie des employés du dépôt de la préfecture, parce qu'ils avaient des relations avec les otages, et c'étaient précisément des prêtres. » J'allai informer M. Blondeau de ce qui venait de m'être dit et celui-ci déclara formellement qu'il ne voulait donner aucune suite à son projet, parce que

---

(1) Naturellement je reproduis les détails de la vie intérieure des otages, dans les termes employés pour me les raconter.

l'exécution de ce projet me ferait courir des dangers. »

J'ai trouvé beaucoup de charme à entendre raconter tous ces détails de la vie souffrante des prisonniers. Je les transcris ici pour en perpétuer le souvenir dans mon esprit.

15 Octobre.

Aujourd'hui j'allai trouver les différentes personnes à qui N. avait rendu des services. Elles me confirmèrent la vérité de tout ce qu'il m'avait raconté; Coré me dit : « mais N. a contribué à faire abréger le secret où j'ai été mis du 6 avril au 11 mai, pendant 36 jours ! » L'abbé Moléon, mon curé, me parut fort reconnaissant envers N., qui plusieurs fois entra dans sa cellule. « Un jour, me dit le bon curé, N. commit le délit d'y rester une heure. Mis au secret, j'avais mes heures d'abattement, or les visites de N. me procuraient un véritable soulagement; il ne me laissait jamais passer à côté de lui sans un signe de respect; tous les gardiens n'étaient pas si bienveillants. Un jour seulement N. manqua à sa politesse ordinaire. Dans le courant de mai, j'avais été extrait de ma cellule et conduit au médecin. Quand j'arrivai près de lui, il ne se leva pas et ne m'ôta pas sa casquette; je fus fort surpris; mais ma surprise ne fut pas de longue durée, car j'aperçus bientôt le directeur au bout de la galerie. »

— Mon curé, je vous appellerai comme témoin.

Visite ensuite au séminaire de Saint-Sulpice pour voir l'abbé Icard, supérieur du Séminaire. Je le connaissais parce que j'étais allé lui demander quelques conseils à propos d'une affaire litigieuse, que m'avait confiée Maximin, le petit berger de la Salette. M. Icard avait, lui aussi, été séquestré comme otage, mais à la prison de la Santé. Je lui demandai la permission de voir les séminaristes qui avaient été emprisonnés à Mazas sous la direction de N. Il me le permit; je vis donc ces aimables jeunes gens, encore tout attristés de la mort de leur camarade Paul Seigneret, massacré rue Haxo; ils s'appellent Gard, Delfau, Déchelette, Guitton, Raynal et Barbequot. Ils me dirent combien N. avait été affectueux pour eux et en général pour tous les otages-prêtres; c'était leur facteur, leur commissionnaire; comme beaucoup d'ecclésiastiques n'avaient pas de bréviaire, N. leur communiquait ceux des confrères qui en possédaient. M. Barbequot m'apprit que N. avait surtout été très bon pour son pauvre camarade Paul Seigneret; mais M. Barbequot oublia de me dire (ce que je tenais de N.), que lui aussi avait été serviable pour son camarade, car il se privait de vin, de biscuits et d'autres petites douceurs pour les faire remettre par N. à Paul Seigneret, souffrant.

Le jeune Barbequot est sûr de son affaire; il

paraîtra en Cour d'assises... comme témoin à décharge.

17 Octobre.

Extrait du *Petit Moniteur* de ce jour : *les terribles événements, que nous avons traversés, ont ébranlé bien des cerveaux. Les effets de cette secousse du système nerveux ne se font pas immédiatement sentir; mais, après une période d'incubation plus ou moins longue, les aberrations apparaissent.*

Pouvait-il en être autrement! Comment, dans mon quartier, par exemple, la raison aurait-elle pu, chez tous les habitants, résister complètement aux frayeurs du bombardement et aux émotions de cette horrible lutte, qui ensanglanta la montagne Sainte-Geneviève.

Feu le docteur Legrand du Saulle, médecin du dépôt de la préfecture de police, publia fin 1871 un ouvrage fort remarquable : *le Délire des persécutions,* qu'il enrichit d'un appendice sur l'*Etat mental des Parisiens pendant les événements de 1870-71.* Il fait défiler, sur les yeux du lecteur, les détraqués qu'on lui amène au dépôt ; l'un arrive avec un système de canons qui doivent exterminer dix mille Prussiens d'un coup, l'autre avec un étendard, celui de Jeanne d'Arc, qui infailliblement doit stupéfier l'Allemand. Dans la triste procession passent des aliénés larmoyants; ils répètent sans cesse les mêmes mots : « ah! mon Dieu; ah mon Dieu! tout est perdu. » Ce sont les habitants des quartiers bombardés de Vaugirard, de

Grenelle, de la Sorbonne, ils arrivent, le corps infléchi en avant, comme pour éviter les bombes (1).

19 Octobre.

* M. Duquesnay, curé de Saint-Laurent, est nommé évêque de Limoges. C'est dommage ; un homme de cette valeur est nécessaire à Paris, surtout dans un quartier de petits employés et d'ouvriers.

Avant le siège il en réunissait trois mille dans ses deux sociétés de secours mutuels ; il m'avait rendu bien heureux en me chargeant de leur faire des

---

(1) Ce n'était pas seulement la chute des bombes, qui faisait perdre l'esprit à certains habitants de mon quartier, c'était aussi et surtout la crainte de voir le Panthéon, plein de poudre, ou du moins réputé plein de poudre, sauter sous l'atteinte des obus à pétrole. Les Allemands, aussi bien que les Français, s'attendaient à cet effrayant désastre ; j'ai entendu raconter ou lu, je ne sais où, qu'un soldat allemand blessé et fait prisonnier, avait été transporté à l'ambulance de la maison Hachette, boulevards Saint Michel et Saint-Germain ; il donna les marques de l'effroi le plus vif, quand il se sut si près du Panthéon.

Cette terreur se renouvela pendant la Commune, et même avec plus d'intensité, car les fédérés criaient bien haut qu'en cas de défaite, ils mettraient le feu à la poudrière du Panthéon.

La marche valeureuse et prompte des soldats de l'ordre empêcha seule la catastrophe ; mais jusqu'au moment de la délivrance, que de frayeurs fatales à la raison !

cours de droit, en même temps qu'il chargeait d'un cours de morale et d'histoire le Père Gaillardin, mon ancien professeur de Louis-le-Grand.

Certains journalistes communards s'acharnèrent contre lui, parcequ'ils redoutaient sans doute son influence sur la classe ouvrière. Pendant le siège il avait, au Cirque d'hiver, prononcé un discours fort éloquent et fort spirituel, qui avait eu un énorme succès et avait achevé de le mettre en évidence ; ils l'accusèrent donc d'avoir, *après usage abusif*, assassiné de jolies filles dans les caveaux de son église, et pour faire croire à cette sottise, ils firent exhumer une voiturée d'ossements d'ancêtres enterrés dans l'église avant la Révolution française.

Le curé de Saint-Laurent est un superbe gars normand, élégant, aimable ; s'il lui avait pris la coupable fantaisie de faire le galant, il n'aurait pas eu besoin de recourir à la sequestration, ni à l'assassinat.

Toujours est-il que tout saint et digne prêtre qu'il fût, il se vit dans la nécessité de déguerpir au plus vite (1).

---

(1) Dans l'*Officiel parisien* du 21 mai 1871 se trouve un article hilarant sur les crimes de Saint-Laurent. L'imagination de l'écrivain semble hantée par l'idée d'un souterrain possible, reliant l'église à Saint-Lazare ! à Saint-Lazare !! « Admettons, écrit-il, qu'en ces derniers temps le passage souterrain n'existait plus. » *Admettons*, on voit qu'il n'en est pas certain. Peut-on se laisser aller à des imaginations aussi grotesques ?

30 Octobre.

Voyage au Bourget ; c'est l'anniversaire du funeste combat. Quel deuil il apporta à nos cœurs ! Parmi les douleurs de la patrie, celle-ci fut tout particulièrement ressentie à Paris, parce que les victimes étaient, presque toutes, ses enfants.

Aujourd'hui 30 octobre, à la nouvelle de la cérémonie anniversaire, je m'empresse de me diriger vers le village, témoin de notre glorieuse défaite. Un train spécial doit emmener les pèlerins-patriotes. Je ne veux pas en profiter, j'aime mieux aller seul à pied, me remémorant et prenant un cruel plaisir à savourer de lugubres souvenirs. Après avoir longé la rue de Flandre, j'arrive au pont du chemin de fer, où, il y a un an, j'appris la mort du commandant Baroche, mort que des gens exécrables avaient la cruauté de contester en prétendant que le brave officier s'était enfui. La colère, semble-t-il, va me reprendre.

Voici la route de Lille, toute poudreuse, dominée par le magnifique fort d'Aubervilliers ; voici l'endroit du chemin de fer, d'où nos locomotives blindées s'élançaient pour foudroyer le Bourget, alors terre allemande.

A pareil jour, 30 octobre 1870, j'étais, avec de nombreux camarades, accouru sur la butte Montmartre, pendant le furieux effort de notre armée, qui voulait à toute force reprendre le Bourget.

Palpitants d'émotion, nous avions l'œil fixé sur le plateau de ce village, vers lequel les locomotives lançaient la mitraille. Un long mur blanc coupait la scène de la lutte et nous tremblions au bruit des détonations, qui éclataient en deçà et au delà de ce mur. Aujourd'hui, je le touche de la main ce grand mur blanc ; c'est celui du parc de M. Bénaïs. J'entre dans le domaine, jadis splendide, actuellement ravagé et privé de ses plus beaux arbres. Une grande pyramide construite par nos ennemis s'y élève surmontée d'une croix. Au pied reposent, confondus dans la mort, les combattants des deux nations.

Mortui sunt pro patria.

Au-dessous de cette inscription on lit le nom de plusieurs officiers supérieurs prussiens et ceux de sous-officiers français ; une main allemande a ajouté :

Ici jisent trois inconnus soldats français.

A ma sortie du parc, je me trouvai dans la grande rue du Bourget, près d'une maison à porte cochère. Sur l'un des piliers de la porte est fixée une plaque de marbre. Les mots suivants y sont tracés en lettres d'or :

Ici a été tué Ernest Baroche,
commandant le 12ᵉ bataillon de la
garde nationale mobile de la Seine
le 30 octobre 1870

A côté se trouve une croix de bois, dont le sommet est couronné d'un képi de mobile, tournoyant à tous les vents ; quelqu'enfant de Paris repose ici, loin des bruits de la grande ville, au bord d'un magnifique étang, à l'ombre d'arbres dont un seul ferait la gloire des plus beaux mausolées du Père Lachaise ; qu'il dorme doucement en paix, lui aussi

Mortuus est pro patria.

Les chants sacrés arrivaient jusqu'à moi ; les prêtres quittaient, en effet, l'église toute meurtrie par les bombes pour se rendre à la dernière maison du village, devant laquelle doit s'élever le monument commémoratif.

J'arrive près d'une fosse béante où ont été réunis les corps de plusieurs soldats ; après avoir entendu les derniers adieux dits avec une merveilleuse éloquence et une voix harmonieuse et sonore par M. Duquesnay, je m'enfuis au plus vite, loin du bruit et du tumulte de la foule houleuse, pour courir à travers champs et jardins, interrogeant, furetant, découvrant çà et là quelques tombes et faisant à ces chers morts la douce aumône d'une larme et d'une prière.

31 Octobre.

* Depuis ce matin résonne continuellement à mon oreille l'admirable voix de M. Duquesnay, qui charmait hier de si grandes foules à la cérémonie du Bourget. Il faut de grands espaces à cette voix, pour acquérir toute sa force et tout son éclat ; un soir, à Saint-Laurent, je fis rire toute l'assistance en m'écriant, après une vibrante allocution du curé adressée à plus de deux mille ouvriers : « avec une pareille voix, on se fait avocat de Cour d'assises, on enfonce Lachaud et on gagne par an cent mille francs, dont on verse une partie à la Société de secours mutuels de Saint-Laurent. »

La voix seule de Gambetta me paraît aussi belle, aussi bien timbrée. Je l'entendis pour la première fois dans la salle des Pas perdus. Je courais d'une chambre à l'autre fort pressé, quand d'un groupe de jeunes stagiaires sortit tout à coup une parole à ondes graves et sonores. Je m'arrêtai, ravi, et m'approchai ; je vis un homme jeune dont l'énergique profil émergeait d'un double buisson de cheveux et de barbe noirs ; il se tourna vers moi, et alors je fus vivement impressionné en apercevant un œil sortant de son orbite ; je ne crois pas qu'il se soit aperçu de mon saisissement ; néanmoins, quelque temps après, il faisait enlever cet œil, qui certainement aurait nui à sa carrière d'avocat... et de tribun.

Vendredi 3 Novembre 1871.

Rentrée de la Cour ; dans le discours d'ouverture, M. Descoutures, avocat général, a rappelé que la séance solennelle de rentrée n'avait pas eu lieu en

1870, ce qui n'était peut-être pas encore arrivé depuis que l'usage s'en était introduit au parlement de Paris ; après avoir salué la médaille militaire du premier président, M. Gilardin, qui, dans les combats sous Paris, est allé courageusement ramasser les blessés sur les champs de bataille, il a requis la prestation de serment du nouveau procureur général, M. de Leffeimberg. A son tour, celui-ci prononça une allocution qui m'a rempli de joie ; car il fut particulièrement aimable pour les avocats. Il fit un éloge très délicat de Rousse, notre bâtonnier et des avocats, qui se sont associés à ses efforts pour défendre les accusés devant les juridictions criminelles (1) de la Commune : « avocats, a-t-il dit, il n'est pas dans l'histoire de votre ordre de plus glorieuse époque que celle où le devoir de la défense fut accompli par vous, même sous le feu des assassins. »

Quelques mots de commentaire ne seront pas inutiles pour faire apprécier la portée de cet aimable compliment du procureur général.

Le 18 avril, à dix heures du soir, devant la Cour martiale présidée par le colonel-fédéré Rossel, Girot, chef

---

(1) Aucun avocat ne s'est présenté devant les juridictions civiles de la Commune ; nul n'a donné son concours à cette parodie de la justice. Il n'y avait point là cette raison d'humanité qui faisait surgir des défenseurs dévoués devant les juridictions criminelles.

de bataillon du 74°, comparaissait pour refus de service, il fut condamné à la peine de mort, avec ordre d'exécution pour le lendemain même, six heures du matin, dans la cour de la prison.

L'*Officiel* communeux ayant annoncé, le matin seulement, la séance de la cour martiale, plusieurs de nos confrères s'y étaient cependant rendus en habits civils. Feu M° Lelonnier, plaida pour Girot ; il parla en fort bons termes sans pouvoir cependant arracher sa proie au tribunal révolutionnaire (1) ; ne se décourageant pas, il courut à l'Hôtel de Ville et réussit à émouvoir la commission exécutive de la Commune ; la peine de mort fut changée en celle d'un emprisonnement temporaire (2).

(1) Voir le *Temps* du mercredi 20 avril 1871 ; le brave mulâtre Cochinat donnait dans ce journal le compte rendu des séances de la cour martiale ; il ne manquait pas une audience et cependant il ne devait pas y être vu d'un bien bon œil, car dans une note du *Temps*, de ce même jour 20 avril 1871, note évidemment rédigée par lui, il disait aux membres de la cour: *si vous condamnez à mort les gardes que vous aurez enrôlés malgré eux, vous serez des assassins ; aucune amnistie ne pourra vous soustraire au châtiment.*

(2) A la page 110 des *Papiers posthumes* de Rossel, papiers recueillis par Jules Amigues, on lit les lignes suivantes :

« Un chef de bataillon, coupable d'avoir refusé de
« marcher, fut condamné à mort. La commission exécutive
« (qui était le pouvoir exécutif de la Commune) commua
« la peine, *sur la demande du défenseur,* en une détention
« pour la durée de la guerre. La décision de la Commune
« exécutive qui commuait ce premier arrêt énerva la cour
« martiale. »

Le 19 avril, la cour martiale, sur une plaidoirie toute à la fois railleuse et audacieuse de M° Gatineau, acquitta deux membres du comité central d'artillerie qui avaient volé le timbre de ce comité (1).

Le lendemain 20 avril comparaissent deux officiers fédérés du 169°, accusés d'avoir refusé de marcher à l'ennemi. M° Lavioletto se présente comme défenseur et réclame vainement un délai pour préparer sa défense. Il pose alors les conclusions suivantes :

« Considérant qu'il est indispensable pour arriver à la manifestation de la vérité que les accusés, passant même devant une cour martiale, aient un délai moral suffisant pour faire choix d'un défenseur et préparer leurs moyens de défense ;

« Considérant qu'il est prescrit par le droit naturel et le droit écrit que les accusés soient prévenus vingt quatre heures à l'avance du jour où ils passent en jugement ; qu'ils doivent aussi recevoir vingt-quatre heures à l'avance la signification du rapport des faits à eux reprochés ;

« Considérant que ces règles doivent être observées même dans un temps de révolution et devant un tribunal révolutionnaire puisqu'elles sont la sauvegarde des accusés; Par ces motifs, — Surseoir au jugement... »

La Cour rejeta ces conclusions, quoique fort peu exigeantes. Une suspension d'audience fut néanmoins accordée pour que les défenseurs, M° Lelennier et Laviolette, passent conférer avec leurs clients ; mais, pour rattraper le temps perdu, le président-colonel, à la reprise de

---

(1) Voir le *Temps* du 21 avril. Je ne peux citer le *Droit* et la *Gazette des tribunaux* qui avaient été obligés de suspendre leur publication.

l'audience, fit observer que les plaidoiries devaient être sommaires et courtes comme la procédure.

Somme toute, les malheureux patients ne furent condamnés qu'à la prison (1).

Tout n'était pas fini ; la Cour, furieuse contre Laviolette, qui avait osé poser des conclusions subversives, résolut de se débarrasser de lui, en le mettant à l'ombre ; elle le fit arrêter et conduire à l'Hôtel de Ville devant le Comité du Salut public ; R... s'y trouvait heureusement.

Laviolette, sous l'Empire, avait plaidé pour lui et, comme d'habitude, en matière politique, son client n'avait nullement songé qu'il pouvait être son débiteur. « Citoyen, lui dit-il, je crains que vous ne vouliez me payer mes honoraires d'une singulière façon. » R... se prit à sourire et fit relâcher le jeune avocat (2).

Rossel, accusé non sans motif, d'une trop grande sévérité, donna sa démission de président de la Cour martiale ; il fut remplacé par un autre colonel moins fanatique, moins funèbre, ne dédaignant pas à l'occasion le mot pour rire, le colonel Gois. Dans la première affaire qu'il présida, le 15 mai, il accorda assez facilement à Laviolette, revenu courageusement à la charge, un délai de vingt-quatre heures, pour conférer avec son client, un gros gradé du 115ᵉ, coupable (d'après le mot du président) de s'être, devant les Versaillais, *tiré les pattes.*

Le lendemain, pendant que Laviolette plaidait, un 115ᵉ

---

(1) *Journal officiel* (de la Commune) du 21 avril 1871 et le *Temps* du 23 avril 1871.

(2) J'espère que mes souvenirs sont exacts ; ils sont conformes, du reste, aux bribes de renseignements que récemment j'ai pu arracher à force d'importunités.

s'étant permis de dire « très bien » fut saisi, appréhendé, poussé devant la Cour, condamné, sans pouvoir dire un mot, à un an de prison et entraîné hors de la salle d'audience ; quant à l'accusé, le *franc-fileur*, celui qui *s'était tiré les pattes*, il s'en tira avec 15 ans de réclusion.

Tout cela se passait à l'Hôtel des conseils de guerre, rue du Cherche-Midi ; mais au Palais de Justice, dans la salle de la Cour d'assises, une juridiction encore plus détestable fonctionnait : celle du jury d'accusation (1). La première audience eut lieu le 19 mai, sous la présidence d'un garde national sans nom et sous la haute direction du procureur de la Commune, Raoul Rigault, qui prononça un discours d'ouverture ; le jury fonctionna seulement le lendemain 20 ; Raoul s'était fait remplacer par un de ses substituts.

Devant cette juridiction extraordinaire parurent des infortunés sur lesquels les satellites, plus ou moins autorisés de la Commune, fauves à face humaine, avaient laissé tomber leurs griffes.

Les jurés avaient à répondre à cette simple question : ces hommes, qui paraissent devant vous, doivent-ils être considérés comme otages ? En d'autres termes doivent-ils être inscrits sur la liste de ceux que la Commune destine à l'égorgement, si elle croit avoir des représailles à exercer contre l'armée de Versailles ?

Beaucoup de gendarmes et de sergents de ville défilèrent devant le jury d'accusation. Les trois quarts furent main-

---

(1) L'*Officiel* communeux du jeudi 18 mai contenait cet avis : Parquet du procureur de la Commune — Les deux premières sections du jury d'accusation sont convoquées pour demain vendredi, 10 heures du matin (salle des assises) ; les jurés se présenteront et seront reconnus par leurs assignations.

tenus comme otages. Le lendemain, dans le *Vengeur*, paraissait la liste des victimes désignées et six jours après, le 26 mai, les gendarmes devaient, rue Haxo, périr sous les coups d'assassins, dignes de leurs juges ; à côté d'eux aucun défenseur ne fit entendre la protestation du droit contre ce simulacre de la justice, ou tout au moins aucun appel à l'humanité. Un journal (1) le constate deux fois avec regret. La création soudaine de cette juridiction sanguinaire avait seule empêché les avocats de s'y présenter ; à la séance on donnait comme probable, pour le commencement de la semaine suivante, la comparution de l'archevêque de Paris (2) et de plusieurs gendarmes. M° Rousse, prévenu, courut au Palais à la recherche du procureur de la Commune et obtint de lui l'autorisation de visiter M⁰ʳ Darboy et l'abbé Deguerry qui, la veille, l'avaient prié de venir les voir ; au plus vite il alla visiter ses clients à Mazas.

Il a lui-même raconté les péripéties de cette visite (3) dont le souvenir est aujourd'hui inoubliable. Il agit au milieu des terribles événements du moment, comme en temps ordinaire, avec noblesse et simplicité ; en réalité il courait un grand danger, car il était des premiers parmi ceux dont à cette époque on faisait des otages.

Les gendarmes ne furent pas oubliés ; leur défense

---

(1) *Bulletin du jour*, numéros des 18 mai et suivants ; sous ce titre continuait courageusement à paraître le *Temps*, supprimé pour excitation à la guerre civile.

(2) Edouard Moriac, *Paris sous la Commune*, page 334.

(3) Edmond Rousse. Discours, plaidoyers et œuvres diverses recueillis et publiés par Fernand Worms, 2° vol." page 395. (Larose et Forcel, éditeurs).

devait, d'accord avec Mᵉ Rousse, être présentée par Laviolette et par plusieurs autres avocats ; mais l'entrée de nos soldats dans Paris, rendit inutiles ces dévouements.

5 Novembre.

« Je viens de lire avec une grande émotion, dans la *Revue des Deux Mondes* du 1ᵉʳ novembre, un article remarquable de M. Caro, mon ancien camarade de rempart. Il y étudie les *deux Allemagnes*, celle de Mᵐᵉ de Staël : « l'Allemagne poétisée et éthérée ; » celle plus vraie de Henri Heine : « l'Allemagne positive et altérée... de tous les biens de la terre » à laquelle cet Allemand, ami de la France, nous conseille de prendre garde ; mais nous n'avons pris garde ni aux avertissements de Henri Heine, ni à ceux plus récents de Mᵐᵉ de Pourtalès, du colonel Stoffel, du général Ducrot !

Parlant de la *grande idée* qui travaille l'Allemagne (probablement l'idée de son unité) et du tumulte qui se produira lors de sa réalisation, Henri Heine nous disait : « quand vous entendrez ce tumulte, soyez sur vos gardes, mes chers voisins de France et ne vous mêlez pas de *l'affaire*, que nous ferons chez nous en Allemagne, il pourrait vous en arriver mal. »

L'affaire qui fut faite fut Sadowa...

« — Prenez garde, disait-il encore, on ne vous aime pas en Allemagne, vous autres Français. Ce qu'on vous reproche au juste, je n'ai jamais pu le savoir. Un jour pourtant, à Gœttingue, dans un cabaret à bière, un jeune Vieille-Allemagne dit qu'il fallait venger dans le sang des Français celui de Conradin de Hohenstaufen, que vous avez décapité à Naples. Vous avez certainement oublié cela depuis longtemps; mais nous n'oublions rien, nous. Le jour venu, soyez bien sûrs que nous ne manquerons pas de raisons d'Allemand » (1).

Oui : l'article de M. Caro, qui commente les écrits de Mme de Staël et ceux de Henri Heine, m'a vivement impressionné ; il est, pour nous, vaincus, d'un intérêt poignant. C'est, qu'en effet, comme le dit si bien notre brillant écrivain : « *quand un grand malheur est survenu dans la vie d'un homme ou dans celle d'une nation, après le premier moment d'accablement, c'est une consolation sévère, mais enfin c'en est une, de se demander s'il était possible de se tenir en garde contre la fatalité... On ressent un désir violent de remonter le cours du passé pour y surprendre les avertissements mal compris, les*

---

(1) Henri Heine, resté bon Allemand, quoiqu'ami de la France, a su, grâce à sa connaissance intime de la langue française, trouver ce délicieux euphémisme *raisons d'Allemand*, pour échapper à l'emploi d'une expression qui, naturellement, lui venait à l'esprit : *querelles d'Allemand*, vieille expression, révélatrice des tourments de nos ancêtres, oh, bien vieille, et que Littré signale déjà dans les poésies de Scarron.

pressentiments négligés. On veut consulter les oracles dont la voix s'était perdue dans le tumulte des évènements ou dans le bruit de notre propre frivolité. »

6 Novembre.

Dîner chez Paul D..., mon ancien sergent-major. Bon dîner, très bon dîner, qui cependant m'a fait moins plaisir que celui dont il m'a gratifié il y a un an en pleine famine. Près de mon verre je trouve ce menu, souvenir de siège, en vers, s'il vous plaît, et sur papier vert.

Aujourd'hui comme au temps d'un *siège* mémorable
Nous sommes { *assiégés*, *à siéger*, } mais autour d'une table,
Et de monter la *garde* ici c'est notre tour ;
Voici l'*ordre du jour* :

POTAGE

Bouillon !... je n'ose dire
Ce qu'on pouvait y faire cuire !

ENTRÉES

Poulets cuits dans leur jus.
De poulets d'Inde..... plus !
Filet de quadrupède
Ah ! que ce nom souvent cachait de viande laide.

. . . .

Gare la farce ! compagnons
Vous ne la trouverez que dans les champignons.

HORS-D'ŒUVRE

Beurre, olives, radis, saucisson, quelle *cible*
L'an dernier, malgré tout, à viser impossible.

ROTI
. . . .

ENTREMETS

Il se rencontre encore aujourd'hui tant de croûtes,
Que sans regrets
Vous en écraserez quelque peu sous les voûtes
De vos palais ;
Elles sont au madère
Et ce plat fut soigné de notre cuisinière,

DESSERT

Tout paraît en compote, et ce n'est plus que fours
La { faim / fin } faiblit toujours.
En vain pour nous donner du cœur, Bordeaux, Madère
Ont empli notre verre
Terminons par l'*appel*
Du doux vin de Lunel.
Notre *garde* a pris fin, sans trahison, sans piège
Sortons tous !!! (1) nous n'avons plus rien à faire ici
Il faut faire lever le *siège*
Le café nous attend, et les liqueurs aussi.

11 Novembre.

* Dans la *Semaine religieuse* de ce jour, je vois

(1) C'était le cri perpétuel des outranciers, cri dont nous fûmes assourdis pendant toute la durée du siège ; suivant eux le salut ne pouvait venir que d'une sortie *torrentielle*. Nos chefs militaires surent toujours s'opposer à une idée aussi téméraire. Le sang parisien eût fourni les flots du *torrent* de la sortie *torrentielle*.

avec grande joie que le pape a conféré le titre de docteur en théologie (de la faculté romaine de Saint-Thomas d'Aquin) à l'abbé Moigno, mon ancien aumônier de Louis-le-Grand. Le pape lui a écrit en le félicitant de son savoir éminent et de sa réputation européenne. L'abbé Moigno est sans doute fort en théologie, car il a publié des ouvrages religieux très remarquables, mais il l'est surtout en mathématiques, en physique, mécanique, etc., aucun savant ne possède son talent de vulgarisation.

Devenu prêtre auxiliaire de Saint-Germain-des-Prés, il est chargé de porter, pendant la nuit, les derniers sacrements aux malades de la paroisse; il habite, près de la porte méridionale de l'église, un pavillon d'aspect délabré, vieux reste de l'ancienne abbaye de Saint-Germain-des-Prés; c'est là que je suis venu le chercher dans la nuit du 20 au 21 février 1861, pour recevoir le dernier soupir de ma jeune sœur Céline, morte comme sa grand'mère, dans un voyage d'agrément à Paris.

Pendant le bombardement de la rive gauche, un obus, tombant sur le pavillon de l'abbé, broya la splendide bibliothèque de son cabinet; quant à lui, une chandelle à la main, il entrait précisément dans ce cabinet au moment où l'obus tombait... Sa chandelle s'éteignit; voilà tout; il a dû, à titre de remerciement, en mettre *une* de belle taille aux pieds de la vieille statue de Notre-Dame de Paix, qui, depuis le XIIe siècle, est vénérée à l'abbaye.

16 Novembre.

Hier, fin du procès des gardiens de Mazas ; j'ai plaidé avant Combes, qui a parlé avec beaucoup de tact ; malgré nos efforts, malgré ceux de Lachaud et de Nogent Saint-Laurens, nos clients ont tous été condamnés ; mon client, heureusement, ne l'a été qu'au minimum.

Pourquoi donc tant de condamnations ! le gouvernement régulier a pourtant admis que les gardiens de prison pouvaient rester à leurs postes respectifs dans l'intérêt des prisonniers eux-mêmes ; ils ont compris leur rôle, ces geôliers ; ils ont été bons et les otages, pour prouver leur reconnaissance, sont venus en grand nombre déposer en leur faveur.

Lissagaray, page 487 de l'*Histoire de la Commune*, prétend que dans l'affaire des exécutions de la Roquette presque tous les témoins, anciens otages, déposaient avec la rage naturelle à des gens qui avaient tremblé ; c'est peu probable ! Les témoins de l'affaire de Mazas étaient, en grande partie, des otages : M. Coré, M. l'abbé Moléon, les séminaristes, compagnons du pauvre Seigneuret. Ils avaient eu l'occasion de trembler et cependant ils déposèrent avec une véritable aménité. J'ai entendu un jour au Palais quelqu'un tenant de près à la justice dire : « *si on croyait les otages, on ne condamnerait personne.* »

17 Novembre.

Rhume effroyable, attrapé dans cette salle des

Pas perdus effondrée et ouverte à tous les zéphyrs. Les pauvres avocats, courant d'une chambre à l'autre, sont fouettés par un vent glacial qui leur pénètre les os. Il faut être bâti à chaux et à sable pour résister.

A la rentrée des tribunaux, après les vacances, nous trouvâmes des couloirs de bois de sapin, traversant de part en part les ruines de la salle des Pas perdus ; on n'avait plus la chance de recevoir des douches sur la tête comme avant les vacances ; mais on avait celle d'être coupé en quatre par les courants d'air.

22 Novembre.

Depuis la réouverture des écoles, il y a foison de vilaines femmes au quartier Latin ; on les voit chercher leur proie

Quærens lupa quem devoret.

C'est maintenant aux étudiants à leur donner la pâture ; depuis les mobiles elles ont fait maigre chair avec les fédérés, puis avec les soldats.

Quelqu'un du quartier m'a dit : j'ai vu toutes ces femelles faire la noce avec les fédérés ; le lendemain de la bataille près de la barricade, rue Cujas, où étaient étendus, morts, leurs amants de la veille, elles enlaçaient comme des pieuvres nos jeunes soldats.

24 Novembre.

* Depuis quelques jours, on voit apparaître des

billets de cinq, de deux, de un franc, émis par le Comptoir d'escompte et la Société générale, afin d'obvier au manque de la monnaie, qui a disparu presque complètement.

La Banque n'a pas voulu créer une coupure plus petite que son billet de vingt francs. Beaucoup de gens, dans les marchés surtout, ne veulent pas de ces prétendus assignats; mais les conducteurs d'omnibus viennent, paraît-il, de recevoir l'ordre de les accepter.

Comme j'admirais cette invention, Amélie me dit : « mais ce n'est pas du tout une nouveauté. Pendant le siège, il y avait également grande pénurie de monnaie dans le département du Nord. Une grande banque de Lille eut l'idée d'émettre de petits billets. Quelques-uns circulèrent à Armentières; on ne les recevait pas volontiers. Ton cousin Norbert, qui a beaucoup d'initiative, fit alors afficher sur les vitres de son magasin : *les petits billets sont reçus en paiement des marchandises*. Toutes les personnes qui en avaient reçu à contre cœur accoururent à la vieille maison de nouveautés Roussel, furetant, cherchant, ce qu'elles pourraient bien acheter avec leurs chiffons de papier. Norbert fit de bonnes affaires, et, ce qui valait encore mieux, la confiance aux chiffons s'affermit; le crédit public y gagna. »

25 Novembre.

* Presque plus d'or; les changeurs prennent

jusqu'à trente francs pour le change d'un billet de mille.

Quand on peut happer un louis ou un napoléon, on le fourre immédiatement dans sa cachette ; chaque bourgeois redoute quelque nouvelle catastrophe et quelque nouvelle fuite nécessaire. Les diamants se vendent bien parce qu'ils peuvent être d'une grande utilité à l'étranger. En Belgique, pendant la guerre, les bijoux ont fourni aux exilées plus de ressources que les valeurs mobilières. Sur les marches de Saint-Waast à Arras on m'a raconté qu'une dame française avait été, pour vivre à Bruxelles, obligée de vendre, moyennant soixante-douze francs, des obligations de la ville de Paris 1855-60, émises à quatre cents francs.

Je résistai pendant quelques mois à la panique ; mais enfin je me laissai émouvoir et finis, moi aussi, par acheter bêtement des diamants. Je dois à la mémoire de ma femme de dire qu'elle ne me poussa nullement à cette extravagance ; il n'en fut pas de même sans doute dans tous les ménages.

26 Novembre.

Avant-hier on voyait, sur les murs de mon quartier, des affiches engageant les étudiants à se rendre à Versailles, à une certaine heure, pour y solliciter la grâce de Rossel ; quelques étudiants vinrent au rendez-vous ; mais ils n'ont pas été reçus par M. Thiers.

Jamais les étudiants n'avaient fait le moindre acte d'adhésion à la Commune. En implorant la grâce de Rossel, ils ne se départirent pas pour cela de la ligne de conduite suivie jusque-là. Ce n'était, de leur part, qu'un acte de généreuse compassion pour un homme qui, disait-on, s'était très bien comporté au siège de Metz.

Trois jours après Rossel était passé par les armes. Sa qualité d'ancien officier rendait sa grâce impossible. C'était, du reste, l'ancien président de la Cour martiale, dont la sévérité avait mécontenté la Commune elle-même.

Vendredi 1er Décembre 1871.

La *Gazette des Tribunaux* de ce matin reproduit les débats du deuxième conseil de guerre, devant lequel ont comparu les complices de Raoul Rigault, assassin de Chaudey.

La lecture de ces débats a littéralement épouvanté le Palais. Tous nous nous rappelons ce grand colosse, aux yeux étincelants, à l'énorme figure de paysan, taillée, pour ainsi dire, à coups de serpe. D'aucuns disent : *il a semé les vents, il a récolté la tempête*. C'est possible, mais il est cruel de le rappeler en ce moment ; Chaudey est mort courageusement en criant *Vive la République*. L'infortuné eut une vision prophétique des malheurs publics et de ses malheurs personnels, quand, dans la salle des Pas perdus, accoudé près de moi à l'une des grandes fenêtres, il fut pris d'un violent désespoir en voyant passer sur le boulevard du Palais nos troupes, qui partaient pour la guerre.

Ce jour là, je pris une note assez longue sur l'état d'esprit de la salle des pas perdus ; mais j'ai perdu la feuille volante où était consignée cette note. Je vois encore Chaudey se lamenter et crier, en se tournant du côté des soldats : « ils sont fous, ils sont fous. » Croyant qu'il s'adressait aux soldats je devins furieux, mais je compris bientôt qu'il s'adressait aux gouvernants, aux députés qui avaient décidé la guerre.

2 Décembre.

Aujourd'hui, rentrée de la conférence des stagiaires ; Mo Rousse a dit : « les avocats, aussi bien que tous les citoyens français, ont de graves reproches à se faire ; ils ont aussi contribué par leur égoïsme, leur amour du plaisir aux effroyables désastres de la patrie. Nous sommes tous coupables ; prendre un seul homme pour notre bouc émissaire est indigne de nous. »

Puis ensuite, notre bâtonnier, au milieu d'une grande émotion, dressa sa haute taille pour proclamer solennellement les noms des confrères morts à l'ennemi ; les jeunes avocats, dont tant de camarades ont succombé, se sont également levés en lui tendant les mains. . . . .

Il est temps d'arrêter ces tristes éphémérides.
Que Dieu nous préserve du retour des jours mauvais.
Qu'il nous donne enfin le calme et le repos.
Et si ce vœu n'est pas indiscret, contraire aux destinées de notre cher pays, qu'il fasse du peuple Français un de ces peuples heureux sans histoire et... sans annalistes.

1er Janvier 1895.

REMARQUES FINALES

Avant qu'on ne procédât au brochage de ce livre, j'ai tenu à le faire lire par plusieurs de mes amis en les priant de vouloir bien me communiquer leurs observations.

Je consigne ici leurs bienveillantes remarques.

Remarque sur la note du 9 Juin 1869, page 4.

Que signifie donc, m'a-t-on dit, cette appellation d'*hirondelles de potence* appliquée aux sergents de ville ?

Sous le second Empire les superbes *sergots*, élégamment sanglés dans leur bel habit noir à boutons blancs et à queue effilée, ressemblaient quelque peu aux hirondelles... à des hirondelles *de potence* disait le populaire.

Remarque sur la note du 11 Septembre 1870, page 48.

J'ai été tancé d'importance pour avoir conservé cette note dans toute sa crudité ou du moins pour ne pas m'en être excusé auprès de mes lecteurs et lectrices ; cette crudité n'aurait effarouché personne si je n'avais pas eu la malencontreuse idée de supprimer quelques lignes copiées dans l'*Univers* du 23 novembre 1870 et jointes immédiatement à ma note, parce qu'elles m'en semblaient être l'accompagnement tout naturel et même nécessaire.

Je reviens à résipiscence et rétablis ces lignes extraites

d'un article que Louis Veuillot écrivit sous la forme d'une lettre à Jules Favre :

« Monsieur,

« L'on vous a signalé le vomissement de caricatures, qui depuis votre avènement n'a cessé de salir la ville...

« Je vois les traits de mes concitoyens affichés au pilori, dessinés sous le couperet de la guillotine en attendant que ce soit pour de bon ; je vois l'image d'une femme qui a régné vingt ans et dont la réputation d'honneur n'a reçu aucune atteinte. Elle est souillée d'injures auxquelles toute femme préférerait la mort et il nous faut voir cela accroché sous les portiques du palais..... où habite aujourd'hui le chef de votre gouvernement (M. le général Trochu habitait le Louvre !) N'avez-vous pas honte de vous laisser ainsi dégrader vous-même ? Car l'infâme affront fait à cette femme et à la pudeur retombe plus encore sur vous. Vous vous rendez complice de cette sauvagerie lâche, corrompue et corruptrice ; ce fut par ce procédé surtout qu'on assassina Marie-Antoinette, après avoir assassiné son honneur.

. . . .

« J'ajoute que vous avez su personnellement vous mettre à couvert ; par un ordre formel ou par connivence tacite avec ces artisans hideux, les membres du gouvernement échappent aux caricatures insultantes et diffamantes. M. Gambetta n'est montré que de profil, courant à la victoire ; et vous, monsieur Favre, vous êtes représenté comme quelque chose au fond d'assez sublime, une sorte de justicier en robe rouge, écrasant le monstre Bismarck... »

. . . .

Si j'ai bonne souvenance l'article émut en haut lieu et les caricatures impudiques disparurent immédiatement.

Remarque sur le commentaire de la note du 10 Octobre 1870, page 62.

On m'a conseillé de lire le livre du docteur Busch : *le*

comte de *Bismarck* et sa suite pour me convaincre que le roi Guillaume ne doit point être assimilé au comte de Bismarck au point de vue de l'inhumanité.

J'ai donc ouvert ce livre, dont la traduction autorisée se trouve chez Dentu, et j'ai immédiatement été effrayé de l'esprit cruel du chancelier.

Dans ses propos *pieusement* recueillis par le docteur Busch, son secrétaire intime, le comte de Bismarck parle continuellement de pendre, de fusiller, de brûler, (notamment page 424). Il trouve les cours martiales allemandes beaucoup trop indulgentes et il souhaite sentir à Versailles l'odeur de l'incendie de Paris (page 412).

Le roi Guillaume n'était pas tendre, mais cruel à ce point, non ; je le reconnais maintenant. M. de Bismarck était excité par sa femme qui, furieuse d'une blessure reçue au pied par son fils aîné, aurait voulu voir tous les Gaulois brûlés ou passés par les armes (pages 195 et 216). Le roi Guillaume, au contraire, était retenu dans sa rigueur par la reine Augusta et la princesse royale, toutes deux pleines de mansuétude.

Je devais, paraît-il, cette rectification ; la voilà faite.

Remarque sur la note du 15 Octobre 1870, page 64.

Au lieu du mot : *cotisation* lire le mot *gratification*; mon ancien fourrier m'a rappelé qu'après le 4 septembre nous n'avions plus, comme du temps de l'Empire, de cotisation à payer. De temps en temps je donnais au tambour une gratification pour de légers services ; par habitude j'ai conservé le mot de cotisation sur mon livre de dépenses.

Remarque sur la note du 19 Octobre 1870, page 69.

On y lit cette phrase qui a beaucoup offusqué : *nos ennemis vont donc enfin pouvoir nous estimer.* Cette phrase se comprend et s'explique à cause de la situation d'esprit où nous nous trouvions dans Paris assiégé et privé de nouvelles. Le 19 octobre nous ne savions encore rien de ce qui s'était passé, rien des actes d'héroïsme accomplis à Sedan et s'accomplissant en ce moment même sous les murs de Metz. Nous étions profondément humiliés ; le courage déployé dans tous les combats autour de Paris nous avait un peu ragaillardis et relevés de notre humiliation.

Remarqué sur la note relative à la nuit du 28 au 29 novembre 1870, page 99.

Ce combat de la gare aux bœufs fut engagé pour attirer les Allemands et les détourner des opérations de Ducrot qui cherchait à passer la Marne. Les bataillons de la garde nationale se comportèrent sans doute très bien, mais on m'a fait observer que le succès de ce combat fut dû également aux braves *marsouins*, c'est-à-dire aux soldats de l'infanterie de marine soutenus par quatre bataillons de mobiles : Marne, Indre, Puy-de-Dôme et Somme.

Remarque sur le renvoi de la page 116.

Je répare une omission. La curieuse brochure : *la Cuisine pendant le siège* est de Destaniel, chef de cuisine ; elle a été publiée à la librairie des Villes et des Campagnes, en 1870.

Remarque sur la note du 14 Décembre 1870, page 130.

Dans la nomenclature des noms des gardes de ma compagnie se trouve M. Caro ; à côté de son nom j'ai mis le titre de *membre de l'Académie française* ; en 1870 il était seulement *membre de l'Académie des sciences morales et politiques* ; mais avec ce titre oublié on n'aurait pas su de qui je voulais parler.

Remarque sur la note du 30 Décembre 1870, page 129.

On y lit :

« Adieu mon portrait d'enfant qui, malgré ta mine mousue me rappelais mon heureuse enfance. »

Le mot mousue a fort étonné ; en effet il n'est point français ; c'est un vieux mot picard qui signifie : *maussade, renfrogné.*

Remarque sur la note du 9 Janvier 1871, page 133.

A propos du garçonnet plaisantant sur l'obus allant manger des petits pâtés chez Cross, le pâtissier, M{ne} Demonchy, m'a communiqué le carnet fort intéressant de feu son mari ; à la date du 5 janvier j'y lis et je copie la note suivante :

... les gamins font un commerce de morceaux d'obus ; ils se moquent du passant qui paraît avoir peur, en le jetant dans des tas de boue et en lui criant : « gare la bombe. » Lorsque le malheureux se relève tout boueux, sans s'être rendu compte de ce qui s'est passé et surtout sans avoir vu la moindre bombe, le gamin arrive la casquette à la main et dit au pseudo-bombardé : « Ah ! pardon citoyen, je m'ai trompé. »

Remarque sur la note du 5 Février 1871, page 154.

« Que signifie votre exclamation de pauvre *pucelle*, » me demande un méridional peu au courant de l'histoire du nord de la France. Cette exclamation fait allusion au vieux nom de Péronne appelée pendant plusieurs siècles *Péronne la pucelle* ; après un siège soutenu heureusement contre les Allemands, François Ier avait donné à la petite forteresse le droit de mettre dans ses armes trois fleurs de lys et une pucelle brandissant une épée.

Remarque sur la note du 11 mai 1871, page 215.

A la suite de cette note du 11 mai j'ai oublié de raconter

un autre fait révolutionnaire qui eut lieu ce jour-là dans mon quartier. Il s'agit d'une apposition de scellés sur l'étude de Sédillon, huissier, 81ąs boulevard Saint-Michel. C'était pour le punir de ne pas vouloir se soumettre aux volontés de la Commune ; fort heureusement il n'était pas chez lui, car il eût sans doute été arrêté et conduit à Mazas comme son confrère Tainne.

On mit de même les scellés chez Demonchy, huissier, rue Monge ; heureusement encore il ne se trouvait pas chez lui. On posa deux bandes de papier sur les deux portes de l'étude, l'une sur la porte d'entrée, l'autre sur la porte de communication avec l'appartement.

Un commissaire avait refusé de procéder à cette opération probablement parce que Demonchy avait une grande réputation d'humanité ; celui de la rue Cuvier s'en chargea. Mais le premier ne s'était sans doute pas dessaisi de son ordre, car le second ne put le représenter quand le gardien de l'étude le lui demanda ; le fonctionnaire communard se contenta de répondre : « ordre verbal ; mais j'ai ordre écrit d'arrêter qui me fait résistance. »

Le gardien se tint coi et un client qui assistait à la scène le consola en lui disant : « vous ne voyez donc pas que la Commune se sentant perdue prend les mesures nécessaires pour empêcher le pillage des papiers chez les notaires et les huissiers. » Il est certain qu'en cas de pillage des études la responsabilité pécuniaire des membres de la Commune eut été terrible.

Remarque sur le commentaire de la note du 27 mai, page 236.

J'y constate que sur les brasiers les flammes, après la chute du vent, s'élevèrent comme des suppliantes, droites vers le ciel, sans propager l'incendie. Ce détail ne m'a pas été raconté ; je l'ai lu je ne sais dans quel ouvrage.

Remarque sur le renvoi de la page 244.

A propos des pétroleuses on me communique une lettre du 27 mai 1871 écrite par un habitant de la rue Monge après la délivrance de son quartier par les troupes de l'Assemblée nationale.

« Enfin aujourd'hui nous sommes tranquilles ; cependant j'ai dû passer cette nuit à la porte avec les voisins des autres maisons pour qu'on ne mette pas le feu dans le quartier. *Des femmes jettent du pétrole dans les caves.*

Les trois quarts des monuments de Paris sont détruits par le feu.

« ....Cette nuit nous allons encore faire faction. Nous sommes quatre dans la maison ; nous ferons chacun deux heures. »

Remarque sur le commentaire de la seconde note du vendredi 2 Juin 1871, page 247.

On me prévient que les aventures des vicaires de Saint-Etienne-du-Mont ont été racontées par Paul Fontoulieu dans son livre : *les Eglises sous la Commune*, pages 378 et suivantes. Je le sais ; on a ajouté qu'il y a des différences ; je le sais encore ; ces différences étaient inévitables parce que les deux récits proviennent de sources différentes ; elles ne sont pas du reste bien considérables comme on peut en juger d'après le passage suivant, l'un des plus importants du récit de Paul Fontoulieu :

« Voici deux soutanes que je vous amène, dit le lieutenant Brunet, en s'adressant au commandant de la batterie, faites-les travailler. » — « C'est bien mes calotins ; on va vous donner de l'ouvrage. » Et MM. de Clanbry et Durutte furent chargés de remettre en place les pavés que les obus viendraient à déranger et puis de relever les blessés qu'ils devaient porter à l'ambulance de M. le docteur Coffin située au n° 1 de la rue Soufflot... »

Paul Fontoulieu égrène le chapelet d'injures que les fédérés adressèrent aux vicaires ; elles ne sont que comiques ; il a bien fait de ne pas reproduire celles qui sortirent de la bouche de six cantinières, probablement anciennes habituées de Bullier ; quand elles virent les deux gracieux abbés en costume ecclésiastique, dans ce costume que la voix de la prudence leur avait conseillé de quitter, mais que celle du devoir (un peu exagérée) leur avait fait conserver, elles les assaillirent d'une bordée de propos extra-salés, de quolibets obcènes, de paroles ordurières à faire rougir un vieux gendarme ou un vieil avocat de Cour d'assises.

Ils ne s'émurent pas et cependant ils n'en avaient sans doute jamais entendu autant en confession.

Remarque sur la note du 16 Novembre 1871, page 298.

Mon appréciation sur la conduite des gardiens de Mazas est semblable à celle que je rencontre dans une brochure toute récente de M. Constant Lefébure, ancien directeur de la prison de la Santé, à Paris :

« ... En rentrant à la Santé après l'insurrection je fus obligé, chose singulière, de défendre mes employés devant l'administration contre des propos malveillants.

« La tâche ingrate et douloureuse que tous ces braves gens ont si bien remplie n'a été appréciée que longtemps après, lorsque parut l'ouvrage de M. Maxime Ducamp, qui a décrit avec une si rigoureuse exactitude les faits passés dans les prisons sous la Commune... »

(Souvenirs d'un ancien directeur des prisons de Paris, par Constant Lefébure. — Paris 1894, imprimerie de H. Louvet).

Je remercie mon confrère Ernest Carette de la communication de cette brochure.

Remarque sur l'ensemble de mes notes du 19 Février au 28 mars 1871, pages 162 à 170.

Pendant ce temps je fus absent et par conséquent je n'ai pu prendre de notes sur ce qui s'est passé dans le quartier des Ecoles.

Quoiqu'il ne soit survenu rien de bien saillant, je me suis efforcé néanmoins de signaler en différents endroits de mon livre ce que j'appris à mon retour, c'est-à-dire les aventures et mésaventures de mon 24e bataillon, l'excitation des étudiants, (des rares étudiants revenus à Paris), leur assemblée dans le grand amphithéâtre de l'Ecole de médecine et leur déclaration de guerre au Comité central. La lacune était comblée... à peu près, mais j'avais conscience qu'elle ne l'était pas entièrement; une de mes lectrices, en ayant conscience comme moi, a eu l'amabilité de me communiquer une série de petites nouvelles empruntées à des lettres d'affaires qu'un employé envoyait à son patron, précisément pendant la période de temps dont je parle.

J'acceptai le document avec enthousiasme et le transcris ici.

21 Février 1871.

On parle de l'entrée des Prussiens qui ne viendraient pas dans le 5e arrondissement. Ils ne feraient que défiler par les avenues de la Grande Armée et le faubourg Saint-Antoine.

Ce ne sont que des on-dit.

27 Février.

Le gouvernement a fait afficher ce matin que les Prussiens entreraient mercredi, 1ᵉʳ mars, à dix heures, mais n'occuperaient que les Champs-Elysées et le faubourg Saint-Honoré.

1ᵉʳ Mars.

Les Prussiens sont entrés ce matin.

Dans le quartier tranquillité parfaite ; rien ne fait supposer la présence des Prussiens de l'autre côté de l'eau.

Rue Soufflot et boulevard Saint-Michel tous les établissements sont fermés.

M. Mazen, le juge de paix du 5ᵉ, après un petit speech patriotique a levé l'audience en remettant toutes les affaires au lundi suivant.

Aucun journal n'a paru.

Les gardes nationaux sont sur pied et font des patrouilles par compagnies entières.

2 Mars.

Aucun accident n'a eu lieu. Les Prussiens nous laissent tranquilles chez nous et franchement pour ne faire qu'une entrée semblable, ça n'en valait pas la peine.

On vient d'apposer des affiches pour nous apprendre que les préliminaires de la paix avaient été ratifiés par l'Assemblée nationale.

On espère que les Allemands partiront samedi.

Tout est tranquille dans notre quartier ; mais la garde nationale fait des rondes à chaque instant pour empêcher toute manifestation.

3 Mars.

On craint du bruit après le départ de Prussiens. Le gouvernement laisse trop faire la garde nationale qui s'empare des canons ; elle a pris des chassepots et de la poudre au faubourg Saint-Antoine en présence d'un commissaire de police ; cela est ridicule.

J'espère qu'il n'y aura pas plus de bruit après le départ que pendant la présence des ennemis ; malheureusement il fait un temps superbe ; s'il pleuvait les émotions de la rue ne seraient pas à craindre.

Pas encore de journaux.

4 Mars.

Les Prussiens sont partis, tout à fait partis de Paris, après n'avoir vu que les Champs-Elysées ; mais eux partis, les gardes nationaux conservent les canons, les chassepots, la poudre qu'ils n'ont pris, disent-ils, que pour les soustraire à la rapacité des vainqueurs.

Il y a eu une petite collision aux Gobelins entre des gardes nationaux et d'anciens sergents de ville mobilisés ; deux hommes ont été blessés.

Un bruit absurde court par ici ; c'est que les sergents de ville ont une prime de 6 fr. quand un garde national est désarmé.

7 Mars.

Les gardes nationaux ont, à Montmartre, des canons braqués sur Paris ; on espère beaucoup du général de Paladine qui va mettre tous ces gens-là au pas.

L'affaire des Gobelins a été beaucoup exagérée ; les gardes nationaux ne voulant pas que les policiers restent armés et aient la garde des postes de ville se sont présentés la nuit au poste des Gobelins et ont désarmé 60 gardiens de la paix ; ils ont conservé les armes et les munitions. Tout cela se fait par les ordres d'un comité anonyme.

On a peur d'une collision quand il s'agira de reprendre toutes les armes.

Les marchands de vin ne ferment même plus la nuit.

13 Mars.

Encore aucun accident ; mais tout le monde est inquiet de l'état de choses actuel.

15 Mars.

Toujours la même effervescence ; un général nommé par la garde nationale donne des ordres en conséquence et fait tout l'opposé de ce que fait le général d'Aurelles ; à la mairie du 5ᵉ il y a un bataillon de garde et un autre bataillon qui garde celui-là ; on peut être tranquille la mairie ne s'enfuira pas.

Je ne sais ce que le gouvernement attend pour prendre des mesures énergiques ; les gens raisonnables en réclament.

16 Mars.

Il fait un temps affreux ; il neige depuis hier, si cela pouvait dégoûter les patrouillards de faire faction autour de leurs canons.

17 Mars.

Des banquiers du quartier font signer par les commerçants une protestation contre la loi des échéances (10 mars) qui est ici très discutée ; à force de la relire, je finis par la trouver moins mauvaise. Ces messieurs espèrent que la Chambre reviendra sur son vote ; cela me paraît impossible car elle a été élaborée par la Banque et le gouvernement a trop besoin d'elle pour faire quelque chose à son désavantage.

Les dissidents de Montmartre n'ont pas encore rendu leurs canons. Cependant leur zèle commence à se refroidir ; dans deux ou trois jours cette triste comédie sera probablement terminée.

21 Mars.

La garde nationale s'est insurgée et le gouvernement a

quitté Paris; on a assassiné deux généraux et sans le moindre prétexte on maltraite les gens dans la rue.

M. J... banquier, m'a dit que la Banque avait été obligée de remettre un million aux insurgés.

De temps en temps ceux-ci tirent des coups de fusil et des coups de canon à poudre. On bat le rappel toute la journée et toute la nuit; on sonne même le tocsin Dans notre quartier il n'y a pas de barricades et la circulation n'est pas interrompue ; il y a beaucoup de monde dehors. Je laisse les jalousies fermées.

C'est navrant de voir qu'un million de gens aimant l'ordre se laisse faire la loi par une poignée de voyous

24 Mars.

On commence à se remuer et à sortir de la stupéfaction dans laquelle on était tombé ; il y a des réunions et des manifestations dans l'intérêt de l'ordre. Place Vendôme il y en eut une faite par d'honnêtes gens désarmés qui ont été lâchement assassinés.

De temps en temps on tressaille au bruit de trois ou quatre coups de canon tirés de la mairie

Cette vie est intolérable ; les gens d'ordre sont d'accord pour réprimer ces excès ; mais ils ne sont pas en nombre dans le 5°, qui est tout entier aux mains des 119°. 160° et 161° bataillons révoltés ; chez nous la cliqué du 13° arrondissement commande en maître.

Je ne dors pas tranquille ; il est vrai qu'avec les tambours, les clairons, les canons, le tocsin, il faudrait être sourd pour dormir.

28 Mars.

Depuis dimanche il y a comme une suspension d'armes. Le Comité prend toujours beaucoup de précautions et ne laisse aucun repos aux malheureux qui suivent ses inspirations ; toujours des patrouilles.

Le juge de paix du 5ᵉ a prévenu les huissiers de ne faire aucune citation pour demain.

30 Mars.

L'*Officiel* de ce matin contient un décret tout à fait radical sur les loyers.

J'ai eu la visite de M. Dabot ; il est arrivé à Paris sans accident.

Ici on a fait des réquisitions chez les marchands de vin à qui on a donné en paiement des bons du Comité.

4 Avril.

Depuis trois jours la situation est plus grave. On s'est battu dimanche et lundi ; aujourd'hui il y a encore beaucoup de mouvement.

8 Avril.

Je suis allé à la gare du Nord et j'ai remis une lettre à un Anglais en le priant de la mettre à la poste pendant son voyage ; il m'a fait comprendre qu'il voyait bien ce que je lui demandais.

15 Avril.

Depuis huit jours impossible de faire partir une lettre pour la province. Les voyageurs ne sont plus aussi complaisants, ils craignent de se compromettre ; j'ai vu M. Dabot, je lui ai remis une lettre qu'il ira mettre avec les siennes à une poste en dehors de Paris.

3 Mai.

Dans notre 5ᵉ arrondissement on vient d'afficher un avis contre les réfractaires. On va visiter les maisons pour les rechercher. M. Dabot, heureusement, est parti hier.

J'ai ajouté quelques extraits de lettres, postérieures à mon retour à Paris, parce qu'ils me rappelaient certains souvenirs complètement oubliés, notamment celui de mes odyssées en dehors de Paris pour porter des lettres à la poste des lieux circonvoisins.

Le plus intéressant dans les extraits de lettres que je viens de donner c'est l'historique succinct, mais vif et animé de l'attitude du quartier Latin pendant l'occupation prussienne. Pour compléter cet historique, je crois devoir reproduire un mot fort court, écrit de Paris à un de mes parents le 3 mars 1871 :

> Mon cher ami,
>
> Enfin, l'occupation de Paris est terminée depuis ce matin. Paris est redevenu Paris Mais que de transes depuis samedi Tout s'est passé heureusement avec calme Les boutiques ont été fermées dans le quartier. Il n'aurait pas été possible de se désaltérer, car *pas un café* n'a ouvert Cependant un marchand de vin traiteur n'a pas fermé pour l'usage de la garde nationale qui gardait l'entrée du pont Saint-Michel. Il y avait là deux bataillons qui ont campé pendant l'occupation afin de veiller à la conservation de l'ordre dans le quartier. Mais leur besogne a été facile, car il n'y a pas eu le moindre trouble.

ERRATA

Page 1 ligne 16 : Au lieu de « en face la librairie » *lire* « en face de la librairie. »
— 22 ligne 23 : Au lieu de « parti » *lire* « pacte. »
— 41 ligne 5 : Au lieu de « aux bouchons » *lire* « au bouchon. »
— 46 ligne 13 : Au lieu de « goblet » *lire* « gobelet. »
— 49 ligne 12 : Au lieu de « Boutmy » *lire* « Goumy. »
— 50 ligne 14 : Au lieu de « astreint de » *lire* « astreint à. »
— 55 ligne 27 : Au lieu de « voilà » *lire* « voici. »
— 71 ligne 10 : Au lieu de « au prix de l'or » *lire* « à prix d'or. »
— 83 ligne 18 : Au lieu de : « Mazade » *lire* « de Mazade. »
— 117 ligne 23 : Au lieu de : « sous la prévision » *lire* « dans la prévision »
— 121 ligne 14 : Au lieu de : « dont » *lire* « que. »
— 152 ligne 8 : Au lieu de : « verreries » *lire* « verrières. »
— 157 ligne 29 : Au lieu de : « du pain et du fromage » *lire* « de pain et de fromage. »
— 177 ligne 13 : Au lieu de : « mai 1871 » *lire* « mars 1871. »
— 183 ligne 1ᵉʳ : Au lieu de : « ébourrifante » *lire* « ébouriffante. »
— 208 ligne 25 : Au lieu de : « laissez passer » *lire* « laisser passer. »

Page 221 ligne 13 : Au lieu de : « calottin » lire « calotin. »
— 224 ligne 18 : Au lieu de : « défond » lire « défondo. »
— 234 ligne 25 : Au lieu de : « attérée » lire « atterrée. »
— 263 ligne 11 : Au lieu de : « C. Pelletan » lire « E. Pelletan. »
— 280 ligne 20 : Au lieu de : « sur les yeux » lire « sous les yeux. »

TABLE DES MATIÈRES

	Pages.
Avant-propos	v
1re Série. — Du 14 Mai 1869 au 16 Juillet 1870. Déclin de l'Empire	1
2e Série. — Du 16 Juillet au 18 Septembre 1871. La Guerrre	29
3e Série. — Du 19 Septembre au 31 Octobre 1870 Siège de Paris jusqu'à l'envahissement de l'Hotel de Ville	51
4e Série. — Du 1er Novembre au 4 Décembre 1870. Continuation du Siège. — Batailles sur la Marne.	83
5e Série. — Du 5 Décembre 1870 au 4 Janvier 1871. Continuation du Siège.	111
6e Série. — Du 5 au 25 Janvier 1871. — Bombardement	133
7e Série. — Du 27 Janvier au 27 mars 1871. — Armistice. — Élections. — Proclamation de la Commune.	149
8e Série. — Du 28 Mars au 20 Avril 1871. — Insurrection. — Guerre civile	171
9e Série. — Du 20 Avril au 30 Mai 1871. — Préparatifs de fuite. — Fuite et séjour à Moret.	199
10e Série. — Du 31 Mai au 2 Décembre 1871. — Retour à Paris. — Souvenirs de la Commune.	236
Remarques finales	305
Errata	321

S. Mosel 19

www.ingramcontent.com/pod-product-compliance
Lightning Source LLC
Chambersburg PA
CBHW060353170426
43199CB00013B/1850